JN495366

착한 독한[獨-韓]사전
Deutsch-Koreanisches Wörterbuch

제2권 | 문법편

도복선 엮음

fides
도서출판

머리말

언어에는 역사와 문화를 비롯하여 사람들의 삶이 담긴다. 기본 뜻을 아는데도 외국어 단어가 생경하게 보인다면, 그 낱말 자체에 담긴 저 삶과 문화의 궤적이 우리말 단어의 그것과 서로 수렴되지 않기 때문이다. 그렇다고 그걸 또 사전에 다 담으려 한다면 1 : 1 축척의 지도처럼 쓸모없는 것이 되고 만다. 이 괴리를 처음부터 의식하며 그간 배우고 익힌 것을 활용하여 되도록 쉽게 이해되고, 그래서 읽다 보면 독일어 공부가 절로 되는 사전을 만들려고 하였다.

어쩔 수 없는 언어의 근본 차이가 있다. 모음 짝 없이 연속되어 나오는 자음. 모음 없는 자음에는 '—'를 붙이라는 한글 표준 외국어표기법. 주어가 없으면 문장이 되지 않고, 그보다는 덜하지만 목적어가 있어야 하는 타동사. 주어 없이도 얼마든지 문장이 되고, 오히려 더 자연스러울 때가 많은 한국어. 그 근본 차이를 먼저 이해해야 독일어 발음이 제 발음에 가까워지고, 독일어 문장의 이해가 쉬워진다. 이 사전에서는 제2권 제1부 기본문법 기본 발음법에서 '한글 표준어 규정'을 벗어나 제 발음 내는 요령을 설명하고 연습하게 했다. 사전에서도 발음이 어려운 단어는 따로 발음을 표기하고, 부록의 음악용어에는 아예 올림말 모두에 한글 발음을 달았다. der Film 발음은 [핆]이고, Hamburg는 [함붉]이다. '부자'(Reiche)를 잘못 발음하면 '시체'(die Leiche)가 된다. 성이 달라지면 대게 뜻도 달라지는데, der Morgen(아침)은 설명해도 das Morgen(내일, 미래)은 설명하지 않은 기존 독한 사전들, 여기서는 그런 실수를 피하려 하였다.

문화의 차이로 아예 단어가 없거나 모자라는데도 기존 사전에서 문화 차이를 제대로 설명하지 못한 채 그저 한글 단어를 대입하고 만 경우가 적지 않지만, 이 사전에서는 하다못해 차이에 대한 설명이라도 해 놓았다. 이를테면 우리가 '성'으로 받는 영어의 *castle*로는 die Burg와 das Schloss를 다 담아 내지 못한다. 학생이면 *Student(study)*로 다 설명되는 영어, 독일어에서는 Student는 studieren하고, Schüler는 lernen한다(아울러 성적도 우리와 영어가 5단계라면 독일에서는 6단계로 체계가 다르다. ☞ Schulnote 참조). 우리말과 독일어에는 목수라도 소목(Tischler)과 대목(Zimmerer)의 구분이 있지만, 영어는 둘 다 *carpenter*다. 우리는 '운전대 앞'에서 운전하는데, 독일에서는 운전대 뒤에 앉아야(sich hinter den Steuer setzen, hinter dem Steuer sitzen) 운전대에서(am Stuer) 운전한다. 우리는 새가 운다고 하지만, 독일어나 영어에서는 노래한다. der Cousin/die Cousine(Kusine)가 영어에선 다 *cousin*이고, der Neffe/die Nichte가 *nephew/niece*인데, 영한에도, 독한사전에도 그 차이를 설명한 게 별로 없이 그냥 '사촌'이다. 부모의 형제/자매('나'와 삼촌 간)가 낳은 자식이 내게 Cousin/Cousine(종형제-4촌)가 되고, 내 형제/자매가 낳은 자식(조카, 생질)과 또 내 Cousin/Cousine가 낳은 자식(종손-5촌)이 모두 Neffe/Nichte다. Onkel과 Tante도 그냥 삼촌, 숙모로 끝나지 않고 외삼촌(외숙모), 고모(부), 이모(부)에 편한 아저씨(아줌마)까지 다 포함한다. dunkles Bier, *dark beer*가 애초 흑맥주로 옮겨지고 만 탓에 정작 Schwarzbier, *black beer*는 '블랙비어'가 되고 만 사정. Regie하는 Regisseur가 그냥 피디(Pd)로 옮겨질 수 없는 이유. 필요한 자리마다 그런 차이들을 설명하였다. Paprika, Peperoni, Chili, Piment 처럼 독일어-영어-한국어가 마구 혼란스러운 경우도 최대한 구분될 수 있게 하였다. 음식과 요리에서 냉/온(kalt/warm)의 구분은 냉면 온면의 차이가 아니라, 조리 여부의 차이이다.

이런 단어들 중에서 일상생활에 관계된 것들은 다시 제2권의 갈래별 낱말 모둠에 정리하였다. 10개 영역으로 나눠 단어들을 서로 연결시켜 배치하여 쉬 훑어볼 수 있게 했다. 사전에 Sommer(여름)가 나오면 나머지 3계절을 다 같이 보여주고, Hand(손)가 나오면 엄지(Daumen)부터 새끼손가락(der kleine Finger)까지, Wasser가 나오면 민물, 짠물에 흘러가는 시냇물부터 대양까지 함께 제시하였다. 남성이나 여성의 나라 이름, 색 이름(명사/형용사)이 나올 때, 같은 계열 주요 단어들을 다시 한 번 함께 보아 각인될 수 있게 하였다. kalt가 나오면 kalt부터 heiß까지 온도에 따른 단어들을 함께 보여준다. 빈도, 정도, 완급 등의 단어들도 마찬가지다. 예문에 쓰인 중요 문법은 그때그때 간략한 설명을 곁들이고, 예문은 모두 우리말로 옮겨 놓았다.

독일 언어학이 아니라 현장 경험을 더 중시하면서 다소 위험한 모험도 있다. die Magie, der Zauber의 비교 설명이나 Kenntnis, Verstand, Vernunft 등의 설명은 학술적으로 증명된 게 아니라 이해의 편의를 위해서다. 사전에 '접두어' '접미어' 같은 용어들도 그 타당성을 검증받지 않았다. '양념말'(Partikel)도 여기서 처음 만든 말이다. 그럼에도 그렇게 설명한 이유는, 내 주장을 세우기 위해서가 아니라, 많은 단어를 의미줄기로 엮어 빠른 시간에 적은 공으로 이해하고 외우도록 돕기 위해서다. 그러니 쉽게 공부하여 하루 빨리 이 사전을 버리고 전문가 수준으로 올라가자. 또 Eintopf를 아인토프로, Schlager를 슐라거로 음역하자는 것도 나름의 모험적 시도이다. *trot*를 트로트로, *pop*을 팝이라 한다면, 옮기기 어려운 독일 색의 단어는 가급적 그대로 가는 것도 예의라 생각했다.

쉽게 공부하도록 돕자는, 친절하고 착한 뜻에서 비롯한 이러한 여러 시도에 담긴 모험은 참조만 하되, 아울러 다음의 세 가지 위험성도 함께 염두에 두도록 하자. 첫째, 예문의 번역은 참 위험한 일이기 때문에, 곧이곧대로 받아들이지 말고 참고에 그치기를 바란다. 가능한 맥락에 대한 고려도 했지만, 그럼에도 텍스트나 상황의 맥락에 따라 얼마든지 달리 해석, 번역될 수 있다. 둘째, 자꾸 되풀이되는 관련 단어들이나 설명도 사람에 따라 식상한 것으로 받아들일 수 있다. 아울러 최대한 간결하게 많은 단어를 소개하는 사전의 의미와도 멀어졌다. 셋째, 비교의 이해를 위해 함께 적은 영어 단어의 경우, 가장 관련 깊은 것들 몇 개만 대표로 골라 실었기에, 독어에 담긴 뜻이 영어 단어로 다 옮겨질 수 없고, 영어 단어의 다양한 의미들 중에는 독일어 제시어의 의미 범위를 벗어나는 것들도 있다고 보아야 한다.

사전에 gut이란 수식은 가능하다. gut은 사람이나 사물에 다 적용될 수 있고, 좋음과 착함을 다 포함하니까. 그렇지만 한글로 '착한'이란 뜻의 gut은 사람에 쓰이지 사전의 수식어로 쓰이지 않는다. 사람과 동물까지는 brav 란 수식어가 가능하다. 말 잘 듣는다, 시키지 않아도 잘한다는 뜻이다. 하지만 nett 같은 말은 결코 사전 자체를 수식할 수 없다. 다만 사전 만든 뜻을 감안하여 의인화(Personifizierung)한 것으로 이해해 주면 좋겠다. 필요한 설명은 시키지 않아도 필요할 때마다 되풀이하며 보여주는 착함(brav). 중요한 연관단어(비슷한 말, 반대말, 파생어)들을 늘 함께 보여주며, 글자 색까지 달리하여 쉽게 구분해 볼 수 있게 해 주는 착함(nett). 예문들을 모두 다 한국어로 옮겨 놓으면서 단어의 문화적, 제도적 차이에 얽힌 배경까지 풀어 영어와 비교하며 설명하는 착함(gut)이다.

독일문화원(Goethe Institut)에서 여는 독일어 강좌를 들으려 줄 서서 기다려 신청하고도 시험을 쳐야 했던 때가 있다. 지금의 A1나 A2에 해당하는 Grundstufe 어느 단계였을 텐데, 선생님이 왜(뭐하러) 독일어를 배우냐?고 질문을 던졌다. 말귀 열리고 혀 풀리게 하면서 동시에 warum과 같은 의문사며 wozu 같은 전치사 합체형 의문사도 가르치기 위해서였으리라. 성대에서 철학을 공부한다던 선배로 기억하는데, 이렇게 대답했다. Für die Gesundheit! 다들 배꼽을 잡았는데, 몇 십 년이 지난 지금까지 그게 기억에 남는 이유는 무엇일까? 당사자의 의도를 굳이 추측해 볼 필요까지는 없겠고, 독일어를 배우면서 체득한 건강 문제 때문이 아닐까? 교양건강, 문화건강, 사회건강... 몸과 정신의 건강도 중요하지만 개개인을 통해 문화와 제도, 공동체 의식, 인류애적 건강 수준 등에서 사회 전체의 건강을 키울 수도 있지 않을까.

독일은 현대사에서 참으로 몹쓸 일을 아주 크게 벌여 비난도 많이 받았다. 그렇지만 그 이후 보여 오고, 보여 가고 있는, 진정하고 철저한 반성과 더 나아가 최대한의 보상을 위한 노력은 역사상 그 예를 찾기 어렵고 아마 앞으로도 그리 쉽게 찾을 수 없을 인류사의 귀감이다. 세계 어느 문화, 어느 민족, 나라, 사회도 그처럼 철저한 반성과 보상의 노력을 보여준 적 없다. 급속한 현대화에 의한 빠른 성장, 폐허 위에서 이룬 라인강의 기적에 그치지 않고 사회주의와 민주주의와 자본주의를 적절히 안배하며 인간중심의 방향으로 끊임없이 조정해온 법, 교육, 문화 등 전반적인 사회 제도는 이제까지도 그랬지만 앞으로도 많은 나라와 사회에 모범 역할을 할 것이다. 현재의 문제들을 해소하고 이어지는 세상의 어려움을 극복하기 위한 Industrie 4.0 또한 우리에게 구체적인 길잡이가 되리라.

독일어를 배운다는 것은 바로 저러한 정신과 제도와 태도 그리고 구체적 실천방안을 배울 수 있다는 걸 의미한다. 독일어를 배워야 할 열 가지 이유(Zehn Gründe für Deutsch)는 저마다 달라서 베스트셀러 작가 바스티안 식(Bastian Sick)의 경우 다음 번 007 영화에서 악역을 맡기 위해서라든가(현대사의 그 문제와 연결되리라.) 독일 범죄물 시리즈("Derrick"이나 "Ein Fall für zwei")를 자막(Untertitel) 없이 보고, 그룹 토쿄 호텔(Tokio Hotel)의 노랫말을 이해하고, 원어처럼 따라 부르기, 그 멤버 빌 카울리츠에게 연애편지를 쓰기 위해서와 같은 이유를 든다. 아, 분데스리가를 빠트리면 안 되겠구나! 제2권 말미에는 조금 더 현실적인 이유를 든다. 한국이나 전 세계적으로 진출한 독일계 기업 혹은 독일계 기업과 사업관계에 있는 수많은 기업들에 취업하기 쉽고, 독일 관광객 서비스에 유리하며, 워킹홀리데이와 독일에서 일자리 구할 기회 등 직업의 기회와 그를 통한 생활수준의 향상 등이다. 아울러 괴테와 카프카, 모차르트와 베토벤을 그들의 언어로 맛본다든가, 학문과 연구(나라 별 실적으로 3위), 정보와 소통(출판 세계 5위)과 문화의 이해 등도 나온다. 나라면 거기에 바로 위에서 말한 문화적, 사회적 건강을 포함시키겠다.

여기서 본 따서 한국말을 배워야 할 이유도 생각해 본다. 말하자면 이 사전이 독일어권 사람들이 한국어를 공부하는 데 보탬을 주고 싶은 것이다. 일제의 식민지 착취에서 벗어나고도, 라인 강의 기적이 일어날 무렵 3년간의 죽고 죽이기 한국전쟁이 휩쓸고 지나간 자리에서 한강의 기적을 일으켰고, 그러면서 여러 구조적 문제들 속에서 그래도 이만큼 많은 사람들의 흥미를 자아낼 수 있는 상태를 만들었다. 토쿄 호텔 노래에는 영어 가사가 많지만 강남스타일이나 방탄소년단의 가사는 한국어가 중심이다. Langenfeld에서 온 Daniel Lindemann은 한국어 솜씨로 유명인으로 활약하며 잘(wohl) 살고 있다. 머지않아 세계 유일의 분단을 극복하는 현장을 몸소 겪으며 세계에서 보기 드문 휴전선의 자연문화 탐방을 한국어로 즐길 수도 있다. 그러며 새롭게 열릴 무한한 사업 영역은 한국어를 할 줄 알면 한결 더 유리하다.

독일 문화원에서 독일어를 배울 때 작문(Aufsatz) 과제를 할 때면 당시 하나밖에 없던 한-독사전에 의존할 수밖에 없었는데, 그렇게 해간 숙제에는 빨간 색 줄이 난무하곤 했다. 아예 그 한-독사전을 참고하지 말라는 말도 들었다. 그것은 문화적 배경과 언어의 근본 차이에 대한 고려 없이 낱말 대 낱말을 아마도 제3의 언어(일본어나 영어이기 쉽다.)를 통해 맞대 놓았기 때문일 듯하다. 그래도 그런 자료들을 거름 삼아서 여기까지 왔다. 한국어를 배우는 독일어권 사람들에게 이 사전으로 그런 어려움을 덜어줄 수 있으면 좋겠다. 낱말도 중요하지만 맥락과 배경의 이해가 함께 가야만 한다. 기왕 한-독사전까지 함께라면 더 좋겠지만....

끝으로 조심에 조심을 했지만 그럼에도 있을 오류 가능성에 대해 이야기해야 하겠다. 이 사전의 교정을 보며 여러 가지로 도와준 롤란트(Rolant Lachetta)에게 먼저 고맙고 출판이 늦어 미안하다는 인사를 전한다. 추가 작업이 워낙 늘어나며 출판이 지연되는 바람에 연락마저 끊기고 말았다. 그래서 공저자로 올리기로 하였지만, 그렇게 할 수 없게 되었다. 이 사전에 오류가 나온다면 추가 작업 때 생긴 것이다. 따라서 그 책임은 전적으로 나에게 있다. 모쪼록 오류가 적으면 좋겠지만, 발견되는 것은 알려주시기 바란다. 나중에라도 고쳐 놓도록 하겠다(bsdho@daum.net).

이 사전에 나오는 예문들은 스스로 만든 것들도 있지만, 다음 사이트에서 따온 것들도 많다. 아울러 여러 가지 귀하게 참고하였기에 이 지면에서나마 고마움의 인사를 해야 하겠다.

https://www.linguee.de/ https://www.dict.cc/
https://www.duden.de https://www.canoo.net
https://de.wiktionary.org/wiki/Wiktionary

사전을 만들며 지금까지 못해도 열 번은 완성을 선언하였다. 실제로 당시 내 능력으로 더 이상 손볼 게 없다고 생각한 적도 적지 않았다. 더 많게는 더 이상은 버틸 수 없다는 심정에서 나온 포기 선언의 다른 버전이었다. 그런데 결국은 이렇게 아플 것 다 아프고, 힘들 것 다 힘들고 나서, 제 때가 되고서야 여물어 마무리가 된다. 그동안 더딘 작업 진척이 여건 탓이라고 한탄하기도 하였다. 돌이켜 보니 그래도 더 늦지 않고 이만한 결실을 보게 된 것도 다 주변의 도움 덕이었다. 먼저 어렵고 힘든 형편에 편집과 표지 디자인을 맡아 함께 고생해 준 김홍인 화백에게 동병상련의 염이 밴 고마움을 전한다. 둘 다 Hamburg에서 독일 맛과 독일어 맛을 조금이나마 보았던 덕에 남다른 정과 각오로 매달린 작업이었다. 보잘것없는 독일어 실력을 인정하여 추켜 주시며 힘들 때마다 격려를 아낌없이 베풀어 포기하지 않게 밀어 주신 정종휴(교수/대사)님께 감사드린다. 교정까지 보아 주시며 사전의 완성도를 높여 주셨다. 신창선, 이창용 두 분 교수도 늘 격려해 주셨다. 더 이상 못하겠다고 팽개치듯 던진 원고를 들고 다시 마지막 손질을 보도록 부추겨 주신 피데스 신창동 사장과 심성각 부장, 그리고 세세한 손길로 책을 마무리 짓게 해 주신 김상인 실장과 이지선 대리도 한몫들 하셨다. 두 작업자가 지쳐 녹초가 될 즈음이면 어김없이 알고 달려와 술 한 잔을 사며 위로해준 친구 정재산도 큰 버팀목이었다.

마지막으로 사랑으로 참고 지켜봐 준 meiner Frau 김선희에게 이 책을 바친다.

2018년 12월 12일

도 복 선

Drei Gründe für dieses Wörterbuch "Chakan Wörterbuch Deutsch-Koreanisch"

Das Wort "착한(chakan)" kann auf Deutsch brav, gut, nett heißen. Doch können die Wörter in diesem Sinne weder als Prädikativ noch als Attribut für ein Wörterbuch angewendet werden. Die drei Wörter können möglichst als Charakter dieses Wörterbuches und als drei guten Gründe für sein Inhalt verstanden werden. Es ist so brav, dass es jeweilige Synonyme, Antonyme, Ableitungen und Bezugswörter auch ohne Wiederholungen zeigt. Es ist so nett, dass es sie mit verschiedenen Farben und Schrifttypen verziert, damit man es schön lesen kann. Und es ist so gut, dass man die kulturellen Hintergründe der Wörter verstehen kann. Darüberhinaus werden alle Beispielsätze ins Koreanische übersetzt. Hoffentlich können auch die Koreanischlernden aus dem deutschen Sprachraum es gut benutzen.

◈ 일러두기 ◈

제2권에서는 독일어의 기본을 쉽게 다지기 위해 기본 문법부터 설명하였다. 철자와 발음법의 경우 먼저 읽어두면 독일어 발음을 좀 더 편하게 연습할 수 있다. 품사들의 경우 주로 그 본디 기능을 보여주는 방향으로 되도록 간략히 설명하였다. 아울러 독일어 특유의 문장순서(도치와 후치)와 연관지어 제시하였다. 동사와 형용사의 어미변화는 독일어 공부를 시작하는 사람들에게 맨 먼저 나타나는 걸림돌이 되기 쉽다. 우선 그 원리 중심으로 읽어서 이해한 다음에는 틈을 내어 꾸준히 읽어가며 연습해야 한다. 그 걸림돌을 넘으면 독일어가 제법 친하게 다가오기도 한다.

독일어 합성의 비밀을 나름대로 설명하였다. 굳이 어원까지 파지 않더라도 합성어의 비밀만 간파하면 단어 습득이 몇 배로 효율적일 수 있고, 독일어에 대한 이해가 빠르고 깊어진다. 특히 양념말은 크게 표시가 나지 않는다. 그렇지만 알아두면 독일어 특유의 맛을 알 수 있고, 잘 살려 쓰면 독일어 잘한다는 소리를 듣게 된다. 우리말 특유의 형용사를 구사하는 외국인을 떠올려 보면 될 것이다.

갈래별 낱말을 가려 모아서 정리하였다. 다양한 숫자는 물론이고 몸과 신체부위, 가족과 친척, 주거와 살림살이, 먹을거리, 입을거리, 날씨, 직업, 교육, 여가와 취미 등 일상생활에 관련된 것들이다. 짬을 내어 읽기만 하더라도 같은 부류의 단어들이 모여 있기 때문에 한결 쉽고 체계적으로 이해하고 외울 수 있다.

음악용어 모음의 경우 주요 단어들에 발음까지 한글로 곁들였다. 아울러 다른 외국어도 함께 썼다. 음악을 공부하는 사람들이 읽으며 먼저 발음부터 친숙해질 수 있으면, 음악 공부의 시작이 그리 마냥 힘들지만은 않을 것이다. 친숙한 용어들의 독일어 발음에 익숙해지다 보면 다른 독일어 단어의 발음까지 잘 할 수 있으리라 기대한다.

끝으로 독일어를 배우면 좋은 이유 10가지와 함께 A1와 A2 시험에 대한 정보와 시험문제 두 벌을 원문과 번역문을 함께 놓아 정보와 독일어 번역 공부를 함께 할 수 있게 하였다. 아울러 문제 풀이를 자세히 제시하였다. 읽어 보면 시험에 대한 막연한 불안감을 이겨내는 데 보탬이 되지 않을까 생각한다.

● 기호 표시

Ⓐ-반대말 Ⓢ-비슷한 말 ㉺-파생어 註-참고

☞ 는 사전 설명의 흐름에서 떠나 동의어나 반어 및 관련어 풀이 등의 시작을 나타낸다.

목 차
Inhaltsverzeichnis

제1부 | 기본문법

제1부 | 기본 문법

I. 독일어 철자(Buchstabe-Alphabet)

Aa	Bb	Cc	Dd	Ee	Ff	Gg	Hh	Ii	Jj
아	베	체	데	에	에프	게	하	이	욧
Kk	Ll	Mm	Nn	Oo	Pp	Qq	Rr	Ss	Tt
카	엘	엠	엔	오	페	크	에르	에스	테
Uu	Vv	Ww	Xx	Yy	Zz	Ää	Öö	Üü	ß
우	파오	베	익스	입실론	체트	아- 움라웃	오- 움라웃	우- 움라웃	에스첼

II. 독일어 발음의 기본 요령

독일어 발음에 관한 그릇된 전설

"성냥을 아끼기 위해 다섯이 모여야 비로소 성냥불을 켜서 담배를 피웠다!" 이런 비슷한 이야기로 독일 사람들의 절약정신을 강조하는 말을 옛날엔 흔하게 들었고, 나름 감명을 받기도 했다. 그러나 그 후 독일에서 그리고 여기서 만난 독일 사람들 여럿에게 물어보았다. 저런 말을 아는지. 그러나 그런 사실을 아는 사람은 단 한 사람도 보지 못했다. 독일어 발음에 대해서도 또 비슷한 전설이 하나 있다. "독일어는 글자 그대로 발음하면 된다!"

한 가지 예를 들자. 'Hamburg'를 우리말 표준 표기법으로 쓰면 [함부르크]이고, 글자 그대로 발음하면 된다는 사람들도 그렇게 발음하리라. 그러나 안타깝게도 저렇게 발음하면 달리 맥락이 없는 한 알아들을 독일 사람이 별로 없다. 가장 큰 이유는 우리말과 독일어의 기본 소리 체계가 다르기 때문이다. 우린 자음 하나나 둘(초성과 종성)에 반드시 모음이 있어야 한다. 그래야 글자가 되고 소리가 된다. 그런데 'Hamburg'에서 보듯이 자음 둘 정도 겹치는 것(mb, rg)은 예사다. 그런데도 저 두 자음의 어느 것도 소리가 아예 죽지는 않는다(영어에서는 힘들다 싶으면 뺀다. 'Psychology-Psychologie'를 보면 영어에선 'p'를 아예 빼고 발음하지만, 독일어에서는 비록 드러나게 소리를 내진 않더라도 아예 빼진 않는다.). 우리 한글 말법에서는 좀 더 확실하게 하느라 모음이 없는 자음에는 하나같이 'ㅡ'를 붙여준다. 그래서 [함부르크]로 네 음절이 된다. 그러나 독일 발음으로 하자면 [함붉]에 가깝다. 사실 [붉]에서 'ㄱ'을 'ㅋ'으로 쓰면 더 좋겠는데(맨 끝에 모음 없이 나오는 g는 [k] 발음이다.), 'ㄹㄱ' 받침은 있어도 'ㄹㅋ' 받침은 없으니, 하는 수 없다. 모음이 'a'와 'u', 이렇게 둘뿐이기 때문에 음절도 둘이어야 한다. 끝에 모음이 없는 'rg'는 제대로 발음될

자격이 없어서 음절이 되지 못하고 그저 'ㄹㅋ'의 소리로 머금게 된다. 차별! 그렇다. 모음이 없으면 차별을 받는다. 또 모음도 뒤에 자음이 하나(장음)이냐 둘 이상(단음)이냐에 따라 소리의 길고 짧음에 차별을 받는다.

모음 없는 자음의 서러움 - 제 발음을 내지 못해

예를 하나 더 들어보자. 'Wurst'와 'Brust'를 발음해보자. 글자대로 읽으면 된다고 믿는 사람은 [부르스트/브루스트]라고 읽을 테고, 그러다 보면 말할 때도 그렇게 나온다. 그런데 독일어의 'w'는 입술 떨어진 'ㅂ'(아마 순경음 ㅂ, 즉 ㅸ)이고, 'b'는 입술 붙은 'ㅂ'이다. 그래서 슈퍼에 가서 소시지 달라고 [부르스트]라고 말하면, 아마도 난색을 표하며 당황하거나, 노련한 사람이라면 그건 엄마(Mutter)에게 가서 달라고 하라고 대꾸할지도 모른다('가슴', '모유'란 뜻이기 때문). 사실 우리말로 발음을 쓰기는 힘들지만, 굳이 쓴다면 [부어스ㅌ / 브ㄹ스ㅌ]에 가깝다. 그래도 [함붉]보다 멀 수밖에 없는 게 모음 하나, 곧 한 음절이어야 할 걸 세 음절 또는 두 음절 반으로 표기했기 때문이다. 그래도 네 음절보다는 낫다.

이제 외국어 표준 표기법은 번역이나 글을 쓸 때 쓰도록 하고, 발음할 때에는 철저히 무시하자. 먼저 연습할 것은 모음 수대로 음절을 만드는 것. 모음이 없는 자음들은 그저 머금어 삼키거나 입술 모양만 만들고 다음 발음으로 넘어간다. 또 하나 비슷한 보기를 보자. 'der Frost' - '얼어붙음', '동해', '동상' 등의 뜻이다. 그런데 모음이 'o' 하나뿐인데, 어쩌란 말인가? 하는 수 없다. 원칙대로 해서 'r'만 제 발음 나고 나머지는 제 발음이 나지 않는다. 먼저 아랫니와 윗입술을 살짝 붙여 'f' 발음을 할 듯한 상태에서 그대로 'ro'발음을 한다. 그러면서 'st'는 그대로 머금듯 삼켜 버려야 한다. 표준 표기법으로 쓰자면 '프로스트'로 쓸 수밖에 없지만, 열심히 연습을 하면 줄일 수 있고, 그 전에 우선 [프로스ㅌ]으로라도 줄여 발음하자(스 아래 ㅌ받침으로 가면 더 좋다.). 우리말로 쓰면 똑같아도 정작 원래 발음은 다른 말 'prost'(건배 - prosit, zum Wohl)의 경우에는 처음 'p'발음을 할 것처럼 입술을 붙인 상태에서 시작하는 것만 다르다. 바로 'p'와 'f'의 차이이다.

자음 눈치를 봐야 하는 모음 신세!

"눈에 눈-물이 들어가니 눈물인지 눈-물인지 모르겠다." 이처럼 우리말에도 사실 모음의 길고 짧음이 중요할 때가 있다(앞이 das Auge-die Träne, 뒤가 der Schnee-das Schneewasser). 그런데 독일어 발음에서는 이렇게 중요한 경우가 무척 많다. 그러나 안심하자, 그만큼 규칙도 분명하니까. 모음 뒤에 자음이 하나만 온다면 그 모음은 대체로 길게 발음한다. 그 이야기는 자음이 둘 이상 모이면 앞의 모음을 가로막아, 주눅이 든 모음은 짧게 발음되고 만다는 말이다.

'die Nase' - 코란 말인데, 자음이 's' 하나기 때문에 'a'가 길게 발음된다. [나~제].

'nass' - '젖은, 축축한'이란 뜻을 담은 형용사다. 자음이 'ss'로 두 개기 때문에 길게 발음할 수 없다. [나스], 더 정확하게는 [낫]이다.

장음을 만드는 h

모음 다음에 'h'가 오면 'ㅎ'-발음은 사라지고 그냥 앞의 모음을 장음으로 만든다. 물론 사람에 따라 'ㅎ'이 묻어나오기도 한다. 단, 어느 경우든 길게 발음한다는 것은 분명하다(gehen [게~엔 / 게~헨], sehen [제~엔 / 제~헨]). 같은 모음이 둘 합쳐지는 '중모음'도 길게 발음한다('das Boot' [보~ㅌ] - 영어식 발음처럼 [부ㅌ]가 아니다.).

(이 사전에서 발음으로 표기하는 자음은 우리말의 대표자음 발음원칙을 깨고, 최대한 본래 자음 음가로 적으려고 한다. 우리말의 가능성을 단적으로 보여주는 한 가지 예만 더 들어보자. film, der Film 영어든, 독일어든 둘 다 발음은 같다. 모음 하나에 자음 셋. 우리말 표준 표기법에 따르면 [필름]이다. 그러나 맥락 없이 발음하면 미국인도 영국인도 독일인도 알아듣지 못한다. 일본 사람들은 알아 듣는다. [핆] - 이렇게 쓰고 발음하면 다 알아 듣는다. 아쉽지만 모든 발음을 다 그렇게 쓸 순 없다. 그러니 모음이 없는 자음은 여기서도 가능하면 그냥 자음으로 표기한다. 그런 자음은 아예 버리지는 말고 머금도록 하자. 본디 발음의 자취만 비칠 정도로. "제3부 음악용어 모음"에서 함께 쓴 우리말 발음들은 그런 원리로 발음해야 한다.)

1. 모음(Vokal)

모음			
Aa	아	입을 한껏 벌린다. 외국어를 발음할 땐 한글 발음 때보다 입 모양에 신경 쓴다. 마치 성악을 하듯이.	abc[아베체], Vater[파~터] 아버지, Mama[마~마] 엄마
Ee	에	그냥 듣기에는 Ää와 구분이 잘 되지 않는다. 여기 e 발음을 굳이 수치화한다면 (1×'ㅔ' ; 2x'ㅣ')로, [이]에 더 가깝고, ä가 우리의 [ㅐ]에 가깝다.	das Ende[엔데] 끝, geben[게~벤] 주다 die Energie[에너~ㄹ기~] 에너지 die Erde[에ㄹ데] 지구
Ii	이	처음 독일어를 배우는 친구들이 많이 하는 실수 가운데 하나, 자꾸 영어의 'i'[아이]로 발음한다. 하지만 [ㅣ]다.	ich[이히/잉] 나 immer*[이머] 늘, 언제나 das Kind[킨트] 아이, Ihnen[이~넨] 당신께, ihm[이~ㅁ] 그에게, ihn[이~ㄴ] 그를
Oo	오	'oo'로 겹칠 때 영어처럼 [우]가 아니라 [오~]로 길게 발음할 뿐이다.	die Oase[오아제] 오아시스, das Boot[보~ㅌ] 보트, das Zoo[초] 동물원
Uu	우	우리의 '우'보다 입안을 더 크게 하도록 신경 쓰자.	und[운ㅌ] 그리고 das UFO[우~포] 미확인물체 die Uhr[우~ㄹ/ 우어] 시계
Yy	이/위	라틴어에서도 그리스어 표기하느라 나중에 들어왔고, 독일어에서도 외국어/외래어 쓸 때나 쓰기에 아무리 두꺼운 사전을 보더라도 이 글자로 시작하는 단어는 1쪽 분량을 넘지 않는다. 그래서 독어자판의 경우 영어 자판의 Z와 Y의 자리가 바뀌어 있다. 터키나 헝가리에서는 자음 노릇을 한다.	der Yeti[예티] 설인, das Ying[인] 음陰, das Yang[양] 양陽

1) der Umlaut 움라웉 - 변모음

핀란드, 헝가리, 스웨덴, 아일랜드 등에도 있는 변형 모음. 저 'Umlaut'라는 이름은 그림 형제 중 형인 야콥 그림(Jacob Grimm, 1785-1863; 동생은 빌헬름 Wilhelm Grimm, 1786-1859)이 지었다. 움라웉은 원 모음 + 'e'로 풀어 쓸 수 있다.			
Ää	[ɛ], [æ]	ae로 풀어쓰기도 한다. 뒤에 u가 와 äu가 되면 [ɔi-오이] 발음이 난다. ㅔ와 ㅐ 사이 발음	Ägypten[에/애깁텐] 이집트, der Bär[베/배어] 곰, der Käse[케/캐~제] 치즈
Öö	외, 에 [ø], [œ]	oe로 풀어쓰기도 한다. 뒤에 자음 둘이 와 단음일 땐 '외'가 제대로 발음되지 않고, '에'에서 그친다. -'외' 발음할 입술 모양은 갖추되 실제 발음은 거의 내지 못하고 자음 발음을 한다.	öde[외~데] 황량한, Österreich[에스터라이히] 오스트리아, öffnen*[에프넨] 열다 , die Größe[그뢰~세] 크기, 키-신장, 사이즈, der König[쾨닠] 왕, das Öl[욀] 기름
Üü	위 [y], [ʏ]	ue로 풀어쓰기도 한다.	die Übung[위~붕] 연습, die Bühne [뷔~네] 무대, das Menü[메뉘] 차림표, 메뉴 das Übel[위~벨] 악, 재해

2) 반모음 - J

셈어(페니키아-그리스-라틴어 등)에서 시작해 참 역사가 오래된 글자로 나라마다 자음 노릇을 하기도(영어 [dʒ] 'ㅈ') 하고, 모음과 자음 노릇을 함께 하기도 하는데, 독일어에서는 반모음이다(ㅕ = ㅣ+ㅓ / 'ㅣ'를 반모음이라 할 수 있다.).			
J j	[ㅣ]	'I'와 구분하지 않는 경우도 있어서, 이를테면 손으로 쓸 때 소문자 'i'와 구분하기 위해 대문자 'I'대신에 대문자 'J'를 쓰기도 한다.	Ja[야] 예 yes, Johann[요~한] John, der Juli[율리] 7월, der Juni[유니] 유월, das Jahr[야~] 해, 년, der Jugend[유겐ㅌ] 청소년, der Junge[융에] 사내아이, 소년

3) 겹모음(Diphthong)일 때 발음이 바뀌는 경우

äu eu	오이	이유를 설명하기 어렵지만, 이렇게 불규칙한 모습이 독일어에도 더러 있다.	das Gebäude[게보이데] 건물 *ge-가 긴 발음이 나지 않는 이유는 비분리전철이라 악첸트를 받지 못해서다. Deutsch[도이치] 독일어, euch[오이ㅎ, 오잌] ihr(너희들)의 3, 4격 der Euro[오이로] 유로
ei ey	아이	ay, ai라면 그대로 [아이]가 되지만, ei, ey 역시 [아이] 소리가 된다.	eins[아인스] 하나, zwei[츠바이] 둘, drei[드라이] 셋, der Wein[바인] 포도, 포도주
qu	크브	겹모음은 아니고 또 모음 탓도 아니고, q라는 자음 탓이지만, 아무튼'u'와 만나면 ㅂ이 추가된다.	die Quelle[크벨레] 샘, 원천, die Quittung[크비퉁] 영수증, die Qualität[크발리탤] 품질, die Quantität[크반티탤] 양

※ 잠깐! (쉬어가기)

<table>
<tr><td colspan="3">* 독일어 발음은 글자 그대로 난다?</td></tr>
<tr><td>맞다</td><td colspan="2">das Auto 다스 아우토, das Boot다스 보옽, die Idee 이데~, die Biologie 비올로기~, PSY ㅍ시, die Gymnasium 김나지움, das Zoo 초~
그래도 강세(악첸트 Akzent)는 주로 앞에 오니, 그 정도는 신경 써 줘야 한다.</td></tr>
<tr><td rowspan="5">아니다</td><td colspan="2">모음이 없는 자음은 제 발음을 할 수 없다!</td></tr>
<tr><td>Arbeit
아르바이트 (X)
아~ㄹ바잍(O)</td><td>한글 외래어 표기법에서는 옳지만, 독일어 발음으로는 '아르바이트'가 아니다. 모음이 몇 개인가? 3개다(a, e, i-그런데 ei는 합쳐져 [아이] 발음). 그래서 표기할 수는 없지만 굳이 한다면 [아~ㄹ바잍]</td></tr>
<tr><td>Volkswagen
폵ㅅ바겐</td><td>V 는 영어의 f-입술 살짝 떨어진다. lks는 모음 없기에 한꺼번에 해야 한다. 그래서 [스]는 사실 제대로 소리로 나오지 않는다.</td></tr>
<tr><td>Film 핇</td><td>영어와 크게 다르지 않다. 모음 하나!</td></tr>
<tr><td>Psychologie
ㅍ시홀로기</td><td>p에 모음이 없어서 ㅍ 발음은 소리로 나오지 못한다. 입술을 ㅍ 발음할 모양으로 꼭 닫았다가 그대로 '시홀로기' 발음을 낸다. 그게 어렵기 때문에 자꾸 '프시홀로기'라고 발음하지만, 틀린 발음이다. 하긴 그리스 신 이름도 우리말로 적으면 '프시케'가 되긴 하지만.</td></tr>
</table>

모음도 마찬가지로 자음이 둘 이상 가로 막으면 제 발음 나기 어렵다. 특히 nn이 둘 겹칠 때 이중 ㄴ(ㄴ<받침-종성>+ ㄴ<초성>)으로 표기할 때가 많은데, 좋은 방법이 아니다. 겹친 ㄴ 때문에 발음이 길어지기만 하는데, 오히려 더 짧게 발음해야 하기 때문이다. Anna-[안나]로 하면 벌써 길다. [아나]가 더 가깝다. Österreich 역시 자음 둘의 힘 때문에 제 발음이 나지 않아서 [ㅚ]로 가지 못한 채 [ㅔ] 정도에 그친다. 이럴 때 원칙은 제 발음할 입 모양만 한 채 그대로 자음 발음으로 넘어가는 것.

2. 자음(der Konsonant)

독일어 자음 가운데 영어와 확실하게 차이가 나는 것이 'c, g, r, q, v, w, z' 등이다. 'b, d, g' 등은 모음 없이 혼자 낱말 끝에 오면 거센소리로 바뀐다. 그 밖에 중요한 원칙이라면 입술을 꼭 붙이느냐 살짝 떼느냐에 따른 차이(b-w, p-f/v)가 있다. 또 하나 외래어의 경우 완전히 독일어로 녹아 굳지 않은 한 본 발음을 살려준다(영어, 불어가 특히 많다. ☞(참) c 참조)

* 표준 외래어 표기법에 따르지 않는 것은 발음의 편의를 위해서다. 번역을 할 때나 한국 사람에게 말할 때는 표준 표기법을 따라야 한다. 그것이 바로 규칙. 그러나 독어 발음을 하거나 외국인에게 발음할 때는 그렇지 않다.

B b	ㅂ	b	입술이 붙은 상태에서 발음하며, 받쳐줄 모음 없이 단어 끝에 오면 [p] 발음으로 거세진다. der Ball[발] 공, aber[아~버] 그러나, gelb[겔ㅍ, 겔] 노란, das Geld[겔] 돈
C c	ㅊ, ㅆ, ㅋ	[c] [ts] [th] [tsch] [k]	독일어 자음 가운데 가장 설명하기 힘들고 복잡하게 쓰이는 철자. 그만큼 발음도 다양하다. 더욱이 외래어 본 발음 지켜주기 원칙으로 더 심하다. 보통 독일어에서라면 ts(Z)나 k 발음이다. 1. [ㅊ(ts)] - das Cello[첼로], C-dur[체-두어] 다장조, Cäsar[체자~캐사~ㄹ] 카이사르, 시이저, CD[체데] 씨디 2. [ㅋ(k)] - Café[카페] 카페(불어), Cartoon[카ㄹ툰] 만화/영어 3. [ㅆ(s/th)] - 외래어 발음의 경우 [s] (City), c'est la vie[세ㄹ라비] 그것이 인생 4. [ㅊ(tsch)] - Cembalo[쳄발로] 쳄발로 다른 철자와 합쳐지면 발음도 더 복잡하게 변한다. 1. ck - k와 같은 발음이지만, 앞 철자 발음을 단음으로 줄인다. der Frühstück[ㅍ뤼슈튁] 아침식사, das Glück[글뤽] 운, 행운, das Gepäck[게팩] 짐 2. ch - ① [k] der Christ [크리스트] 기독교인 ② [x] Ach [아ㅎ/앟], ich [이ㅎ/잏], der Chirurg [히루릌] 외과의사 = [ㅎ]만 넣을 수밖에 없지만, 사실 [ㅋ] 성분이 많이 함께 묻어나도록 거세게 마찰시켜 소리를 내야 한다. Bach [바흐/밯], Buch [부흐/붛]…. 한참 연습이 필요한 발음 가운데 하나. 인터넷사전 발음을 참조하여 자꾸 연습하자. 3. sch [쉬, 슈]('ㅜ'와 'ㅣ' 또는 'ㅠ'를 넣었지만, 발음할 때는 되도록 중모음이 아닌 짧은 모음이 되도록 연습하자. Schule[슐레] 학교 die Schönheit[쇤하잍] 미/아름다움
D d	ㄷ	[d]	영어와 차이가 없지만, 단어 끝에서 모음의 뒷받침이 없을 때는 [t]로 격음화. denken[뎅켄] 생각하다 der Bund[분트] 연합, 동맹, 약속
F f	ㅍ	[f]	영어와 차이 없다. der Fuß[푸쓰, 풋] 발 finden[핀덴] 찾다, ~로 보다) der Golf[골ㅍ] 만, 해만 das Golf[골ㅍ] 골프
G g	ㄱ, ㅋ	[g] [k]	영어의 경우 이름부터[dʒ] 발음이지만, 독어에서는 그렇게 발음되는 경우가 드물고, 모음의 뒷받침이 있을 때는 [ㄱ], 없을 때(단어 끝)는 [ㅋ] 발음이다. der Garten[가ㄹ텐] 뜰, 정원, Hamburg[함붘] ㅋ을 함께 쓰지 못해 ㄱ으로 대신했는데, '크'소리를 내지 말고 ㅋ음을 머금으며 삼키는 것으로 마무리
H h	ㅎ	[h]	영어와 다르지 않다. 모음 앞에서는 제 발음 [ㅎ], 모음 뒤에서는 그 모음의 발음을 길게 만든다. das Haus[하우스] 집, sehr[제~어] 매우, 몹시
K k	ㅋ	[k]	영어와 마찬가지. der Krieg[크리잌] 전쟁 der Gedanke[게당케] 생각, danken[당켄] 고마워하다
L l	ㄹ	[l]	영어와 같은데, 되풀이될 때 자꾸 종성과 초성에 ㄹ을 겹쳐 발음하는 것은 삼가야. 이중발음보다 단모음에 더 신경 쓰자. lieben[리~벤] 사랑하다, Guerilla[게리라] 게릴라* 겹쳐 쓰고도 단음으로 발음할 수 있다면 OK, 그렇지 않다면 하나만
M m	ㅁ	[m]	영어와 같다. die Mutter[무터] 어머니, das Mammut[마뭍] 매머드, die Grammatik[ㄱ라마틱] 문법
N n	ㄴ	[n]	영어와 같은 발음. nein[나인] 아니 *no*, die Nummer[누머] 번호, die Sinne(der Sinn의 복수) [지네] 감각, 생각, 의미, 뜻

Pp	ㅍ	[p]	영어와 같다(입술 붙였다 급하게 떼며 발음). das Papier[파피어] 종이, 서류, der Papa[파파] 아빠
Qq	ㅋ	[q]	가장 드물게 쓰는 이 철자는 보통 'qu'로 'u'와 함께 쓰이는데, 이때 느닷없이 [ㅂ]발음이 끼어든다. die Quelle[크벨레] 샘, 원천, das Quadrat[크바드랕] 정사각형, der/das Quadratmeter[크바드랕메~터] 제곱미터
Rr	ㄹ	[r]	영어와 차이가 크다. 이 발음은 목 끝에서 나는 소리로, 마치 가글할 때 나는 소리나 가래 끓는 소리와 비교될 수 있다. 처음엔 어렵지만 가글하듯 연습하다보면 할 수 있다. 따라서 우리의 [ㄹ]과는 차이가 커서 그나마 초성의 [ㄹ]과 겨우 비교할 수 있다. 모음이 따르지 않을 때에는 그저 [r] 발음을 머금듯 삼킨다(따라서 'ㄹ'가 아님). das Recht[레힡] 법, 권리, 정의, die Rechte[레ㅎ테-오른손, 오른쪽, 우파, der Grund[ㄱ룬ㅌ] 토대, 이유, Hamburger[함부ㄹ거] 함부르크 사람, 함부르크의 것, 햄버거도 애초 함부르크에서 유래한 음식이란 뜻
Ss	ㅅ	[s]	약간 차이라면 모음 앞에서는 [ㅈ] 성분이 강하고, 그렇지 않을 때는 [ㅅ]성분이 강하다는 정도. sein[자인] ~이다, 있다-영어의 *be* die Sonne[조네] 태양, 해, der Hals[할스, 핤] 목 'st-', 'sp-'로 함께 쓰이면 [스]가 아니라 [슈, 쉬]발음이 된다. 역시 달리 표기 방법이 없어서 쓴 것이니 가능한 짧게. der Student[슈투덴트] 대학생, 그 아래 학생은 Schüler [쉴러] der Sport[슈퐅] 스포츠
Tt	ㅌ	[t]	영어와 같다. der Tiger[티~거] 호랑이, das Tier[티~어] 동물, der Traum[트라움] 꿈
Vv	ㅍ	[f], [ph]	영어와 완전히 달라 이름부터가 [파오]다. 애초 'u', 'w', 'y', 'f'가 이렇게 저렇게 섞이면서 음가가 오락가락 하였다. 현재 [f]로 발음되는 'v'가 쓰이는 언어라면 독일어와 네덜란드어밖에 없다. 그리고 네덜란드와 남부독일에서 특히 [f] 발음이 강하고, 그 외에서는 [w]발음, 그러니까 영어의 [v]발음과 비슷하다. 아무튼 입술이 떨어진 상태에서 발음한다. von[폰] ~로부터 *from*, der Volkswagen[폴ㅋㅅ바겐] VW-국민차란 뜻의 자동차 상표 das Vakuum[바쿠움] 진공
Ww	ㅂ	[v]	입술이 떨어진 상태에서 나는 [ㅂ, ㅸ] 발음. BMW[베엠베] 자동차이름, '비엠더블유'가 아니다. der Wagen[바겐] 수레, 차 die Wahrheit[바ㄹ하잍] 진리
Xx	ㅋ+ㅅ	[x], [ks]	'y'와 마찬가지로 아주 드물게 쓰이는 철자며 외래어 표기가 거의 다. Xanthippe[ㅋ산티페] 소크라테스 부인 이름-악처 fix[픽스] 고정된, 정해진 das Paradox[파라독스] 역설
Zz	ㅊ	[c]	[ts]발음으로 영어 'c'를 대신할 때가 많다. Centrum[센트룸] = Zentrum[첸트룸] 중심, 중앙 die Zeit[차이트] 시간 der Zoo[초~] 동물원 die Zukunft[추쿤ㅍㅌ] 앞날, 미래
ß	ㅅ/ㅆ	[s]	에스첼 Eszett이란 이름으로 유일하게 독일어에만 남은 알파벳. 별명 중에 이중-s Doppel-s가 있는데, 말 그대로 ss로 풀어 쓰기도 한다. 특히 스위스, 리히텐슈타인에서는 ß를 쓰지 않고 다 ss로 풀어서 쓴다. 그 외의 독일어를 쓰는 곳에서는 독일-오스트리아 표준문법대로 ß를 쓴다. 이 문법에 따르면 단모음 뒤에서는 이제 ß를 ss로 쓰고, 장모음 뒤에서는 그대로 쓴다. 19세기 후반부터 대문자도 독일어 알파벳에 담아야 한다는 토론이 일었는데, 그간 소문자로만 쓰이다가 2017년 6월 29일부터 대문자 ẞ까지 독일 표준문법에 담았다. Tschüß [취스] 안녕 die Straße [슈라세]도로 der Fußball [푸스발] 축구
			겹자음
ch	ㅎ /히	[x]	위의 'c' 참조. ① [k] der Christ [크리스트] 기독교인 ② Ach[아ㅎ], ich[이히, 이ㅎ, 잉], der Chirurg[히루릌] 외과의사 = [ㅎ]만 넣을 수밖에 없지만, 사실 [ㅋ] 성분이 많이 함께 묻어나도록 거세게 마찰시켜 소리를 내야 한다. Bach[바흐, 바ㅎ, 밯]를 떠올리자.

3. 연 습

다음 낱말들에서 밑줄 친 부분에 조심하며 자꾸 읽어보자. 아직은 뜻에 구애받지 말고. 제대로 읽었는지 확인하고 싶으면 다음 사전 사이트에서 들어보며 비교하자. ☞ http://www.dict.cc/ 또는 http://de.wiktionary.org; 이젠 네이버 독일어 사전에서도 서비스가 된다.

모음의 역할 - 앞의 자음이 제 소리를 내게 한다. 모음이 없으면 제 소리가 나지 못하고 앞에서는 입술 모양만하고 다음 발음으로 넘어가고, 중간이나 끝에서는 입에 머금고 뱉지 않는다. Psychologie[ㅍ시홀로기] der Grad[ㄱ랕] 단어 맨 앞이라 '그랕'으로 표기하기도 하지만, 되도록 [ㄱ랕]으로 발음하도록 연습 arbeiten[아ㄹ바이텐] ich[잏 / 이ㅎ] der Film[핆] halb[핣]

die Zetiung

das Auto, die Autos die Arbeit

das Haus, nehmen, gehen(h - 모음 앞 / 모음 뒤)

die Maus, die Mäuse [마우스, 모이제] 생쥐, 컴퓨터 마우스

BMW[베엠베] (순경음 'ㅸ'이 딱 이 발음일 텐데!) B는 입술이 붙고, W는 떨어진 상태의 [ㅂ]

der Volkswagen (das Volk + s + der Wagen) Benz

die Straße, Szondi[쏜디] Fußball

das Buch, Bach der Bach, die Bache

der Film

Johann, Johnson, Joghurt, *Job(영어 발음을 그대로 읽기도 하는데, o발음을 독일어식으로 발음하기도 한다. [좁])

die Lüge, lügen 거짓말하다 die Lügerei

Es tut mir leid. [에ㅅ 퉅 미어 라잍]미안해

Das macht nichts. [다스 마핱 니힟] 괜찮아

der Leiter 지도자, 지휘자 die Leiter 사다리

der Mann - die Männer(die Frau - die Frauen), das Kind - die Kinder

b, d, g - 앞과 뒤에서 다른 발음 [p, t, k]

die Bank - halb

Doris - Abend

die Stadt - der Staat - der Start(세 단어의 모음 발음이 다 다른데, 맨 앞은 단음, 둘째는 장음, 마지막은 'ㄹ'이 섞인다.)

der Bus, Abend, sieben, halb

Dom, Geld die Hand die Hände

gut, Tag(Guten Tag!), groß Hamburg

Hamburg 함부르크(표준 외래어 표기법) [함붉]-그래도 원음과 가까운 표기법

복모음- ei, ai [아이](원리로 ey와 ay도 같은 발음이지만, 별로 많이 쓰이는 일이 없다.)

das Kaiser, der Mai

das Ei, bei, eins, zwei, drei

☞ (참) '-ie'의 경우 장음(das Lied-Lieder = *song-songs*)

eu, äu [오이], [외]

Heute, euch, Europa

die Häuser, äußern

Q+u [크ㅂ]

Quittung

Quantität, Qualität

Quadrameter

4. 모음과 자음의 세력 다툼

모음과 자음의 세력 다툼에 혀 꼬이는 한국사람

모음과 자음의 힘겨루기에 따른 발음의 차이	
1) 모음 뒷받침 없는 자음-제 발음을 낼 수 없다. 입술은 그 발음을 낼 모양을 갖추되 실제 발음은 하지 않고 다음 발음을 내뱉는다.	Psychologie-[P]발음을 하려면 입술을 단단히 붙여야 한다. 그 다음에 [sy(시)]발음으로 넘어간다. 따라서 영어처럼 [사이콜러지]가 아니라[ㅍ시홀로기]다. Psyche도 마찬가지.
2) 둘 이상의 자음에 가로막힌 모음은 제 발음을 내지 못하고 짧게 흉내만 낸다.	Brötchen-자음 셋에 막힌 'ö'는 제대로 [ㅚ]발음을 제대로 하지 못하고 아주 짧아야 한다. [ㅂ레첸], [ㅂ뢰첸] Vater는 제 발음이지만 Mutter는 아니다. 구분하기는 힘들겠지만, 적어도 짧고 길게 발음하려는 연습은 해야 한다. [파~터], [무터]
3) 비분리 전철(be- ge- er- / ent- emp- / ver- zer- miß-)에는 강세(악첸트)가 오지 않는다. 따라서 제 발음을 하지 못한다. 되도록 짧게 아니면 그 뒤의 발음을 더 세게. * 비분리라서 강세는 줄 수 없지만 읽을 때는 구분을 위해 다음 단어와 조금이라도 사이를 뗀다.	begreifen, gelingen, erhalten, entdecken, empfehlen, verlieren, zerreißen, mißverstehen
4) 'h'는 모음 앞에서는 제 발음[ㅎ/h]을 내지만, 모음 뒤에서는 그 모음을 길게 발음하게 하고(~), 자음 뒤에서는 그 자음의 발음을 좀 부드럽게 만든다(ph = f).	das Haus, die Hände, der Hals, gehen, sehen, zahlen, die Zahl, die Philosophie, das Theater
5) 겹자음들	
ch ☞(참) 알파벳 자음 'c'	Bach[바흐, 바ㅎ, 밯] 바하, die Milch[밀히, 밀ㅎ, 밃] 우유 *milk*
chs-[x] ㅋㅅ	wachsen[박센] 자라다, der Ochs[옥스] 소
ck-[k]	der Wecker[베커] 자명종
ds-ts-tz-z [ㅊ]	abends[아벤츠] 저녁에, nichts[니힟] *nothing*, sitzen[지첸] 앉다, der Zoo[초~] 동물원
dt-ㅌ	der/die Verwandte[페어반테] 친척, die Stadt[슈탙] 도시
ng-엉	Englisch[엥리쉬) 영어, lang[랑] 긴
pf-ㅍ [f]	der Apfel[아펠] 사과, die Pflanze[플란체] 식물
ph-ㅍ[f]	die Philosophie[필로조피] 철학
qu ☞(참) 알파벳 자음 q	die Quittung[크비퉁] 영수증, Qualität[크발리탵] 질
sch-'쉬'와 '슈' 사이 [ʃ]	der Schüler[쉴러] 남학생, die Schülerin[쉴러린] 여학생
tsch-'치'와 '츄' 사이	das Deutsch[도이치] 독일어
-tion [치온]-라틴어에서 유래. 대게 영어에도 비슷한 말이 있다.	die Nation[나치온] 민족 *nation*, die Lektion[렉치온] 성구, *lection* die Funktion[풍치온] 기능 *function*, die Generation[게네라치온]세대 *generation*, die Kombination[콤비나치온] 조화 *combination*

III. 관사와 대명사(der Artikel und Pronomen)

1. 정관사(定- der bestimmte)와 부정관사(不定冠詞 der unbestimmte)

이미 앞에서 이야기된 사람, 물건, 일이나 해나 달처럼 누구나 다 아는 말, 즉 이미 정해진 (bestimmt, 定) 명사 앞에 오는 것이 정관사다. 부정관사는 맥락에서 처음 나와 서로, 또는 적어도 듣거나 읽는 사람이 알지 못하는 단수 명사 앞에 온다. 그 명사가 아직 정해진 게 아니라는 (unbestimmt, 不定) 사실을 나타낸다. 처음 나와 아직 정해지지 않은 명사는 그 성과 격에 어울리는 부정관사를, 이미 언급되거나 정해진 경우에는 그 성과 격에 어울리는 정관사를 쓴다.

정관사

	남 성	여 성	중 성	복 수
1격	der	die	das	die
2격	des	der	des	der
3격	dem	der	dem	den
4격	den	die	das	die

부정관사

1격	ein	eine	ein	–
2격	eines	einer	eines	–
3격	einem	einer	einem	–
4격	einen	eine	ein	–

*ein에는 하나란 의미가 담겼다. 따라서 복수와는 어울리지 않는다. 복수는 어떤 의미에서 이미 알려진 점도 없지 않다. 복수에 관사를 굳이 쓰겠다면 정관사로 대신.

부정관사가 쓰인 다음에는, 이제 맥락 속에 들어와 정해진 상태가 되기에 정관사로 받을 수 있다. 그 다음 정관사까지 쓴 다음에는 인칭대명사(독일어 명사는 모두 성이 정해져 있으니)를 쓸 수 있다.

Da ist ein Bleistift. 저기 연필이 하나 있다.

Der Bleistift ist schwarz. 그 연필은 검은색이다.

Er gehört mir. 그것은 내 것이다.
Der gefällt mir. 그거 맘에 드네(이 경우 지시대명사다. 아래 6. 참조)
Dieser gefällt mir. 그거 맘에 드네(이 경우도 지시대명사다. 아래 6. 참조) 지시대명사가 쓰이는 경우 정관사나 인칭대명사에 비해 강조(다른 게 아닌 바로 이것, 그것)의 의미가 담긴다.

* Mit ihm mache ich mir eine Notiz. 나는 그걸로 메모를 한다. (주어 ich 앞에 다른 말 mit ihm이 나와서 동사 mache가 주어와 위치를 바꾸었다. '도치'라 한다. 뒤 VII-2 도치문 참조)

2. 관계대명사(Relativpronomen) : 정관사류 + welch

앞에 나온 선행사(관계절의 부문장에서 설명되어야 할 앞 절의 명사=선행사)의 수(단수/복수)와 단수 명사의 성(남/여/중) 그리고 격(1-4격)에 따라 16가지의 경우가 생긴다. 이때 성과 수는 선행사에 의해 정해지고, 격은 관계대명사 절(문장-후치=동사가 맨 뒤)의 동사 또는 전치사에 의해 정해진다. welch-의 어미변화에서 2격이 따로 없다. 꼭 써야 할 경우에는 der/die/das/die 관계대명사의 2격 형을 쓴다.

관계대명사의 종류

	남 성	여 성	중 성	복 수
1격	der / welcher	die / welche	das / welches	die / welche
2격	dessen	deren	dessen	deren
3격	dem / welchem	der / welcher	dem / welchem	denen / welchen
4격	den / welchen	die / welche	das / welches	die / welche

Das ist der Student, der/welcher mich Deutsch lehrt. 그는 내게 독일어를 가르치는 대학생이다. (앞에 der Student - 남성, 단수 + 부문장에서 주어 - 1격 = der / welcher)
Das ist der Student, dessen Bruder mein Freund ist. 저 대학생 동생이 내 친구야. (der Student - 남성, 단수 + 부문장에서 주어 Bruder와 2격 관계 = dessen)
Das ist der Student, von dem/welchem ich dir schon viel erzählt habe. 저이가 내 너한테 많이 이야기하던 그 대학생이야. (der Student-남성 단수 + erzählen von 3격 ~에 대해 이야기하다 = von dem/welchem. 동사가 전치사가 필요했고, 전치사가 3격을 요구했다.)
Das ist der Student, den ich gestern kennengelernt habe. 저 사람이 내가 어제 알게 된 대학생이야. (kennenlernen이 4격을 요구하여 = den / welchen)

Das ist die Studentin, die/welche mir beim Deutschlernen half. 저 사람이 나 독일어 공부하는 걸 도와준 여대생이다. (die Studentin 여성-단수 + 부문장에서 주어 역할 = die/welche)
Er hat eine Tochter, deren Mann aus Korea ist. 그에겐 한국 사람을 남편으로 맞은 딸이 있어. (eine Tochter - 여성, 단수 + Mann과의 관계 - 2격 = deren)
Das ist die Schule, in der/welcher ich als Lehrerin arbeite. 저게 내가 교사로 일하는 학교야. (die Schule - 여성, 단수 + 전치사 in과 동사 arbeiten의 성질을 고려하면 - 3격 = der/welcher)
Sie hat die Schwimmweste widergefunden, die/welche sie vorgestern verloren hatte. 그제 잃어버렸던 그 구명조끼를 다시 찾았다. (die Schwimmweste - 여성 단수 + verlieren의 목적어 - 4격 = die/welche)

Das ist das Bild, das/welches von gestern sehr teuer verkauft wurde. 저게 어제 아주 비싸게 팔린 그 그림이야. (das Bild 중성-단수 + 피동문인 부문장에서 주어 역할 - 1격 = das/welches)
Er hat ein Buch, dessen Inhalt er vollständig auswendig gelernt hat. 그에게는 내용을 완전히 다 암기한 책이 하나 있다. (ein Buch - 중성, 단수 + 동사 lernen의 목적어 Inhalt와의 관계 - 2격 = dessen)
Ich kriege noch ein Baby, dem/welchem ich alles geben möchte. 새로 아이를 하

나 더 낳았는데, 그 애에겐 세상을 다 주고 싶어. (ein Baby - 중성, 단수 + geben의 3격 목적어 = dem/welchem)
Das war das letzte Bier, das/welches du gerade getrunken hast. 지금 네가 막 마셔버린 맥주가 마지막 이었어. (das Bier - 중성, 단수 + trinken의 목적어 - 4격 = das/welches)

Da sind die Leute, die/welche mit Kerzenlichtern die Welt hell beleuchteten. 저들이 촛불로 세상을 밝게 비춘 그 사람들이야. (die Leute - 복수 + 부문장에서 주어 - 1격 = die/welche)
Da kommen die Eltern, deren Kinder in der gleichen Klasse sind. 저기 오는 부모님들 자녀들은 같은 반이다. (Eltern 복수 Kinder와의 관계 - 2격 = deren)
Das sind die Spielzeuge, mit denen/welchen dein Kind gestern gespielt hat. 어제 자네 아이가 갖고 놀던 게 저 장남감이야. (Spielzeuge 복수+ mit 3격 지배 = denen/welchen)
Da standen viele Bäume, die/welche man ausgeschlagen hat. 저기 많은 나무들이 서 있었는데, 사람들이 다 베러버리고 말았다. (Bäume - 복수, ausschlagen의 목적어 - 4격 = die/welche)

3. 인칭대명사(Personalpronomen, persönliche Fürwörter)

1) 개념과 종류

인칭(人稱), 곧 사람을 가리키는 말이다. 영어에서도 3인칭 복수가 인칭대명사 '*they*'가 되는데, 사람(*he, she*)과 사물(*it*) 모두에 쓰인다. 굳이 사람만이 아니라 명사마다 성이 있는 독일어에서는 원칙적으로 모든 명사를 인칭대명사로 바꿀 수 있다. 단, 처음 나올 때부터 그럴 순 없고, 부정관사로 나온 말은 다음엔 정관사로 받고, 그러고 난 다음 인칭대명사로 받는다. 다만 사람의 경우 맥락에 따라 분명할 때에는 그 전에라도 가능하다.

Was ist das? 저게 뭐지?
Das ist ein Bleistift. 저건 연필이란 거야.
Was macht man mit dem? 저걸로 뭘 한 대?
Man schreibt mit ihm. 그걸로 (글을) 쓰지.

자연의 성에 따른 명사의 경우 정관사 거치지 않고 그냥 인칭대명사로 쓰기도 한다.

Wer ist das? 저게 누구지?

Das ist Roland. 롤란트야.

Ist es ein Er oder eine Sie? 남자야, 여자야?
= Ist es ein Mann oder eine Frau?

Ein Er, er sieht zwar ziemlich weiblich aus, aber er ist ein Mann. 남자, 꽤나 여자처럼 생겼지만, 남자야. ☞(참) zwar A, aber/doch B = 비록 A하지만/이지만, B하다/이다)-

인칭대명사의 종류(독일어와 영어)

단 수		복 수	
독 어	영 어	독 어	영 어
Ich	I	Wir	We
Du	You	Ihr	You
Sie*	You	Sie*	You
er	he	sie	they
sie	she	sie	they
es	it	sie	they

* 격식의 Sie: 늘 대문자로 시작하며 단수와 복수 모양이 똑같다. 흔히 '존칭'이라고 하지만, 사실 우리식 존댓말과 반말의 차이는 아니다. 오히려 격을 갖춘 공적인 호칭과, 격 없이 친한 호칭이란 말이 어울린다. 대부분의 가정에서 아빠, 엄마와 나누는 말이 바로 이 친한 말이다. 사적인 자리에서 서로 Du로 부르는 친구라도 서로 다른 당의 대표로 만난 공적인 자리에서는 Sie를 쓴다.

대개 처음 만난 사이에서는 Sie로 시작하지만, 아이들 끼리나 나이 차가 워낙 많은 노인이 아이들을 대할 때는 친함을 보이느라 Du를 쓰기도 한다. 남녀 둘이만 있을 때 서로 Du를 쓰더니, 누군가 오는 걸 알고는 부리나케 Sie로 쓰는 상황이라면(브레히트 희곡 "갈릴레이"에서처럼), 둘이 그렇고 그런 사이라고 보면 된다. 학생들 사이에는 특별한 일이 없는 한 Du를 쓰며, 교수나 강사와 학생 사이에서도 처음엔 Sie를 쓰지만, 곧이어 서로 합의한 다음 Du를 쓰기도 한다. 그러나 격식을 중요하게 여기는 사람이라면 Sie를 고수한다.

Darf ich Sie duzen? 말을 터도 될까요? Können wir uns duzen oder weiter siezen? 우리 말 틀까요, 아니면 그대로 격식어로 쓸까요? Wir siezten anfangs die anderen Eltern an der Schule unserer Kinder, und dann fingen einige die andere zu duzen an. 아이들 학교에서 다른 학부모들에게 처음에는 격식어를 썼다. 그런 다음 몇몇이 다른 사람들에게 말을 트기 시작했다.

2) 인칭대명사의 격 변화

영어에서 격의 변화는 3가지다. 주격, 소유격, 목적격. 우리말에서 격은 대명사가 아니라 조사(주격: 은, 는, 이, 가; 소유격: 의; 간접 목적어: 에게, 한테; 직접 목적어: 를)로 나타낸다. 나는/내가, 너를, 그에게, 나의/네. 우리말과 독일어가 격 뷰류에서는 더 가깝다는 말이 된다. 다만 독일어에서 2격이 꼭 소유격인 것은 아니며, 3격을 간접목적어라고 하는 것도 꼭 들어맞지는 않다. 전치사와 동사 중에서 2격이나 3격을 요구하는 것들이 있기 때문이다. 자세한 것은 뒤에 살피고 일단 3가지 인칭의 4가지 격에 따른 변화를 익혀 두자.

격에 따른 인칭대명사의 변화

		1격	2격*	3격	4격	영 어
1인칭		ich	meiner	mir	mich	I-my-me
		wir(복수)	unser	uns	uns	we-our-us
2인칭		du	deiner	dir	dich	you-your-you
		Sie	Ihrer	Ihnen	Sie	
		ihr(du의 복수)	euer	euch	euch	
3인칭		er	seiner	ihm	ihn	he-his-him
		sie	ihrer	ihr	sie	she-her-her
		es	seiner	ihm	es	it-it's-it
		sie (복수)	ihrer	ihnen	sie	they-their-them

3) 격에 따른 인칭대명사 2격의 어미변화

다른 인칭대명사의 경우 대체로 혼자 쓰인다. 그런데 2격의 경우 혼자서 쓰이기보다 명사와 함께 쓰이는 경우가 많다(3격도 그럴 때가 있다-신체의 일부). 이때 뒤따르는 그 명사의 성(수)과 격에 따라 어미가 변화한다. 뒤집어 말하면 그 어미변화로 해당 명사의 성(수)과 문장 안에서 맡은 역할에 따른 격(주어-1격, 목적어-3, 4격)을 나타낸다.

격	단 수			
1N	Das ist··· 저게 ··· 다	mein Freund 내 남자친구	meine Freundin 내 여자 친구	mein Kind 내 아이
	Das ist mein Freund / meine Freundin / mein Kind. 저 이가 내 친구/여자친구/아이이다.			
2G	der Name··· ··· (의) 이름	meines Freundes* 내 남자친구의	meiner Freundin 내 여자친구의	meines Kindes* 내 아이의
	Der Name meines Freundes / meiner Freundin / meines Kindes ist Kim. 내 친구/여친/아이의 성(독일어 der Name는 성, 우리 식 이름은 der Vorname)은 김이다. * 남성과 중성 단수명사 2격에서는 뒤에 '-(e)s'가 붙는다.			
3D	Ich schreibe··· 나는 ~에게 (편지) 쓴다	meinem Freund 내 남친에게	meiner Freundin 내 여친에게	meinem Kind 내 아이에게
	Ich schreibe meinem Freund / meiner Freundin / meinem Kind (einen Brief). 난 친구/여친/아이에게 편지를 쓴다.			
4A	Ich sehe··· 나는 ··· (를) 본다	meinen Freund 남자 친구를	meine Freundin 여자 친구를	mein Kind 내 아이를
	Ich sehe meinen Freund / meine Freundin / mein Kind. 난 친구/여친/아이를 본다. - 친구/여친/아이가 보인다.			

격	복 수	
1N	Das sind… 저들이 … 다	meine Freunde/Freundinnen/Kinder 남자 친구들 / 여자 친구들 / 아기들
	Das sind meine Freunde/Freundinnen/Kinder. 저들이 내 친구/여친/아이들이다.	
2G	die Namen… … (의) 이름들	meiner Freunde/Freundinnen/Kinder 남친들의 / 여친들의 / 아기들의
	Die Namen meiner Freunde / Freundinnen / Kinder sind .... 내 친구/여친/아이들의 성은 ... 다.	
3D	ich schreibe… 난 누구에게 (편지를) 쓴다	meinen Freunden/Freundinnen/Kindern* 남친들에게 / 여친들에게 / 아기들에게
	Ich schreibe meinen Freunden / Freundinnen/ Kindern (einen Brief). 난 친구/여친/아이들에게 편지를 쓴다. *복수명사 3격에서는 [-(e)n]이 붙는다.	
4A	ich sehe… 나는 … (를) 본다	meine Freunde/Freundinnen/Kinder
	Ich sehe meine Freunde / Freundinnen/ Kinder. 난 친구/여친/아이들을 본다. -친구/여친/아이들이 보인다.	

4. 소유대명사(Possessivpronomen, besitsanzeigende Fürwörter)

소유(Possessiv, Besitz)의 관계를 나타내는(anzeigen) 대명사(Pronomen, Fürwörter)다. 대명사이니 뒤에 명사가 온다는 것은 말이 안 된다. 뒤에 명사가 온다면 인칭대명사의 2격으로 소유관계를 나타내며, 그 역할은 관사와 비교된다(그래서 '소유관사'란 말을 쓰기도). 대명사이니 앞에 나온 명사를 대신 받는다. 여기에도 정관사와 함께 쓰는 방법과 정관사 없이 소유대명사 혼자만 오는 방법, 이렇게 2가지가 있다. 소유대명사 혼자만 쓰이면 부정관사 어미변화와 비슷한 어미변화를 한다(중성 1, 4격만 -es). 앞에 정관사가 온다면 정관사가 온 이상 정관사 어미변화를 하게 된다.

인칭 별 소유대명사 어근

인칭(Person)	단수(Singular)	복수(Plural)
1.	mein-(ich) *mine*	unser-(wir) *ours*
2.	dein-(du)/Ihr-(Sie) *yours*	euer-(ihr)/Ihr-(Sie) *yours*
3.	sein-(er)/ihr-(sie) *his, hers*	ihr-(sie) *theirs*

1) 소유 대명사의 어미 변화

역시 격과 성에 따라 변하며, 인칭대명사 2격 어근에 해당 정관사에서 'd-'나 중성의 경우 'da-'를 뺀 뒷부분을 붙인 것이다. [meiner = mein+(d)-er] 대신하는 명사가 남성이라면, 그 위치에서 맡은 격이 1격. 명사가 여성이면 맡은 격은 3격. [seins = sein+(da)-s] 대신하는 명사가 중성이고, 그 자리에서 맡은 격이 1격 또는 4격이라는 이야기다. 소유대명사에서는 2격이 없다. 이미 자체 안에 포함되어 있으니까.

		ich	du	er	sie	es	wir	ihr	sie
1격	남성	meiner	deiner	seiner	ihrer	seiner	unserer	eurer	ihrer
	중성	meins	deins	seins	ihr(e)s	seins	unseres	eures	ihr(e)s
	여성/복수	meine	deine	seine	ihre	seine	unsere	eure	ihre
3격	남성/중성	meinem	deinem	seinem	ihrem	seinem	unserem	eurem	ihrem
	여성	meiner	deiner	seiner	ihrer	seiner	unserer	eurer	ihrer
	복수	meinen	deinen	seinen	ihren	seinen	unseren	euren	ihren
4격	남성	meinen	deinen	seinen	ihren	seinen	unseren	euren	ihren
	중성	meins	deins	seins	ihr(e)s	seins	unseres	eures	ihr(e)s
	여성/복수	meine	deine	seine	ihre	seine	unsere	eure	ihre

2) 비교를 위한 인칭대명사 2격의 어미변화

뒤에 오는 명사의 성(수)과 격에 따라 변하는데, 대략 부정관사 어미와 비슷하다.

		ich	du	er	sie	es	wir	ihr	sie
1격	남성/중성	mein	dein	sein	ihr	sein	unser	euer	ihr
	여성/복수	meine	deine	seine	ihre	seine	unsere	eure	ihre
2격	남성/중성	meines	deines	seines	ihres	seines	unseres	eures	ihres
	여성/복수	meiner	deiner	seiner	ihrer	seiner	unserer	eurer	ihrer
3격	남성/중성	meinem	deinem	seinem	ihrem	seinem	unserem	eurem	ihrem
	여성	meiner	deiner	seiner	ihrer	seiner	unserer	eurer	ihrer
	복수	meinen	deinen	seinen	ihren	seinen	unseren	euren	ihren
4격	남성	meinen	deinen	seinen	ihren	seinen	unseren	euren	ihren
	중성	mein	dein	sein	ihr	sein	unser	euer	ihr
	여성/복수	meine	deine	seine	ihre	seine	unsere	eure	ihre

3) 소유대명사와 인칭대명사의 예문

Das ist meine Schule. Seine liegt dort. Schule가 여성이고 문장에서 sein동사의 보어기에 1격. 따라서 인칭대명사 2격의 어미는 [-e] (이게 내 학교다.) 뒤의 문장에서 seine는 앞의 여성명사 Schule를 대신 받았기에 소유대명사다. 문장에서 주어, 즉 1격이기에 여성1격의 어미 [-e]가 붙어 seine가 되었다. 그의 것(그의 학교)은 저기 있다. Die ihre sieht man hier nicht. 그녀의 학교는 여기서 보이지 않는다. 정관사 다음의 인칭대명사 2격은 소유대명사와 같다. 다만 어미변화는 정관사가 있으니 약변화다. Die Ihre = Die Schule von ihr = ihre Schule

Heute kommt der Bürgermeister in meine Schule. In deine wird er morgen kommen. 오늘 시장이 내가 다니는 학교에 온다. 학교는 나와 소유관계이고 여성 4격이라 인칭대명사 2격의 어미는 [-e]. ☞(참) 이동의 뜻을 담은 동사 kommen 때문에 3-4격 전치사인 'in'이 4격으로 쓰인다. In meiner Schule gibt es viele Blumen. 우리 학교엔 꽃이 많다. 방향과 이동과 무관한 장소기에 3격이라서 3격 어미 [–er]가 붙어 meiner다(뒤 V-4. 3-4격 지배 전치사 참조). 둘째 문장에서 deine는 앞의 학교(여성)를 대신하면서 4격(전치사 in)이기 때문에 du의 소유대명사 여성 4격 [deine]가 되었다. 네 학교에는 내일 가겠지. ☞(참) er는 앞 문장의 [시장-남성]을 받는 인칭대명사고, 문장에서 맡은 역할은 주어(1격)다. In die seine übermorgen. 그의 학교에는 모레 간다. In die Schule von ihm - in seine Schule

Was ist dein Hobby? Meins ist Musikhören. 네 취미가 뭐야? 난(내 취미는) 음악 듣기야. das Hobby에 주어(1격)와 du의 소유관계 => 인칭대명사 어미는 [-] = [dein]; 뒤의 meins는 나(ich)와 소유관계(mein) + 앞에 나온 명사 das Hobby의 대명사 + 주어(1격) [-s] Das ihre ist Bücherlesen. 그녀는 (그녀의 취미는) 책 읽기다. Das Hobby von ihr 혹은 ihr Hobby를 나타내는 다른 방법이다.

Wie viele *Stunden arbeitet man(1) in Ihrem(3격) Land? In seinem (arbeitet man) immer noch 8(acht) Stunden pro Tag. 당신 나라에서는 몇 시간 일하나요? 근무시간이 몇 시간인가요? 그의 나라에서는 아직도 하루 8시간 일하는데. ☞(참) 시간, 날짜 등의 뜻을 담은 명사는 4격으로 부사역할을 한다. 따라서 Stunden이 arbeiten의 목적어가 아니고, 4격으로 부사역할을 한다. 앞에서 인칭대명사 Sie의 2격 Ihrem = Land(중성) + 3격(arbeiten + in)어미 [-em] 뒤에서 소유대명사 seinem = er의 소유대명사 sein + das Land를 대신하면서 + 3격(arbeiten + in)어미 [-em]; In dem meinen nur noch fünf Stunden. 우리 나라에서는 이제 다섯 시간만 일한다. Im meinen Land - Im Land von mir

das Haus der Schwester 누이의 집 . Das ist ihr Haus. 저게 그녀의 집이다. in ihrem Haus 그녀의 집 안에서. das Haus des Bruders*. Das ist sein Haus. in seinem Haus. das Haus des Mädchens* Das ist ihr/sein Haus ☞(참) 문법의 성은 중성이지만,

여성인 줄 알기 때문에 말할 땐 보통 ihr로 쓴다. 글에서는 sein도 가능 = in ihrem/seinem Haus = 모두 인칭대명사 2격이다.

* 단수 남성과 중성명사 2격에는 어미 <-(e)s>가 붙는다. 또 복수 3격에서는 <-(e)n>이 붙는다.

5. 의문 대명사와 관계대명사

의문문(도치. 간접의문문-후치)을 이끄는 대명사가 의문대명사다(영어: *who, what, which, when, why, how*). 똑같은 형태로 관계대명사나 관계부사로 쓰이기도 하는데, 이때에는 동사가 문장 맨 끝에 온다(☞ 뒤에 VII.3 문장규칙의 후치 참조). 이런 종류의 대표적 관계대명사로 wer, was, welch가 있다.

1) wer와 was

(1) 의문대명사

보통 사람일 때 wer, 사물일 때 was를 쓴다. 사람의 직업은 역시 사물에 해당해 was로 묻는다(Was arbeiten Sie? Was machst du beruflich? 직업이 무엇?). Was에는 3격이 따로 없지만, 전치사와 연결될 때 축약형(womit, worin 등)을 쓴다. 전치사와 연결될 때에는 전치사가 요구하는 격에 따른 변화를 한다. 다만 축약형에서는 wo-에 전치사를 덧붙이면 된다. 단, 전치사가 모음으로 시작될 경우 발음 편의를 위해 'r'을 끼워 넣는다. 사람을 대상으로는 축약형을 쓸 수 없다.

wer와 was 격변화

1격	wer	was
2격	wessen	wessen
3격	wem	X
4격	wen	was

전치사와 결합(보기)

mit	mit wem	womit
von	von wem	wovon
für	für wen	wofür
auf	auf wen	worauf

*사람의 경우 wo-형태로 줄일 수 없다.

Wer sind Sie? 누구십니까?

Was sind Sie(von Beruf/beruflich)? (Was machen Sie beruflich)?
직업이 뭐죠? 무슨 일을 하십니까?

Wer ist am Apparat? Mit wem spreche ich? 전화 받는 분 누구시죠?

Was ist denn das? 이게 도대체 뭐야?

Wessen Uhr ist das? = Wem gehört die Uhr? 저거 누구 시계야? 이 시계 누구 거죠?

Wen meinst du? 누구 말이야? Was meinst du? 뭐 말이야? 네 생각은 어때?

Was hast du denn? = Was ist denn los mit dir? 대체 무슨 일 있어? 무슨 문제 있어?

Wofür interessierst du dich? 무엇에 관심이 있니? 뭐가 흥미 있어?

(du가 주어, 목적어가 필요한 동사 interessieren, wofür는 für was, 즉 전치사구라서 목적어가 될 수 없다. => 따라서 dich란 재귀대명사가 목적어로 필요) – Was interessiert dich? (주어는 was, 목적어는 dich - 아무 문제없음.)

Ich interessiere mich für Musik. = Musik interessiert mich. 난 음악에 흥미 있어.

Womit fangen wir zuerst an? 맨 처음 뭐부터 시작하지? 무엇으로 시작할까?
* 시작 대상이 주어일 때는 전치사(mit)가 필요 없다.

Wann fängt der Unterricht an? Wann beginnt der Unterricht? 수업이 언제 시작하지? Fangen wir um 10 Uhr mit dem Unterricht an. Um 10 Uhr beginnen wir mit dem Unterricht. 열시 정각에 수업 시작하자. 10시에 수업 시작한다.
Worauf wartet sie? 그 여자는 무얼 기다리는 거야? Sie wartet auf ihr Geburtstagsgeschenk. 그녀의 생일선물을 기다려.
Wovon lebst du? 너 무얼 먹고 사니? 어떻게 생활하니?
Woran liegt das? 왜 그런 거야? 무엇 때문이지? 왜 그런 거야? 이유가 뭐야?

(2) 관계대명사

영어의 관계대명사에서 선행사 없는 *who*와 *what*처럼, 선행사 필요 없이 일반적인 사람(wer)이나 사물(was)을 나타낸다.

Wer fleissig arbeitet, der kann reich werden. 열심히 일하는 사람(, 그런 사람)은 부자가 될 수 있다. = Alle, die fleissig arbeiten, können reich werden. 부지런히 일하는 사람들은 모두 부자가 될 수 있다(die - 관계대명사).
Unsere Entscheidungen bestimmen, wer wir sind. 우리 결정이 우리가 누구인지 결정한다. 우리가 누구인지 결정하는 것은 우리의 결정이다.

Was schön glänzt, das ist nicht immer Gold. 멋있게 빛나는 것(, 그것이)이라고 늘 금은 아니다. = Eine Sache, die schön glänzt, ist nicht immer Gold. 멋지게 반짝이는 것이라고 다 금인 것은 아니다(die - 관계대명사).
Ein Beispiel verdeutlicht, was ich meine. 내가 생각하는 것(말하는 것)을 분명하게 보여주는 보기가 하나 있다. 사례 하나가 내 말(생각)을 분명하게 보여준다.
Er sieht was, was wir nicht sehen. 그는 우리가 보지 못하는 것을 본다. 우리가 보지 못하는 것이 그에겐 보인다.

was의 경우 선행사가 있을 때도 있다. alles, vieles, etwas, nichts 따위의 부정대명사나 명사화된 최상급 따위가 그런 경우다. 따라서 이런 말이 선행사에 있을 때는 관계대명사를 was로 한다. = Es gibt nichts, was er nicht schafft. 그가 해내지 못하는 일은 없어. Einiges, was sie gesagt hat, ist wirklich wahr. 그 여자가 말했던 것 몇 가지는 정말 사실이다. Das ist das Teuerste, was ich habe. 그것은 내가 가진 것 중에서 가장 값진(비싼) 것이다.

2) welch-

의문대명사와 관계대명사 그리고 부정대명사, 이렇게 3가지로 쓰이는데, 어미변화는 강변화, 그러니까 정관사의 꼬리('d'의 뒤에 붙은 부분)와 같다. 다만 중성 1, 4격의 경우 자주 그랬듯이 '-as'가 아니라 '-es'라는 것만 조심하면 된다.

welch- 의문-부정-관계대명사

	남성	여성	중성	복수
1격	welcher	welche	welches	welche
2격	2격은 따로 없다.			
3격	welchem	welcher	welchem	welchen
4격	welchen	welche	welches	welche

(1) 관계대명사

관계대명사로 쓰일 때에는 문장에서 다른 기능을 하는 정관사(der, die, das)가 옆에 있다. 이때 같은 모양의 관계대명사(der, die, das)가 혼동을 주는 것을 피하기 위해 쓴다.

Der Mann, der der Straßenbahn nachlief. ☞ Der Mann, welcher der Straßenbahn nachlief. 전철을 뒤따라 달려가는 남자

Die Frau, der der Hund gehört. ☞ Die Frau, welcher der Hund gehört. 개의 주인이 되는 여자

Das Kind, das das Spielzeug suchte ☞ Das Kind, welches das Spielzeug suchte. 장난감을 찾던 아이

(2) 의문 대명사

의문대명사로 쓰일 때에는 의문문이기 때문에 주어와 동사 위치가 바뀌고(도치), 맨 끝에 물음표(Fregezeichen)가 붙는다.

Welcher Idiot hat heute laut aufgeschrien? 어떤 멍청이가 오늘 시끄럽게 소리를 질렀어?

Welche Frau kommt uns entgegen? 웬(어인) 부인이 우리를 향해 오지?

Welches Haus gehöt dir? 어느 집이 네 거야?
In welcher Wohnung wohnt er? 그 사람 사는 집이 어디야?
Mit welchem Verkehrsmittel soll ich fahren? 어떤 교통수단으로 가야 하지?
* was für ein이 대강의 종류를 묻는다면 welch는 (좁혀진 범위 안에서)더 구체적으로 어떤 것인지를 묻는다. was für ein에서 복수가 따르면 ein을 생략하거나 welche를 빌려 쓰기도 한다. 아울러 감탄문으로 쓰이기도 한다.

Was für ein Geräusch ist das? Was ist das für ein Geräusch? 웬(무슨) 소음이지?
Was für eine Blume soll ihr gefallen? 어떤 종류의 꽃이 그녀의 마음에 들까?
Was für ein Unsinn! 그 무슨 허튼소리람!
Erfahrung erwünscht? Wenn ja, was für welche? 경험을 원하나요? 그렇다면 어떤 종류?

6. 지시대명사(Demonstrativpronomen)와 부정대명사(Indefinitpronomen)

우리말에서 지시대명사는 '그, 이것, 저것, 언제, 어디, 무엇'처럼 사물이나 잘 모르는 처소와 때를 이르는 대명사다. 가리킴 대이름씨, 사물대명사라고도 부른다. 한편 정해지지 않은 사람, 물건, 사태, 방향, 장소 따위를 가리키는 대명사를 부정대명사라고 한다. 독일어에서 '언제'나 '어디'는 부사(da), 관계부사(wo)로 나타낸다.

1) 지시대명사(Demonstrativpronomen)

독일어에서 지시대명사는 잘 모르는 것을 가리키기도 하지만(jener), 그보다는 이미 나온 명사나 소통 상황에서 특정한 사람/사물을 가리키는(hinweisend) 대명사(Fürwort)다. 이미 나온 명사를 가리킬 때는 독립해서(뒤에 명사 없이) 쓰이고, 특정 사람/사물을 가리킬 경우 형용사처럼 뒤따르는 명사를 수식하여 지시를 강조한다. 한편, das의 경우 앞의 문장이나 구 전체를 대신하기도 한다. 가까운 대상을 가리킬 때 dieser / jener, 문맥에 정해진 대상을 나타낼 때 der / die / das / die를 쓴다. 그 밖에 지시대명사로는 der / die / das /die의 성질을 강조하는 derjenige와 derselbe ~와 같은 것, ~와 같은 종류를 나타내는 derlei, dergleichen도 있다. 어미변화는 dieser / jener와 같다.

(1) dieser, jener

말하는 사람에 가까운(공간적, 시간적 거리뿐만 아니라 심정적으로도) 대상을 지시할 때(이) dieser / diese / dieses / diese를, 먼 것일 경우(저, 그) jener / jene / jenes / jene를 쓴다. 각기 성과 수와 격에 따른 변화를 포함한다(아래 표). dieser, jener의 경우 정관사 변화('d' 다음 부분)에서 중성의 경우 'as'가 아니라 'es'다(dieses - dieses - diesem - dieses / jenes - jenes - jenem - jenes).

	남 성		여 성		중 성		복 수	
1격	dieser	jener	diese	jene	dieses	jenes	diese	jene
2격	dieses	jenes	dieser	jener	dieses	jenes	dieser	jener
3격	diesem	jenem	dieser	jener	diesem	jenem	diesen	jenen
4격	diesen	jenen	diese	jene	dieses	jenes	diese	jene

Dieses Fleisch schmeckt gut. 이 고기는 맛있네. *Jenes* Fleisch schmeckt zu fade. 저것은 너무 맛이 없어.

Dieses schmeckt gut. *Jenes* schmeckt zu fade. 이게 맛있어. 저건 맛이 너무 없어.
Diesen Wein mag ich nicht. Ich ziehe jenen Wein vor. 이 와인은 좋아하지 않아. 저 와인이 더 좋아.

Diesen mag ich nicht. Ich ziehe *jenen* vor. 난 이건 좋지 않아. 저게 더 좋아.
Schließe die Tür mit *diesem* Schlüssel. Mit *jenem* Schlüssel geht es nicht. 이 열쇠로 문을 잠가. 저 열쇠로는 안 돼.

Schließe die Tür mit *diesem*. Mit *jenem* geht es nicht. 이걸로 잠가. 저건 안 돼.
Das Rätsel konnte mit Hilfe *dieser* und *jener* Hinsweise gelöst werden. 그 수수께끼는 이런 저런 힌트의 도움으로 풀 수 있었어.

(2) der, die, das, derjenige, derselbe

문맥에서 이미 나온 명사를 대신할 때 쓴다. 제각기 성과 수와 격에 따른 어미변화를 한다. der / die / das / die 지시대명사는 정관사 및 관계대명사와 비교되는데, 여성과 복수 2격에서 deren/derer, 이렇게 두 가지가 쓰이며, 그 중 derer의 존재가 유일한 차이. derjenige와 derselbe는 입말에서는 der da / die da / das da / die da 등으로 바꿔 쓸 수 있다. derselbe는 ~와 같은 것, derlei, dergleichen는 ~와 같은 종류를 나타낸다. 어미변화는 dieser / jener와 같다.

	남 성			여 성			중 성			복 수		
	정관사	관계대명사	지시대명사	정관사	관계대명사	지시대명사	정관사	관계대명사	지시대명사	정관사	관계대명사	지시대명사
1격	der	der	der	die	die	die	das	das	das	die	die	die
2격	des	dessen	dessen	der	deren	deren/ *derer*	des	dessen	dessen	der	deren	deren/ *derer*
3격	dem	dem	dem	der	der	der	dem	dem	dem	den	denen	denen
4격	den	den	den	die	die	die	das	das	das	die	die	die

Das Buch? *Das* habe ich schon gelesen. 그(저) 책? 그(저)거 난 벌써 읽었지.
Die Nachbarn? *Die* haben uns auch noch nie eingeladen. 그 이웃들? 그들도 우리를 한번도 초대한 적 없어.
Gib *denen* kein Geld! 그 사람들에게 돈 주지 마!
Ich bin *dessen* noch nicht sicher. 그건 아직 확실하지 않은데.
Die Anwältin. An *die* solltest du dich wenden. 그 (여)변호사. 바로 네가 찾아봐야 할 사람이야.

Wer ist der Mann? *Den* habe ich hier noch nie gesehen. 저 남자 누구야? 저 사람 여기서 아직 한 번도 본 적이 없는데(den은 앞의 der Mann).
Der da hat Schuld. 저기 저 사람(남자) 책임(잘못, 죄)이야.

meine Nachbarin und *deren*(derer *X*) Hund 내 이웃(여성)과 그녀의 개
meine Nachbarinnen und *deren*(derer *X*) Hund 내 이웃들과 그들의 개

die Blumen *derer*, die mich besuchen kam(드묾) 나를 방문하러 왔던 여자의 꽃
die Blumen *derer*, die mich besuchen kamen 나를 방문하러 왔던 이들의 꽃
Wer ist *das*? - *Das* ist seine neue Freundin. 그게 누구야? 그게 바로 그 남자의 새 여자친구야. *sein 동사와 연결될 때 지시대명사 das는 사물뿐만 아니라 사람도 가리키고, 단수만이 아니라 복수도 받는다.
Und *das* sind seine Kinder. 그리고 바로 그 사람 아이들이야.
Das ist mein Wagen. 그게 바로 내 차야.
Sie ist *diejenige / dieselbe* Frau, die angerufen hat. 전화했던 바로 그 여자야.
Er verkauft zuerst *diejenigen* Früchte, die noch frisch aussehen. 아직 신선해 보이는, 그런 과일들부터 팔았다.
das Gewissen *desjenigen* Menschen, der schuldig ist 죄 지은 게 있는, 그런 사람의 양심
Er trägt *denselben* Anzug wie gestern. Er trägt *denselben* wie gestern. 그가 입은 양복은 어제 입었던 것과 똑같은 것이다.
Wir laden *diejenigen* ein, die wir gern haben. 우리가 좋아하는 사람들을 초대한다 (diejenige는 관계대명사 die 이하).

2) 부정대명사(Indefinitpronomen)

정해지지 않았다(indefinit = nicht definiert)는 점에서는 한국어의 부정대명사와 같지만, 독일어에서 방향이나 장소는 관계부사(wo)나 부사(da)로 타나내 대명사에 들지 않는다. 수나 성격, 정체가 분명하게 정하여 굳어지지 않은 것을 가리키는 대명사이다. 그 가짓수가 아주 많은데 대략 다음과 같다: all, alle, allesamt, anderer, beide, einer, einige, etliche, ein bisschen, ein wenig, ein paar, etwas, irgendetwas, irgendein, irgendwelche, irgendwas, irgendwer, jeder, jedweder, jeglicher, jedermann, jemand, irgendjemand, kein, man, manch, mancher, mehrere, meinesgleichen, nichts, niemand, sämtlich, welche, wer, was 등.

(1) alle, all

alle는 정관사 꼬리와 같이 변화한다는 점에서 지시대명사나 관계대명사와 비슷한데, 다만 남성과 중성 2격에서 alles / allen이 함께 사용된다는 점이 다르다. 어미변화하지 않는 all은 dieser, jener, 소유대명사, 정관사 앞에서만 쓰인다(이들은 all과 무관하게 뒤따르는 명사의 격과 수에 따른 자체의 격변화를 따름). 뒤에 이들 외에 형용사가 오면 어느 경우든 약변화다(all die neuen Eindrücke).

둘 다 더 이상 구분되지 않는 총량을 나타낸다(전부, 모두, 온갖, 모든). 복수로 쓰이면 분류된 한 가지의 전체를 나타낸다(alle Leute, alle Tiere). 관사처럼 뒤에 명사를 둘 때도 있고, 혼자서 앞에 나온 명사를 대신하는 대명사로도 쓰인다. 중성 alles가 혼자서 쓰일 때에는 특정한 것보다 일반적, 보편한 것을 나타낸다.

Das verdanken wir *all diesen/jenen* Menschen. 그것에 대해서는 이/저 사람들 모두의 덕이다.
Wozu dient *all* dieser Aufwand? 이 모든 비용이 무얼 하자는 거지? 어디 쓰이는 거지?
All ihre Bemühungen führten zu nichts. 그녀(그들)의 모든 수고가 허사가 되고 말았다.
Trotz *all* seines Geldes war er unglücklich. 그 모든 돈에도 불구하고 그는 불행하였다.
Durch *all* den Stress wurde sie krank. 그녀는 그 온갖 스트레스 탓에 병이 났다.
All die neuen Eindrücke inspieren uns. 그 온갖 새로운 인상들이 우리에게 영감을 준다.

	남 성	여 성	중 성	복 수
1격	aller	alle	alles	alle
2격	*alles / allen*	aller	*alles / allen*	aller
3격	allem	aller	allem	allen
4격	allen	alle	alles	alle

Aller Anfang ist schwer. 시작은 모두 어렵다.
Der Fleiß war *aller* umsonst. 그 부지런함은 모두 다 허사였다.
Alle Flaschen sind leer. 병은 모두 빈 것이다.
Alle wollen die Ausstellung sehen. 모두가 그 전시를 보려고 한다.
Esst nicht *alles* Brot auf! 빵을 전부 다 먹지 마라!
Sie haben *alles* mitgenommen. 그들(당신)이 몽땅 다 가져가 버렸다.
bei *allem* Verständnis für seine Lage 그의 형편에 대해 아무리 다 이해를 한대도
Ihr habt an *allem* etwas auszusetzen. 너희들 모두에게 무언가 비난거리가 있다.
Die Pässe *aller* Besucher wurden kontrolliert. 전체 방문자의 여권을 조사하였다.

Sie tun dies im Interesse *aller*. 그들이 이 일을 하는 것은 모두의 이익을 위해서다.
Alles geht einmal zu Ende. 만사 다 끝이 있는 법.
Er will immer *alles* für sich alleine haben. 그는 언제나 모든 걸 저 혼자 (독)차지하려고 한다.
Ihr seid mit *allem* unzufrieden. 너희들은 모든 게 다 불만투성이지.

(2) anderer

anderer도 역시 관사처럼 명사 앞에서 쓰이기도 하고 또 혼자 명사를 대신하기도 하는데, 어느 경우든 형용사어미변화를 한다(무관사-강변화, 정관사-약변화, 부정관사-혼합변화: 단, -em, -en으로 끝날 경우 마지막 'e'는 생략 가능 ☞ 바로 뒤의 형용사변화 참조). 대명사이지만 wer, jemand, niemand 등이 본디 변화형 대신 anders와 함께 쓰일 때도 있다. 뜻은 '다른', '하나 더', '또 하나', '둘째' 등.

Ich reise oft in *andere* Länder. 다른 나라로 여행갈 때가 많다.

Ich wünschte, ich wäre in einer *anderen* Situation. 다른 상황에 있었으면 싶었다. 처한 상황이 다르면 좋겠다 싶었다.
Ein *anderer* Mann kam hinzu. 또 다른 사람이(남자가) 하나 더 왔다.
Das *andere*(zweite) Buch Moses. 모세서 제2권. Der *andere* Bruder 둘째 형제
Andere Zeiten *andere* Sitten. 시대가 다르면 풍습도 다르다.
Eine Hand wäscht die *andere*. = Wie du mir, so ich dir(Goethe) 가는 정이 고와야 오는 정이 곱다. 오는 정이 고와야 가는 정이 곱다.

(3) beide

부정대명사이자 부정수사로도 불린다. 역시 명사 앞에 수식어처럼 쓰이기도 하고 또 대명사로 독립해서 다른 명사를 가리키기도 한다. 둘 다 형용사 어미변화를 하는데, 단수(2격 없음)와 복수일 때 다르다.

단수: 대명사로만 쓰이고, 뒤에 명사가 나오지 않는다. 사람에는 쓰지 않고, 사물, 사태에만 쓴다. bedes(1, 4격), beidem(3격) : beides - beides - beidem

Beides ist richtig. 둘 다 옳다.
Du kannst nicht *beides* haben. 둘 다 가질 수는 없어.
Ich bin mit *beidem* zufrieden. 그 둘 다에게 만족이다.

복수: 관사가 없을 때(강변화)는 beide - beider - beiden - beide(die - der - den - die), 관사가 있을 때(혼합변화-부정관사류, 약변화-정관사류)에는 1, 2, 3, 4격 모두 beiden

Beide(Antworten) sind korrekt. 둘 다(두 대답 다) 맞다(옳다).[강변화]
Die *beiden*(Antworten) sind korrekt. 둘 다(두 대답 다) 맞다(옳다).[약변화]
Ihre *beide*(Antworten) sind korrekt. 당신의 대답 둘 다 맞습니다(옳다).[혼합변화]
Ich habe mit *beiden* (Brudern) gesprochen. 둘 다하고(두 형제와 다) 이야기했어.
Ich habe mit den *beiden* (Brudern) gesprochen. 그 둘 다하고(두 형제와 다) 이야기했어.
die Regierungschefs *beiden* Länder 양(쪽) 국가의 수반
die Regierungschefs der *beiden* Länder 그 양(쪽) 국가의 수반
die Regierungschefs unserer *beiden* Länder 우리 두 나라(양 국가)의 수반

(4) einer, irgendein

대명사로만 독립해서 쓰이며 정해지지 않은 사람(eine Person)이나 사물(ein Ding)을 가리킨다. irgendein의 경우 정해지지 않은 상황을 더 강조한다. 따라서 사람을 가리키는 경우 우리말에서는 굳이 주어를 억지로 쓰지 않는 편이 더 편할 때가 많다. 막연함을 강조할 필요가 있을 때는 '어느'라는 말을 넣어주자. 누구한테나 해당할 수 있으니까. 사물이라면 '하나' 정도를 더해 주면 된다. 어미변화는 정관사 꼬리 변화인데, 중성에서 1, 4격에서 eines / eins, 이렇게 두 가지가 쓰인다는 점만 조심하자.

Einer muss es ja tun. 누군가는 해야 할 일이잖아.
Gedichte? Ich kann nur *ein(e)s* auswendig. 시? 난 겨우 하나 외울 수 있어.
Besuchen Sie *eine* unserer Filialen in Ihrer Nähe. 댁 근처 우리 지점을 하나 방문해 주세요.
Das kann *einem* schon leidtun. 그거 가슴 꽤나 아프겠다.
Sie traten im Vorprogramm *einer* der populärsten Bands auf. 그들은 아주 유명한 어느 밴드의 식전 프로그램에 출현하였다.
Wir erwarten den Besuch *eines* Ihrer Herren. 어느 분이든 신사 여러분 가운데 한 분의 방문을 고대합니다.
Wir warten auf den Bus und hoffen, dass noch *einer* kommt. 버스를 기다리는데, 아직 다니는 게 하나 있으면 하는 바람이다.
Suchst du ein neues Kleid? Du wirst schon noch *ein(e)s* finden, das dir gefällt. 새 옷을 찾는다고? 네 마음에 드는 걸 찾게 될 거야, 암, 그렇고 말고.
Ich mag keine Zigarette, und ich habe auch noch nie *eine* geraucht. 난 담배를 좋아하지 않아. 이제껏 한 개피도 피어본 적 없어.
Ich hatte nie Geld für ein Motorrad. Ich habe aber immer von *einem* geträumt. 오토바이 살 돈이 수중에 있어 본 적이 없어. 그래도 늘 한 대 가졌으면 하는 꿈은 있었지.
Wir hoffen, dass noch *irgendeiner* kommt. 누군가 오는 사람이 있으면 하고 바란다.
Was kann *einer*(=man) in einer solchen Situation noch tun? 이런 상황에서 무엇을 더 할 수 있겠어.
Es kann *einem* nur leidtun. 그저 가슴만 아프게 할 뿐이지. * 위와 함께 불특정한 사람을 나타내는 man과 의미가 같다. 단, 남성 einer - eines - enem - einen만 여기에 해당한다.
* andere와 함께 쓰이면서 einer의 복수형태가 정관사와 함께 쓰이기도 한다(약변화).

Die einen sagen dies, die anderen das. 이렇게 말하는 사람들이 있는가 하면 저런 말을 하는 사람들이 있다. 어떤 사람들은 이렇게, 다른 사람들은 또 저렇게 말한다.
Die einen sagen dies, andere das.(정관사가 없다면 다시 강변화다.)
Du kannst nicht *die einen* begrüßen und die anderen einfach ignorieren. 어떤 사람들은 인사하며 맞으면 다른 사람들은 그냥 무시해버릴 수는 없어.
Das Glück *der einen* ist das Leid der anderen. 한편의 행운(행복)은 다른 사람들의 고통이다.

(5) einige, etliche

관사처럼 뒤에 명사를 거느릴 수도 있고, 혼자서 대명사 노릇을 하기도 한다. 단수로 쓰이면 불특정한 양(적은)을, 복수로 쓰이면 불특정한 수(개수; 작은)를 가리킨다. 어미변화는 강변화 형용사 어미변화와 같다(단수의 경우 남성 2격 '-en', 중성 1,4격 '-es'의 변화에만 조심하면 정관사 꼬리 변화와 거의 일치).

einige meiner besten Freunde 내 가장 친한 친구들 중 몇

Er wusste *einiges* zu erzählen. 몇 가지 이야기할 줄 알았다.
Die Hütte liegt in *einiger* Höhe über dem Tal. 그 움막 위치는 골짜기보다 약간 높다.
trotz *einiger* Bedenken 몇 가지 의구심에도 불구하고
Es blieb uns noch *etliches* zu tun. 아직 할 일이 좀 남았다.
entgegen der Meinung *etlicher* gescheiter Leute 생각 있는 사람 몇의 의견을 어기고
Es war noch *einiges* Geld übrig(= etwas, ein wenig Geld; etliche X)아직 얼마간의 돈이 좀 남았다.
Wir feierten mit *einigen* Freunden(= mit ein paar Freunden; etliche X) 친구 몇하고 파티를 벌였다.
*Das hat mir *einigen/etlichen* Ärger bereitet(=ziemlich viel Ärger) 적지 않은 말썽을 일으켰다.
*Das wird *einiges/etliches* kosten(=ziemlich viel) 수월찮이 비용이 들겠다.
*mit *etlichem* Aufwand 적지 않은 비용으로

(6) ein bisschen, ein wenig, ein paar

세트처럼 묶여서 쓰며, 관사처럼 뒤에 명사를 거느릴 수도 있고, 혼자서 대명사 노릇을 하기도 한다. 작은 양, 적은 수를 가리킨다. 어미변화는 없다(다만 ein bisschen의 경우만 명사 앞에서 형용사처럼 변화하기도 한다.).

Wir haben noch *ein bisschen / ein wenig* Geld übrig. 아직 돈이 좀 남았다.
Wir haben noch *ein bisschen / ein wenig* übrig. 아직 남은 게 조금 있어.
Ich bin *ein bisschen / ein wenig* müde. 좀 피곤하다.
Ich möchte mich *ein bisschen / ein wenig* ausruhen. 좀 쉬고 싶어.
mit *ein(einem) bisschen* Geduld 약간의 참을성으로
wegen *ein(es) bisschen* Schnee 눈 조금 왔다고, 약간의 눈 때문에
Ein paar Freunde hatten mich besucht. 친구 몇이 날 찾아 왔었다.
Der Gitarrist hat ein paar gute Songs geschrieben. 그 기타리스트 좋은 곡을 몇 개 썼다.
Mit ein paar Handgriffen verwandeln Sie Ihre Polstergarnitur in eine moderene Wohnlandschaft. 손놀림 몇 번으로 당신의 쿠션가구가 현대적 주거환경으로 탈바꿈합니다.
Die paar Euro werden nicht reichen.몇 푼의 유로로는 충분하지 않을 걸.
In diesen paar Tagen kann ich nicht mehr viel machen. 요 며칠 동안에 할 수 있는 게 별로 없어(ein paar 대신에 지시대명사 die나 diese가 쓰일 수도 있는데, 그런 경우 지시대명사 변화에 따름).
* ein Paar Schuhe, ein Paar Ohrringe 구두 한 켤레, 귀고리 한 세트(대문자로 시작하는 Paar는 쌍, 짝, 세트, 켤레 등을 일컫는다.)

(7) etwas, irgendetwas

세트처럼 묶여서 쓰으며, 관사처럼 뒤에 명사를 거느릴 수도 있고, 혼자서 대명사 노릇을 하기도 한다. 불특정 사태나 사실, 내용 등을 나타내지만, 작은 양, 적은 수를 가리킬 땐 ein wenig, ein bisschen과 같다. 역시 어미변화 없지만, 뒤에 형용사 + 명사가 오면, 그 형용사는 명사의 수, 성, 격에 따른 어미변화를 한다. 명사가 없을 경우 형용사는 명사화되며, 중성 형용사어미변화를 한다. irgendetwas는 불특정한 성격을 더 강조한다.

Hier stimmt *etwas* nicht. 여기 무엇인가 맞질 않아.

Hier stimmt *irgendetwas* nicht. 여기 뭔지는 몰라도 맞지 않는 게 있어.
Habt ihr schon *etwas* (Interessantes) gefunden? 뭐 (재미 있는 것) 좀 찾았어?
mit *etwas* Unterstützung unserer Mitarbeiter 우리 일벗들이 조금 도와서
Es bedarf nur guten Willens und *etwas* Geldes. 그저 호의와 약간의 돈만 있으면 돼
etwas(ein bisschen, ein wenig) schwarzer Pfeffer 후추가루 조금 / *etwas S*chwarzes 후추 조금(검은 것 조금)
Wir sollten mit *etwas* völlig *N*euem anfangen. 우리 무언가 완전히 새로운 걸 시작해야 했어. Wir sollten mit *irgendetwas* völlig *N*euem anfangen. 뭔지는 몰라도 완전히 새로운 것을 시작해야 했어.

(8) irgendein

정해지지 않은 사람(eine Person)이나 사물(ein Ding)을 가리키는 점에서 einer와 같지만, irgendein의 경우 정해지지 않은 상황을 더 강조하고, 또 einer가 독립적 대명사로만 쓰지만, irgendein은 관사처럼 명사 앞에 오기도 한다. 어미변화는 형용사 혼합형(부정관사) 어미변화 kein과 같다.

Irgendein Passant hat das Schild gestohlen. 웬 지나가던 사람이 그 표지판을 훔쳐가 버렸어.
Irgendeiner hat das Schild gestohlen. 웬 사람이 그 표지판을 훔쳐가 버렸어.
Er leiht ihr *irgendein* Buch. 무슨 책인지는 몰라도 그가 그녀에게 하나 빌려줘.
Er leiht ihr *irgendeines* seiner Bücher. 그는 자기 책 가운데 어느 하나를 그녀에게 빌려줘.
Habt ihr *irgendeine* gute Idee? 너희들 무슨 좋은 생각이라도 있어?
Gute Ideen, habt ihr noch *irgendeine*? 좋은 생각이야, 너희들에게도 뭔가 하나 있어?

(9) (irgend)welche

독립적 대명사로도 또 관사처럼 명사 앞에 오기도 한다. 단수일 때에는 einiges, etwas와 같고, 복수일 때에는 einige, manche와 같다. welche보다 불특정성을 강조하는 게 irgendwelche이다. welche의 경우 단수로는 einiges, etwas, ein wenig, 복수일 경우 einige, ein paar와 같다. 어미변화는 형용사 강변화형(무관사: 정관사 꼬리 - 중성 1, 4격만 as가 아니라 es; 단 남성과 중성 2격에서는 irgendwelchen/irgendwelches 둘이 쓰이지만, 전자가 더 흔함).

Besteht *irgendwelches* Interesse? 무슨 재밋거리라도 있어?
aus *irgendwelchem* billigen Stoff 웬 싸구려 원단으로 만든
Hast du eine Antwort auf *irgendwelche* dieser Fragen? 이 문제들 가운데 답 아는 것들 있니?
Sie kommen aus *irgendwelchem* Grund nicht. 그들은 무슨 이유인지는 몰라도 오지 않는다.
die Geschichte *irgendwelches/-welchen* Abenteuers 어느 모험 이야기(보통 명사로 2격에 -(e)s가 올 땐 2격에서 -es, -en 둘 다 쓰임) *irgendwelches/-welchen* Kindes Eltern 웬 아이의 부모
die Abenteuer *irgendwelches* Helden 어느 영웅의 모험(약변화 명사인 경우 -es만 쓰임)
irgendwelches Helden Abendteuer 어느 영웅의 모험
*2격 남성, 중성 단수 명사 앞에서 이처럼(형용사어미처럼) 변화하는 것은 명사가 2격에서 -(e)s로 끝날 경우다. 약변화명사인 경우에는 -es만 가능(혼동의 가능성 차단): all, jeder, jedweder, jeglicher, manch, welcher 등이 다 그렇다.

Das Bier ist gut. Ist noch *welches* da? 이 맥주 좋은데. 좀 더 있어?
Der Wein schmeckt auch nicht schlecht. Sollen wir noch *welchen* bestellen? 이 와인 맛도 나쁘지 않은데. 좀 더 주문할까?
Bananen? Ich habe gestern noch *welche* gekauft. 바나나? 어제 얼마간 더 사두었지.
Es sollten noch *welche* da sein. 아직 몇 사람 있어야 할 텐데.

(10) (irgend)was, (irgend)wer

부정대명사 wer(사람), was(사물, 사태)의 불특정성(규정되지 않은 성격)을 강조한 것이 형태로 irgendwas, irgendwer이며, 복수형태는 존재하지 않는다. 주로 입말에서 쓰며, 표준어로 쓸 때에는 (irgend) jemand, (irgend)etwas로 쓴다. 격변화에서 성 구분이 없다.

Dort drüben steht *(irgend)wer* /jemand. 저기 건너편에 누군가 서 있다.
Ich möchte jetzt *(irgend)was* Süßes. 지금 뭔가 단단것이 먹고 싶어.
Sie reden von *(irgend)was*/etwas anderem. 그들은 뭔가 다른 것에 대해 이야기한다.
Ich tue das für mich selbst, nicht im *irgendwessen* Auftrag. 내가 이걸 하는 것은 나 자신을 위해서지, 누군가가 시켜서가 아니다.

(11) jeder, jedweder, jeglicher

독립적 대명사로도 또 관사처럼 명사 앞에 오기도 한다. 단수 형태만 있지만, jeglicher와 jedweder의 경우 아주 드물지만 복수로 쓰이기도 한다. 어느 집단 내지 모둠의 구성원 내지 구성요소 모두를 나타낸다. alle가 전체를 나타낸다면, 이들은 전체를 이루는 개개, 낱낱을 다 가리킨다. jeglicher와 jedweder는 이러한 jeder의 뜻을 더 강조한다. 그렇지만 현재는 jeder가 주로 쓰이고, 나머지 둘은 격식을 가미할 때나 쓴다. 어미변화는 형용사 강변화형(무관사: 정관사 꼬리 - 중성 1, 4격만 as가 아니라 es; 단 남성과 중성 2격에서는 jedes / jeden이 함께 쓰임).

Das weiß *jedes* Kind. 그것은 아이들 누구나 다 안다.
Die Polizei befragte *jeden* einzeln. 경찰은 사람들 하나하나마다 캐물었다.
ohne *jede* Chance 아예 기회라곤 없이
Jedem das Seine. 저마다에게 자신의 몫을(로마법 정의의 원칙) 각자에게 각자의 것을
Bei *jeder* weiteren Frage können Sie 25 Punkte gewinnen. 앞으로 나오는 문제마다 25점을 얻으실 수 있습니다.
im Interesse *jedes und jeder* Einzelnen 남녀 각자의 이익을 위해
ohne *jeglichen/jedweden* Zweifel 한 점 의심도 없이
Kauf und Verkauf von Antiquitäten *jeder/jeglicher* Art 갖가지 종류의 골동품 구매 및 판매
Jeglicher/Jedweder Widerstand ist zwecklos. 그 어떤 저항도 하릴없다. 의미 없다.

ein과 함께 쓰기도 하는데, 의미변화는 별로 없다. 부정관사가 앞에 있으니 jeder, jeglicher는 혼합형 형용사 어미변화와 같이 변한다.

Damit war *eine jede* zufrieden. 저마다 다 그것에 만족했다.
Ein jeder (Mensch) hat Enttäuschung in der Liebe erfahren. 누구나 다 사랑에서 실망의 경험이 있는 법이다.
Die Bibliothek ist das Herzstück *einer jeden* Universität. 대학마다 다 핵심은 도서관.

(12) jedermann

독립적 대명사로 쓰이는데, 격식 있는 표현이다. 뜻은 jder, ein jeder와 같지만, 다만 사람에게만 쓴다는 점이 다르다. 어미변화는 남성과 중성 2격에서만 -s가 붙는다.

Jedermann macht sich sein eigenes Bild vom Tod. 사람마다 다 죽음에 관한 자신만의 상(그림)을 만든다.
Sie ist ein Star, den *jedermann* kennt. 그 여자 누구나 다 아는 스타다.
Du kannst es nicht vor *jedermann* geheim halten. 누구에게나 다 비밀로 할 수는 없어.

(13) jemand, irgendjemand, niemand

독립적 대명사로 쓰인다. 오로지 단수로만, 그것도 사람(정해지지 않은, 더 자세히 규정할 수 없는)에게만 성 구분 없이 쓴다. irgendjemand는 불특정성을 더 강조한다(*somebody*). 앞의 둘은 누군가에 해당하고, niemand는 아무도 ~아니다에 해당한다(*nobody*). 어미변화는 정관사 꼬리부분과 일치하는 것과 변형된 형태가 있는데, jemand와 irgendjemand는 같다.

	단 수		
1격	jemand	irgendjemand	niemand
2격	jemands jemandes	irgendjemands irgendjemandes	niemands niemandes
3격	jemand jemandem	irgendjemand irgendjemandem	niemand niemandem
4격	jemand jemanden	irgendjemand irgendjemanden	niemand niemanden

Jemand hat die Tür geöffnet. 누군가가 문을 열어 놓았다.
Irgendjemand muss es getan haben. 어느 누군가가 그랬음에 틀림 없다.
Niemand sollte sich seiner Sache allzu sicher sein. 어느 누구도(아무도) 자기 자신의 일에 너무나 자신 있어 해서는 안 되는 법이다.
Er hat *jemand(en)* getroffen. 그는 누군가를 만났다.
Ich habe *niemand(en)* gesehen. 나는 아무도 본 적이 없다. 내가 본 사람은 아무도 없다.
Habt ihr es *irgendjemand(em)* erzählt? 너희들 어느 누군가에게 그 얘기 한 적 있어?
Wir haben es *niemand(em)* erzählt. 그 어느 누구에게도 그 이야기한 적 없어.
Wie kann man *jemand(e)s* Charakter beurteilen. 누군가의 성격을 어떻게 평가할 수 있나?
Es ist *niemand(e)s* Feind. 그는 그 누구의 적도 아니다.

(14) kein

독립적 대명사로도 또 관사처럼 명사 앞에서 쓰이기도 한다. nicht ein, 즉 아무(어느) 것도 아니다의 뜻으로 단수 남성의 경우 niemand와 같다. 변화는 관사형으로 쓰일 때는 정관사 꼬리형(중성 1, 4격엔 무어미)이고, 독립적 대명사의 경우 중성 1, 4격이 keines와 keins 두 가지가 있다.

	남 성	여 성	중 성	복 수
1격	keiner	keine	keines/keins	keine
2격	keines	keiner	keines	keiner
3격	keinem	keiner	keinem	keinen
4격	keinen	keine	keines/keins	keine

Kein Passant kannte die Adresse. 지나가는 사람들 어느 누구도 그 주소를 몰랐다.
Wir leihen euch *kein* Buch. 너희들한테는 그 어떤 책도 빌려주지 않아.
Das ist *keine* gute Idee. 그것은 좋은 생각이 아니야.
Keiner wusste die Antwort. 그 답을 아는 이가 하나도 없었다.
Wir leihen euch *keines*. 너희들한테는 하나도 빌려주지 않겠어.
Keine von euren Ideen ist gut. 너희들 생각 중에 좋은 것은 하나도 없어.
Ich kenne *keinen* besseren Zahnarzt. 내가 아는 한 더 나은 치과의사는 없어.
Ich kenne *keinen* besseren. 내가 아는 한 더 나은 사람은 없어.

(15) man

독립적 대명사로 특정되지 않은 사람 하나 또는 일반인을 대신한다. 그래서 우리말로 옮길 때에는 굳이 주어로 쓸 필요 없이 생략하는 것이 더 매끄럽고, 꼭 쓰겠다면 '사람은', '사람이란' 정도다. 1격 단수 형태만 있다(2격은 아예 없고, 3, 4격을 써야 할 경우 einem, einen을 쓴다(einer 참조). 내외하듯 말하는 사람 또는 듣는 사람을 나타내는 경우도 있다.

Man sollte sich seine eigenen Fehler und Schwächen eingestehen. 스스로의 잘못이나 약점은 솔직히 고백하는 게 좋은 법이다. 병은 알려야 한다.
Bei klarem Wetter kann *man* die Berge sehen. 날씨가 맑으면 그 산들을 볼 수 있다.
Man hat mir am Bahnschalter gesagt, dass diese Fahrkarte noch gültig ist. 전철 개찰구에서 하는 말이, 이 표가 아직 유효하다는 것이다.
Darf *man* sich das Buch einmal anschauen(Darf ich/dürfen wir). 그 책 좀 한 번 봐도 될까요?
Ein anderes Mal sollte *man* besser aufpassen(solltest du/solltet ihr). 다음 번엔 더 조심해야 하겠어.
Es gelingt ihr immer wieder *einen* zu überraschen. 그녀는 번번이 사람을 놀래키는 일에 성공하곤 한다.

(16) manch, mancher, manch ein(er)

독립적 대명사로도 또 명사 앞에서 관사처럼 쓰기도 한다. 특정되지 않은 사람과 사물/사태 여럿을 나타낸다. 어미변화는 강변화형 형용사어미변화와 같은데, 남성과 중성 2격에서 manches / manchen 두 가지 형태란 점이 다르다[(9) (irgend)welche 참조: 보통명사 -en, 약변화 명사 -es]. manch ein은 뒤에 명사가 오고, manch einer의 경우 독립하여 역시 불특정한 복수 명사를 대신한다.

	남 성	여 성	중 성	복 수
1격	mancher	manche	manches	manche
2격	manches manchen	mancher	manches manchen	mancher
3격	manchem	mancher	manchem	manchen
4격	manchen	manche	manches	manche

Manche Menschen lernen es nie. 그걸 끝내 배우지 못하는 사람들이 많다.
Manch ein Mensch lernt es nie.
Manch einer lernt es nie.
Mir war noch *manches* unklar. 아직 나한테는 불분명한 것이 많다.

Er hat schon so *manchen* betrogen. 그기 그간 속여 먹은 사람이 이미 아주 많다.
Ich habe es schon von *manchem* gehört. 벌써 많은 사람한테 들었다.
Das mag *mancher* Leserin bekannt sein. 그 일이 많은 수의 여성 독자들에게 알려져 있는지도 모른다.
Das mag *manch einer* Leserin bekannt sein. 그것은 많은 여성 독자들에게 알려졌는지 몰라.
Das mag manch einer bekannt sein. 그것은 많은 여자들에게 알려졌을지 몰라.
Der Preis *mancher* ihrer Produkte ist zu hoch. 그 사람들 제품 가운데 가격이 너무 높은 것들이 많다.
Sie haben schon so *manch ein* Gläschen zusammen getrunken. 그들은 벌써 함께 그렇게나 많은 잔을 마셔 버렸다. Sie haben schon so *manch eines* zusammen getrunken. 그들은 벌써 함께 그렇게나 많이 마셔 버렸다.
* 어미변화 없이 뒤에 따르는 명사 앞의 형용사나 andere에게 그 변화를 떠넘기기도 한다.
Wir haben *manch gutes* Buch gelesen(*maches gute* Buch를 더 많이 씀). 우린 좋은 책을 많이 읽었다.
Manch anderer hatte nicht so reagiert(*mancher andere*). 그렇게 반응하지 않은 이들도 많았었다.

(17) mehrere

독립적 대명사로도 또 명사 앞에서 관사처럼 쓰기도 한다. 특정되지 않은 사람과 사물/사태 여럿을 나타내 복수로만 쓰인다. 어미변화는 복수 형용사어미변화와 같다(-e, -er, -en, -e).

Mehrere weigerten sich zu kommen. 여러 사람이 오길 거절하였다. 오길 거절하는 사람이 여럿
Ich war *mehrere* Stunden dort. 여러 시간 거기 있었다.
Der Tisch war für *mehrere* Gäste gedeckt. 그 식탁은 여러 명의 손님들을 위해 차려졌다.
Sie hat mit *mehreren* dieser Autoren gesprochen. 그녀는 이들 작가들 가운데 여러 명과 이야기를 나누었다.

(18) nichts

독립적으로도 또 명사 앞에서 관사처럼 쓰기도 하는데, 어떤 경우에도 변화하지 않는다. 다만 뒤에 명사화된 형용사가 올 경우, 그것은 강변화형 형용사어미변화를 한다. 부정대명사 etwas의 부정형으로 kein Ding, keine Sache (어느 것도 ~아니다)의 뜻이다.

Daraus wird *nichts* Gutes entstehen. 거기서 좋은 일이라고는 하나도 생길 일이 없어.
Nichts ist so, wie es sein sollte. 그래 마땅한 대로 되는 것은 하나도 없다.
Sie können uns *nichts* Konkretes versprechen. 당신은(그들은) 우리에게 구체적으로 약속할 수 있는 게 하나도 없다.
Ich glaube *nichts* von dem, was du erzählst. 네가 한 이야기, 하나도 믿지 않아.
Er redet von *nichts* anderem. 다른 사람에게는 아무 말도 하지 않는다.
Das lässt sich mit *nichts* vergleichen. 비교할 수 있는 게 하나도 없다.

IV. 동사와 형용사의 변화

1. 동사의 인칭변화

1) 개념과 변화 표

독일어가 처음부터 답답하게 느껴지는 이유는 미리 알아야 할 변화가 많기 때문이다. 그러나 그 산을 넘어 그토록 세세하게 구분하여 알아 두어야 하는 까닭을 이해할 경지가 되면 빠져 나갈 예외를 많이 두지 않는 독일어 규칙의 이로움을 알게 된다. 성의 구분이 힘들었다면, 이제는 인칭대명사에 따른 동사의 인칭변화, 그 다음에는 성과 격에 따른 형용사 변화가 고비다.

인칭	기본형							
	현재	lieben	leben	studieren	besuchen	essen	gehen	kommen
	과거	liebte	lebte	studierte	besuchte	aß	ging	kam
	과거분사	geliebt	gelebt	studiert*	besucht*	gegessen	gegangen	gekommen
ich	-e -te	liebe liebte	lebe lebte	studiere studierte	besuche besuchte	esse aß	gehe ging	komme kam
du	-st -st	liebst liebtest	lebst lebtest	studierst studiertest	besuchst besuchtest	isst aßest	gehst gingst	kommst kamst
er sie es	-t -t	liebt liebte	lebt lebte	studiert studierte	besucht besuchte	isst aß	geht ging	kommt kam
wir	-en -en	lieben liebten	leben lebten	studieren studierten	besuchen besuchten	essen assen	gehen gingen	kommen kamen
ihr	-t -t	liebt liebtet	lebt lebtet	studiert studiertet	besucht besuchtet	esst aßt	geht gingt	kommt kamt
sie (복수)	-en -en	lieben liebten	leben lebten	studieren studierten	besuchen besuchten	essen aßen	gehen gingen	kommen kamen
Sie (격식)	-en -en	lieben liebten	leben lebten	studieren studierten	besuchen besuchten	essen aßen	gehen gingen	kommen kamen

-ieren으로 끝나는 동사는 라틴어에서 온 말로 과거분사에 'ge-'를 넣지 않는다. 또 비분리전철(be-, ge-, -er, ent-, emp-, ver-, zer-, miß-)이 있는 단어의 경우도 과거분사에서 'ge-'를 생략.

그 밖에 essen, gehen, kommen 같은 불규칙동사까지 함께 넣어 복잡한 인상이 더 크겠지만, 불규칙동사 수는 그리 많지 않으니, 나올 때마다 외워두자. 사전에서도 불규칙동사는 과거와 과거분사를 함께 표시했다.

2) 문장의 보기

영어와 우리말 문장	독일어 문장
I give her the book. 내가 그 여자에게 그 책을 준다.	Ich gebe ihr das Buch.
Give me a book pls. 내게 책을 좀 줘(요).	Geben Sie mir bitte das Buch!(Sie)
	Gib mir bitte das Buch!(Du)
	Gebt mir bitte das Buch!(ihr)
Do you give me a ball? 내게 볼을 하나 주겠어?	Geben Sie mir einen Ball? 주시겠습니까?
	Gibst du mir einen Ball? 줄래?
	Gebt ihr mir einen Ball? 너희들 ~ 줄래?
He gives me money. 그가 내게 돈을 준다 *She goes away.* 그녀가 떠난다. *Where have you been?* 너/너희들/여러분들 어디 있었어/계셨습니까?	Er gibt mir Geld. Sie geht weg. Wo bist du gewesen? / Wo seid ihr gewesen? / Wo sind Sie gewesen?

3) sein, haben 및 조동사의 인칭변화

인칭	기본형	현재 / 과거	sein (be)	haben (have)	wollen (will)	werden (will)	müssen (must)	sollen (shall)	können (can)	mögen (want)
		과거	waren	hatten	wollten	wurden	mussten	sollten	konnten	mochten
ich		-e -te	bin war	habe hatte	will wollte	werde wurde	muss musste	soll sollte	kann konnte	mag mochte
du		-st -st	bist warst	hast hattest	willst wolltest	wirst wurdest	musst musstest	sollst solltest	kannst konntest	magst mochtest
er sie es		-t -t	ist war	hat hatte	will wollte	wird wurde	muss musste	soll sollte	kann konnte	mag mochte
wir		-en -en	sind waren	haben hatten	wollen wollten	werden wurden	müssen mussten	sollen sollten	können konnten	mögen mochten
ihr		-t -t	seid wart	habt hattet	wollt wolltet	werdet wurdet	müsst musstet	sollt solltet	könnt konntet	mögt mochtet
sie (복수)		-en -en	sind waren	haben hatten	wollen wollten	werden wurden	müssen mussten	sollen sollten	können konnten	mögen mochten
Sie (격식)		-en -en	sind waren	haben hatten	wollen wollten	werden wurden	müssen mussten	sollen sollten	können konnten	mögen mochten

※쉬어가기

*have/be*와 haben/sein 비교

have/be 동사			haben/sein 동사		
I	*have*	*am*	Ich	habe	bin
you *you* *you*	*have* *have* *have*	*are* *are* *are*	Sie	haben	sind
			du	hast	bist
			ihr	habt	seid
he/she/it	*has*	*is*	er/sie/es	hat	ist
they	*have*	*are*	sie	haben	sind
we	*have*	*are*	wir	haben	sind

2. 형용사 어미변화

독일어 문장에서 명사는 저마다 성(性 = 남성m/중성n/여성f)과 수(數 = 단수/복수)와 격(格 = 1격 Nominativ / 2격 Genitiv / 3격 Dativ / 4격 Akkusativ)이 있다. 명사 저 혼자라면 성과 수만 알 수 있다. 그러나 문장에서 명사는 저마다 하는 일(역할, 몫)이 다르고, 그에 따라 격도 다르다. 주어나 보어 노릇을 하려면 1격, 소유 관계를 나타내려면 2격, 그리고 목적어 노릇을 하려면 3격이나 4격이 되어야 한다. 즉, 격을 결정하는 것은 명사 그 자신이 아니라(명사 자체로 결정되는 것은 성과 수) 문장에서 하는 역할이다. 이를테면 3격과 4격을 결정하는 것은 명사 자신이 아니라 동사(Ich helfe meiner3격 Mutter. Ich liebe meine4격 Mutter.)나 전치사(mit meinem3격 Vater, für meinen4격 Vater)다.

성과 수 그리고 격을 모두 나타내는 가장 쉬운 방법은 관사다. 그래서 관사에 성이 3개(남/여/중), 수가 2개(단수/복수)에다 다시 격이 4개로, 총 16개(복수 4, 단수 남성 4, 단수 여성 4, 단수 중성 4)나 되는 것이다. 그러나 관사가 때마다 다 나올 필요는 없다. 관사가 없을 때는 형용사의 어미변화로 격이 표시된다. 그래서 형용사 어미변화가 필요하다. 다만 관사가 있다면 주장 노릇은 관사가 하고, 형용사는 보조노릇을 한다. 그래서 관사가 있을 때 형용사 어미변화는 심하지 않다(정관사-약변화, 부정관사-혼합변화). 형용사가 나오지 않는 단출한 문장도 있는데, 이때에는 명사에 딸린 보조 장치로 격 표시를 한다. 그래서 남성과 중성 단수 2격에서는 어미 '-(e)s'가 붙고, 복수 3격에서는 '-(e)n'이 붙는다. 이때 'e'는 발음상 필요에 따라 결정된다.

명사의 격을 나타내는 특수 장치: 남성과 중성 단수 2격 -(e)s; 복수 3격 -(e)n

Beispiel:

Das ist die Frau des Lehrers. 이 분은 그 선생님의 부인이다.
Das ist der Vater des Mädchens. 이 분이 그 여자애의 아버지다.
Dieses Land gehört den Kindern. 이 땅(나라)은 어린이들 것이다. 어린이들에게 속한다.
gehören 3-3에게 속하다, 3의 것이다.

명사 앞에 나오는 형용사만 격변화

형용사라고 모두 격변화가 필요한 것은 아니다. 성과 수와 격이 반드시 정해져야 하는 명사 앞에 쓰이는 형용사만 어미변화를 통해 명사를 도울 책임이 있다. 동사와 함께 풀이말(술어) 노릇을 하는 형용사는 어미 자체가 필요 없다.

술어로 쓰인 경우	형용사 꾸밈말로 쓰인 경우
Sie ist hübsch. 예쁘다	Sie ist eine hübsche Schülerin. 예쁜 여학생
Er ist schön. 잘 생겼다.	Er ist ein schöner Schüler. 잘생긴 남학생
Es ist warm. 따스하다.	Es ist warmes Wetter. 따스한 날씨

1) 정관사가 있을 때 형용사어미변화(약한 변화 - 약변화)

정관사가 이미 성과 수와 격을 앞서 표시했으니 뒤에 나오는 형용사는 요란하게 변할 필요가 없다. 단수 1격 남/중/여와 4격 중/여 모두 '-e', 나머지 2-3격+남성4격에서는 '-en'만 붙이면 된다.

(1) 단 수

격	남 Maskulinum	중 Neutrum	여 Femininum
1-N	der große Erfolg	das große Bild	die große Pflanze
2-G	des großen Erfolgs	des großen Bildes	der großen Pflanze
3-D	dem großen Erfolg	dem großen Bild	der großen Pflanze
4-A	den großen Erfolg	das große Bild	die große Pflanze

(2) 복 수

복수에서야 성 구분이 필요 없지만, 연습을 위해서라도 애초 성은 알아 두어야 하니 나누어서 보자. 그러나 외울 때에는 복수에서 약변화는 모두 '-en'이다.

격-관사	남 Maskulinumder Erfolg, -s, -e	중 Neutrumdas Bild, -es, -er	여 Femininumdie Pflanze, -n
1-N	die großen Erfolge	die großen Bilder	die großen Pflanzen
2-G	der großen Erfolge	der großen Bilder	der großen Pflanzen
3-D	den großen Erfolgen*	den großen Bildern	den großen Pflanzen
4 A	die großen Erfolge	die großen Bilder	die großen Pflanzen

* 복수명사의 경우 3격일 때 명사 뒤에 '-(e)n'이 추가된다.

(3) 정관사와 같은 역할을 하는 단어들:

derjenige, derselbe, dieser, jener 등의 지시 대명사와 jeder와 mancher, irgendwelcher, solcher 같은 부정대명사도 단수에서는 정관사처럼 어미변화를 시킨다.

2) 관사가 아예 없을 때(강한 변화 - 강변화)

형용사 어미로만 성과 수와 격을 모두 나타내야 한다. 남성과 중성 2격, 복수 3격에서는 '-(e)s', '-(e)n'처럼 명사에 달리는 어미가 도움이 된다. 복잡해 보이지만 남성/중성 2격의 형용사 어미가

'-(e)s'가 아니라 '-en', 중성 1-4격에서 '-as' 대신 '-es'로 바뀌는 정도의 작은 변화를 빼면 정관사의 앞 글자 'd-'를 뺀 것과 같다. 아니면 기본적인 어미 'e'가 있는 것으로 보자면, 정관사에서 'd'의 뒷 글자만 붙이면 된다고 봐도 좋다. 형용사 어미에 정관사 꼬리가 붙어 형용사 어미 노릇을 한다고 생각하자. 중성 1, 4격, 남성과 중성 2격만 따로 외고, 남성과 중성 2격의 경우 명사 어미에 이미 '-(e)s'가 붙어서 앞의 형용사까지 강하게 변할 필요가 없다고 생각하자. 따라서 남성명사 중에 약변화를 하는 경우엔 형용사어미변화는 원래 정관사 모양대로 '-es'가 된다(mutiges Herrn/Herren; . kleines Jungen; vergessenes Namen usw.)

단수의 경우 남성 2격, 중성 1,4격의 변화에만 조심하면 정관사 꼬리 변화와 거의 일치한다.

격	남 Maskulinum	중 Neutrum	여 Femininum	복수 Plural
1-N	großer Erfolg	großes Bild	große Pflanzen	große Bilder
2-G	großen Erfolgs	großen Bildes	großer Pflanzen	großer Bilder
3-D	großem Erfolg	großem Bild	großer Pflanzen	großen Bildern
4-A	großen Erfolg	großes Bild	große Pflanzen	große Bilder

* dessen, deren, wessen, manch, solch, welch 등은 관사 노릇을 어느 정도 하면서도 형용사 변화에는 영향을 미치지 못해, 형용사가 강하게 어미변화를 하고 만다.

3) 부정관사류가 있을 때(강-약의 혼합-혼합변화)

부정관사와 또 인칭대명사(2격 소유) 뒤에서는 1.(약변화)과 2.(강변화)의 변화 모양이 뒤섞여 나타난다. 약변화에서 '-e'로 끝난 부분(남성 1격, 여성과 중성 1, 4격)은 강변화(정관사 꼬리 모양), 남녀중성 2-3격과 남성 4격은 약변화다. 그래서 '혼합변화'라고 부른다.

격	남 Maskulinum	중 Neutrum	여 Femininum	복수 Plural
1-N	ein großer Erfolg	ein großes Bild	eine große Pflanze	großen Erfolge
2-G	eines großen Erfolgs	eines großen Bildes	einer großen Pflanze	großen Erfolge
3-D	einem großen Erfolg	einem großen Bild	einer großen Pflanze	großen Erfolgen
4-A	einen großen Erfolg	ein großes Bild	eine große Pflanze	großen Erfolge

* 부정관사처럼 혼합변화를 요구하는 것으로는 kein, irgendein과 인칭대명사 2격 혹은 소유대명사(mein, dein, sein, ihr, Ihr) 등이 있다.

4) 특별한 어미변화

(1) -el로 끝나는 형용사가 어미변화 할 때 'e' 상실

dunkel-ein dunkles Zimmer (어두운 방)

heikel-eine heikle Frage(묘한 질문)

komfortabel-die komfortablen Wohnungen (편안한 주택들)

(2) -en, -er로 끝나는 형용사-자주 e 가출

teuer-ein teures Buch
sauer-die sauren Gurken(복수)

(3) hoch는 어미가 변할 때 'c' 상실

das hohe Fenster - Das Fenster ist hoch.

(4) 형용사가 잇따라 나올 때 모두 같은 어미변화

mit bedeutenden sportlichen Erfolgen

① ander- 다음에 형용사가 올 때 어미로 정관사 꼬리가 붙고, 그 다음에 형용사가 이어지면 정관사 변화(약변화). 일단 꼬리로 격을 표시한 상황이기 때문에 형용사 어미는 굳이 티내며 강하게 변할 필요가 없기 때문이다.

aus anderem festen Material 단단한 재료(고체물질)로 만든

die Ursache anderer grammatischen Fehler 문법 오류의 원인

② viel-, wenig- 도 마찬가지

vieles brauchbare Material 여러 가지 필요한 재료

mit wenigem passenden Material 별로 어울리지 않는 재료(물질)

③ 이음줄(- Bindestrich)로 묶인 형용사의 경우 맨 뒤만 어미변화

mit grün-rot-weißen Bändern(녹-적-백색 띠로)

3. 형용사의 비교급과 최상급

1) 기본형

둘 가운데 정도가 더한 쪽을 표현할 때 형용사에 '-er'을 붙인다. 이를 비교급이라 한다. 셋 이상의 대상 가운데에서 정도에서 최고를 표현할 때는, 이미 최고라는 상태가 지정되기 때문에 정관사가 형용사 앞에 붙고, 형용사에는 '-ste'가 붙는다. 이를 최상급이라 한다. 비교급과 최상급 어미에 다시 성(수)과 격에 따른 형용사 어미변화가 덧붙는다.

굳이 비교 상대 없이 '정도가 가장 높은 것'은 '정도가 매우 높은 상태'가 된다. '가장'이란 말은 비교 대상이 없을 때는 어울리지 않는다. 이를 표현할 때에는 형용사 앞에 'am'이 붙고 형용사 어미에는 '-sten'이 붙는다. 'am'에 이미 3격 정관사(dem)가 축약되어 들어 있기 때문에 '-st'에 '-en'이란 어미가 붙는 것은 당연하다.

원 급 Positiv	비교급 Komparativ	최상급 Superlativ	
		am ...sten	der, die, das ...ste
faul	fauler	am faulsten	der, die, das faulste
lieb	lieber	am liebsten	der, die, das liebste
schön	schöner	am schönsten	der, die, das schönste
zart	zarter	am zartesten	der, die, das zarteste
weit	weiter	am wetesten*	der, die, das weiteste*

*최상급에서 원급의 어미가 '–t', '-sch', '-ß' 따위로 끝나는 경우에는 발음의 편의를 위해 '-ste'앞에 '-e-'를 덧붙인다.

Maria hat zwei Freundinnen. Sie heißen Karin und Sara. 마리아에겐 여자 친구가 둘이 있다. 그들 이름은 카린과 사라다.

Maria ist sehr schön. 마리아는 무척 예쁘다.

Ihre Freundin Karin ist noch schöner. 그녀의 친구 카린은 (그보다) 더 예쁘다.

Aber Sara ist (von allen) die schönste. 하지만 사라가 (셋 모두 가운데) 가장 예쁘다.

Meine Tochter Susan ist am schönsten. 내 딸은 아주 예쁘다.

Ich trinke gern Kaffee. 난 커피를 즐겨 마신다. 커피 마시기를 좋아한다.

Heute trinke ich lieber Tee mit Milch. 오늘은 차에 우유를 넣어 마시는 게 더 좋겠다.

Nach dem Essen trinke ich am liebsten Reistee. 식사 뒤엔 숭늉 마시는 게 아주 좋다.

Mein liebstes Getränk ist aber Mineralwasser. 하지만 내가 가장 좋아하는 음료는 탄산수다.

2) Umlaut 변화형

형용사에 a, o, u 같은 모음이 있을 때 Umlaut로 변형될 때가 많다.

원급 Positiv	비교급 Komparativ	최상급 Superlativ
alt	älter	am ältesten
arm	ärmer	am ärmsten
groß	größer	am größten
jung	jünger	am jüngsten
kalt	kälter	am kältesten
klug	klüger	am klügsten
kurz	kürzer	am kürzesten
lang	länger	am längsten

3) 불규칙 유형

형용사 가운데 비교급과 최상급에서 기본형을 벗어나 불규칙하게 변하는 것들이 있다.

원급 Positiv	비교급 Komparativ	최상급 Superlativ
dunkel	dunkler*	am dunkelsten*
edel	edler*	am edelsten*
gern	lieber	am liebsten
gut	besser	am besten
hoch	höher	am höchsten
nah	näher	am nächsten
teuer	teurer*	am teuersten*
viel	mehr	am meisten

*형용사에 '-el', '-er'이 들어 있을 때 'e'의 반복을 피하기 위해 앞의 'e'를 뺀다고 생각하자. 나머지 불규칙 유형의 형용사들은 그때 그때 외워두도록 하자. 사전에서는 아예 형용사들 모두 비교급과 최상급을 함께 적어 놓았다.

V. 전치사(Präpositionen)

전치사(前置詞)란 말 그대로 앞(前-prä)에 놓이는(置-position) 말(詞)을 뜻한다. 그러면 무엇의 앞일까? 명사다. 우리는 조사를 가지고 1격(는/은/이/가/께서), 2격(의), 3격(에게/한테/께), 4격(을/를)을 나타내지만, 독일어에서는 그 비슷한 역할을 전치사가 많이 한다. 물론 우리말 조사 없이 웬만한 문장은 만들 수 있듯이(나 배고파. 힘들어. 너 죽어~), 전치사가 없이도 얼마든지 문장은 구성 가능하다. 하지만 공간의 위치, 시간의 선후, 상태의 변화 따위나 동사의 뉘앙스 변화 같은 것들처럼 복잡한 문장으로 가자면 꼭 전치사가 필요하다. 영어의 전치사와 차이가 있다면, 영어 전치사의 경우 격을 따질 필요 없으나, 독일어 전치사의 경우 반드시 격을 따져야만 한다는 것. 그래서 필요한 격에 따라 2격, 3격, 4격 지배 전치사와 3-4격 지배전치사로 나뉜다.

1. 2격 지배 전치사

statt 대신에 *instead of* Statt eines Buches hat er sich eine CD gekauft. 그는 책 대신 CD를 하나 샀다. Der Professor, statt dessen sein Mitarbeiter erschienen war, war verreist. 그를 대신해 그의 동료가 나타났는데, 그 교수는 여행을 떠났다. * dessen이 관계대명사라 war가 맨 뒤로 갔다.

trotz ~에도 불구하고 *in spite of* Trotz aller Bemühungen blieb er erfolglos. 온갖 노력에도 그는 성공하지 못했다. Trotz des schlechten Wetters ging er ohne Schirm aus dem Haus. 궂은 날씨에도 불구하고 그는 우산도 없이 집밖으로 나갔다. Trotz allem haben sie gewonnen. 그 모든 것에도 불구하고 그들이 이겼다. * 여기서 trotz allem은 trotz alledem으로 쓰기도 하는데, 스위스 같은 곳에서 trotz를 3격과 결합해 쓰는 경향이 남은 것이다. 같은 뜻의 trotzdem은 애초 전치사+dem이 아니라 자체로 부사다(그럼에도 불구하고). Die Sonne schien, trotzdem war es kalt. 해가 비치는데도 불구하고 날씨가 춥다.

während ~하는 동안 *during* Während des Festes haben wir uns gestritten. 축제 동안 우리는 다투고 말았다. Ich träume sehr viel während des Schlafens. 잠자는 동안 난 꿈을 많이 꾼다.

wegen ~때문에 *because of* Wegen deiner Lügerei sind wir in Schwierigkeiten. 네 거짓말짓거리 때문에 우리가 곤경에 처한 거야. * wegen meiner/deiner/seiner usw. => meinetwegen / deinetwegen / seinetwegen usw. 나 / 너 / 그 때문에. Wegen des schlechten Wetters wurde der Start verschoben. 날씨가 나쁜 탓에 출발을 미루었다. * (수동태 문장-> 능동: ... verschob man den Start.). Wegen seiner Verletzung konnte er nur sehr langsam gehen. 부상 때

문에 그는 걷긴 해도 아주 천천히 걸을 수밖에 없다. Wegen Umbaus geschlossen. 개축 때문에 문 닫음(휴업) Wegen Peter mussten wir eine Stunde warten. 페터 탓에 우리는 한 시간이나 기다려야 했다. * 전치사가 다른 말과 합쳐져 부사가 되기도 하는데, 그말이 주어 앞에 오면 동사가 주어 앞으로 도치한다. 그런가 하면 전치사와 똑같은 모습으로 접속사 노릇을 하여 동사를 맨 뒤로 후치시킬 때도 있다(☞ 뒤에 VII. 문장규칙 참조).

* 2격 지배 전치사와 똑같은 모양이지만 접속사나 부사로 쓰이는 것들

statt (접속사)~하는 대신에 *instead of, rather than* Statt zur Schule zu gehen, ging er auf den Sportplatz. 그는 학교에 가는 대신에 운동장에 갔다. / 학교는 가지 않고 운동장에 갔다. Statt dass wir hier herumsitzen, sollten wir lieber spazieren gehen. 여기서 빈둥거릴 바에야 차라리 산책이나 가는 게 좋겠다.

stattdessen (부사)그 대신에 *instead* Er hat das Studium wegen des Geldmangels abgebrochen, stattdessen arbeitet er jetzt in der Tankstelle. 그는 돈이 모자라 대학공부를 중단하고, 이제는 그 대신에 주유소에서 일한다.

trotzdem (부사)그럼에도 불구하고 *yet, nevertheless, although* Heute regnet es stark. Trotzdem gehe ich aus, um Freunde zu treffen. 오늘 비가 심하게 내린다. 그럼에도 불구하고 나는 친구들을 만나기 위해 외출한다.

während (접속사)~(하는)동안 *while* Während ich schlief, träumte ich. 잠을 자는 동안 난 꿈을 꾸었다. Sie hängte die Wäsche auf, während er das Essen kochte. 그가 요리를 하는 동안 그녀는 빨래를 널었다.

(접속사 -인 반면에: 대조)Während der eine lacht, weint der andere. 한쪽 남자는 웃는 반면에, 다른 쪽 남자는 울었다.-우는 이가 있는가 하면, 우는 이도 있다. Während sie sehr sparsam ist, kauft er sich teure Bücher. 그 여자는(부인은) 무척 절약하는 반면에, 그 남자는(남편은) 값비싼 책을 여러 권 산다.

deswegen (부사)그렇기 때문에 *thus, so* Der Zug hatte Verspätung. Deswegen war ich fünf Minuten später im Büro. 기차가 연착했다. 그래서 나는 사무실에 5분 지각했다. Er schreibt heute eine Mathearbeit und will deswegen nicht zur Schule gehen. 오늘 수학시험이 있는데, 그 때문에 그는 학교에 가지 않으려고 한다.

2. 3격 지배 전치사

* 과천외고 학생들에게서 얻어들은 머리글자 암기법: "아-주-포-미-나-게-사-바"-aus-zu-von-mit-nach-gegenüber-seit-bei.

aus

1. 시간, 공간의 기원 *from* aus dem Haus kommen 집으로부터 오다 aus dem Urlaub schreiben 휴가여행하면서 편지를 쓰다 aus dem Fenster fallen 창문에서 떨어지다 aus Korea kommen 한국출신 aus dem 19. Jahrhundert stammen 19세기에서 유래하다 sich aus einer Eizelle entwickeln 난세포로부터 발달하다 Aus der Raupe wird ein Schmetterling. 애벌레에서 나비가 된다. Von mir aus gerne! 내 입장에서는 좋아/얼마든지.

2. 이유, 원인 *out (of)* aus Spaß 재미로 aus Versehen 실수로 Aus welchem Grund hast du das gesagt? 무슨 이유로 그 얘기를 했는데?

3. 재료-성분 *made of* aus Holz hergestellt sein 나무로 만들어진 Die Kette ist aus Gold. 이 목걸이는 금으로 만들어졌다. = die Goldkette

* *Der Unterricht ist aus*(수업 끝). *Das Feuer ist aus*(불이 꺼졌다.). 여기서 *aus*는 전치사가 아니라 부사다. 전치사는 반드시 뒤에 명사가 있어야, 명사 앞에(前) 놓이는(置) 말이란 이름에 맞는다.

zu

1. 움직임의 방향 *to, towards* Geh zu dem Haus dort drüben! 저 건너에 있는 집으로 가! Komm zu mir! 이리 오렴. 내게로 와. Wohin gehst du?-Zur Arbeit! 어디 가니?-일하러!

2. 여러 사람들이 모이는 행사에 *to* Er muss schon wieder zu einem Kongress fahren. 그는 벌써 회의에 가러 차를 타야만 한다. Ich bin zu der Geburtstagsparty von Hans eingeladen. 난 한스 생일파티에 초대 받았다(☞ 수동태).

3. 무엇을 다른 것에 섞다/타다/얹다 *in* Ich nehme Zucker zum Kaffee. 난 커피에 설탕을 탄다.

4. 있는 곳/자리 표시 *at, on* Bist du zuhause(zu Hause)? 너 집에 있어? Die Kinder sind schon zu Bett. 아이들은 진즉 잠자리에 들었어. Das Fahrzeug kann zu Wasser und zu Lande eingesetzt werden. 이 차량은 물과 뭍에서 다 쓸 수 있다(수륙양용이다).

5. 시기, 시간 표시 *at* Zu Weihnachten lag kein Schnee. 성탄절 즈음에 내린/쌓인 눈이 없다. Hast du schon zu Mittag gegessen? 점심 벌써 먹었니? Zu Beginn war alles ganz einfach. 처음 시작할 땐 모든 게 아주 쉬웠지. Zur Zeit des Zweiten Weltkrieges werden so viele Leute getötet. 이차대전 때에 아주 많은 사람들이 죽임을 당했다. Beides geschah zur selben Zeit. 두 가지가 동시에 일어났다.

6. 움직임, 이동 방식 *to, on* Zur Schule gehe ich zu Fuß. 나는 학교에 걸어서 간다. Er mag sehr gern zu Fuß reisen. 그는 도보로 여행하기를 무척 즐긴다.

7. 기타 *in, at, for, to* Die Leute kamen zu dritt. 사람들이 셋씩 (짝지어) 왔다. Die gebrauchten Bücher verkauft man zum halben Preis. 중고책들을 반값에 판다. Zum Teil hast du recht. 네가 옳은 부분도 일부 있다. Er ist zum Sprecher der Klasse geworden. 그는 학급 반장이 되었다. Mein Vater hat mir zum Trost ein Eis gekauft. 아버지는 날 달래시느라 아이스크림을 사주셨다. Das Wasser ist zu Eis gefroren. 물이 얼음으로 얼어 버렸다. Ich brauche etwas Warmes zum Anziehen. 난 무언가 따뜻하게 입을 게 필요하다. Es steht jetzt Eins zu Null gegen Japan. 지금 일본에 1:0으로 이기고 있다. Zum Malen braucht man Farben und Papier. 그림을 그리려면 물감과 종이가 필요하다.

von

1. 공간-움직임의 시작점이나 방향(말하는 사람 기준) *from* Wir fuhren mit dem Fahrrad von Seoul nach Pyungchang. 우리는 자전거로 서울을 출발해 평창으로 갔다. Der Wind kommt von Norden. 바람이 북풍이다. Von der Tür bis zum Fenster sind es fünf Meter. 문에서부터 창까지 5미터다. Hast du die Wäsche schon von der Leine genommen? 빨랫줄에서 빨래 걷어다 놓았니?

2. 시간-기점 *from, by* Ich kenne sie von früher. 난 그 여자를 옛날부터 안다. Die Tat geschah in der Nacht von Montag auf Dienstag. 그 사건은 월요일에서 화요일로 넘어가는 밤에 일어났다. Von Natur aus / von Geburt an ist er Optimist. 그는 천생/태어날 때부터 낙관주의자다. Von morgen an(= ab morgen) höre ich auf zu rauchen. 내일부터 담배를 끊겠다.

3. 부분과 전체의 관계 표현 *of* Keine von diesen CDs gefällt mir. 이 CD들 중 마음에 드는 게 하나도 없다. Jeder von uns hat so einen Brief bekommen. 우리는 저마다(하나같이) 그런 편지를 받았다. Eins von diesen Büchern möchte ich kaufen. 이 책 가운데 한 권을 사고 싶다.

4. 원인, 유래 *from* Ich bin müde von der Arbeit. (이)일로 피곤하다. Dieser Vorschlag stammt von ihm. 이 제안은 그에게서 비롯한다. Grüßen Sie ihn bitte von mir! 그에게 제 인사 좀 전해주세요.

5. 수동태-행위의 유래 *by* Er wurde von seiner Lehrerin ermahnt. 여 선생님한테(으로부터) 훈계를 들었다.

6. 2격 또는 소유 관계 대신 표현 *of* die Königin von England 영국 여왕 der Vertrag von Versailles = Versailler Vertrag 베르사유조약 die Umgebung von Seoul 서울 주변 Er ist der Vater von den vier Kindern. 그는 저 네 아이의 아버지다. Ist das Buch von dir? 이 책 네 거니? Ist dieser Koffer von Ihnen? 이 트렁크 당신 건가요?

7. 기타 숙어 *of* Er berichtet von seinen Urlaubserfahrungen. 그는 자신의 휴가여행 경험에 대해 보고했다. Wir sprechen von diesem und jenem. 우리는 이것, 저것(에 대해) 이야기했다. Ich bin abhängig/unabhängig von Alkohol. 난 알코올 중독이다. / 중독이 아니다. Ich bin

alkoholsüchtig. 난 알코올중독이다. Er hängt finanziell stark von seinen Eltern ab. 그는 재정 면에서 부모한테 심하게 의존한다.

mit

1. 동반 관계 ~와 함께 *with* Er tanzt mit seiner Freundin. 그는 자기 애인과 함께 춤을 추었다. Sie telefoniert mit ihrem Freund. 그 여자는 애인과 전화한다. Ich bin nicht mit ihr verwandt. 난 그 여자와 친척 관계가 아니다. Ich habe mich mit ihm beim Fahren abgewechselt. 운전 중에 그와 교대했다(☞ Ich wechsele mich mit ihm 의 완료형). Hast du Lust, mit uns in die Stadt zu fahren. 우리와 함께 차로 시내에 갈 생각 있니?

2. 딸림, 수반 *with* Sie hat einen Garten mit einem kleinen Teich. 그녀에겐 작은 연못이 딸린 뜰이 있다. Mit mir waren wir neun Leute. 나를 포함하여 우리는 아홉 사람이었다. Würstchen mit Kartoffelsalat. 감자샐러드 곁들인 소시지. Die Übernachtung mit Frühstück kostet 40 Euro. 아침식사 포함한 숙박비는 40유로.

3. 연장-수단, 방식 *through, with* Das hat er mit Fleiß gemacht. 그는 부지런함으로 그 일을 해냈다. Das sagte sie mit größter Gelassenheit. 그녀는 아주 침착(태연)하게 그 말을 했다. Mit diesem Füller habe ich unterschrieben. 이 만년필로 난 서명을 했다.

4. 나이 표현 *at* Mit 18 machte sie den Führerschein. 그녀는 18세에 운전면허를 했다. Mit 60 ist man doch kein alter Mann! 나이 60이 결코 노인네는 아니다.

5. 기타 *with* Er kämpft mit seinem Gegner. 그는 자기 상대와 싸운다. Er beschäftigt sich gern mit Komputerspielen. 그는 컴퓨터게임에 몰두하는 걸 즐긴다. Ich bin mit meiner Arbeit nicht zufrieden. 난 내 일에 만족하지 않는다. Bist du mit diesem Vorschlag einverstanden? 너 이 제안에 동의하니?

nach

1. 시간 ~ 뒤/후에 *after* Nach dem Essen gingen wir spazieren. 식사 후 우리는 산책했다. Sie kamen nach einer Stunde zurück. 그들은 한 시간 뒤에 돌아왔다. Nach dem Kino gehen wir noch etwas trinken. 영화 끝나고 뭐 좀 마시러 가자(☞ gehen + 원형동사: ~하러 가다). Es ist schon zwanzig nach vier. 벌써 네 시 20분이다. Der Zug kommt um Viertel nach drei an. 기차는 3시 15분에 도착한다.

2. 방향-목적지 *to, toward* Sie ging nach Hause. 그녀는 집에 갔다. Ich ziehe nach Seoul. 난 서울로 이사했다. Später will ich nach Deutschland, um weiterzustudieren. 나는 나중에 독일에 유학가겠다. *조동사와 방향 전치사가 있다면 gehen, fahren 등의 이동을 나타내는 동사는 쓰지 않아도 된다.

3. 의견-기준: ~에 따라 / 의하면 *(according) to* Nach dem Gesetz ist dies aber verboten. 이거 법에 따르자면 금지된 거야. Meiner Mei-

nung nach bist du daran schuldig. 내 생각에 그 일은 네 잘못이야.

4. 순서: ~ 뒤에 *after* Nach der Vorspeise kommt das Hauptgericht. 전채 요리 다음에 본 요리가 나온다. Einer nach dem anderen verließ den Saal. 하나씩 차례로 홀을 떠났다.

5. 따르다: ~를 따라 *after* Mir nach! 나 따라와! Wir müssen ihm nach! 우리 그를 따라가야만 해.

6. 기타 *by, oafter* Nach und nach wendeten sich die Dinge zum Guten. 서서히(갈수록) 일들이 좋은 쪽으로 바뀌었다. Die Regeln gelten nach wie vor. 규칙들은 전과 마찬가지로 적용된다. Nach Ihnen / dir! 먼저 가시지요! / 뒤 따를게! *after you!*

gegenüber

1. 맞은 편, 건너편 위치 *toward(s)* Gegenüber dem Krankenhaus gibt es eine Bäckerei. 병원 맞은편에 빵집이 하나 있다. Er setzte sich seiner Nachbarin gegenüber, deren Haus gegenüber der Schule steht. 학교 건너편에 집이 있는 이웃여자 맞은편에 앉았다.

2. 사람이나 사물에 대하여 *toward(s), to* Mir gegenüber ist sie immer nett. 그 여자는 내게 늘 상냥하다. In Korea ist man den Älteren gegenüber immer höflich. 한국에서는 연장자들에게 언제나 공손하다. Sie ist dir gegenüber im Vorteil. 그 여자는 너에 비해 유리하다.

seit

기점 / 점 이후로 쭉 *since, from* Seit Anfang des Jahres raucht er nicht mehr. 그는 올해 초부터 더 이상 담배를 피우지 않는다. Ich habe sie seit einer Woche nicht gesehen. 나는 그 여자를 일주일 전부터 보지 못했다. Ich kenne ihn erst seit kurzem. 내가 그를 알게 된 것은 겨우 최근 들어서다(얼마 전부터다).

* Seit sie diese Aufgabe übernommen hat, ist das Klima in der Abteilung wieder prima. 그녀가 이 일을 넘겨받고 난 뒤로 부서 분위기가 다시 아주 좋아졌다. = 조동사(hat)가 맨 뒤에 온 후치이기에 seit는 접속사다. 의미는 비슷하다. 다만 절을 이끈다는 것뿐.

bei

1. 공간 상 가까움 *by, at, in, on* Der Laden liegt direkt bei der Kreuzung. 그 가게는 교차로 바로 옆에 있다. Er war heute beim Frisör. 그는 오늘 미용실(이용실)에 갔었다. Was gibt es bei euch heute zu essen? 너희 집에 오늘 먹을 게 뭐가 있어? bei uns in Korea 우리 한국에서는 kein Geld bei sich. 수중에 돈 한 푼 없이

2. (생활-주거-일-터전) ~에 있다 *at, in* bei uns zu Hause 우리 집에, bei der Firma 회사에, bei einer Party 파티에, bei der Arbeit 일하는 중

3. 시간 표현 *on* bei Tag und bei Nacht. 낮에 그리고 밤에 - 밤낮으로 Vorsicht bei Ankunft des Zuges! 차 도착할 때 조심하세요!

4. 상태 *in* Er ist bei guter Gesundheit. 그는 건강이 좋은 상태다. Bist du noch bei Verstand? 아직 정신이 있는 상태니? bei gutem Wetter

날씨가 좋을 때는

5. 수치표시 *at* Die Temperatur liegt bei 10℃. 온도는 섭씨 10도.

6. 기타 Ich schwöre bei Gott!! 신께(하느님께) 맹세해!

3. 4격 지배 전치사

bis

1. 〈시간/공간〉 기한-종결 *by, untill, to, up to* Ich warte noch höchstens bis Freitag. 잘해야 금요일까지 더 기다리겠어. -더는 안 되고 금요일까지만 더 기다리겠어. Bis wann sind die Sachen fertig? 이 일들 언제 끝날까? Bis Ende der Woche muss die Arbeit fertig sein. 이번 주 말까지는 일이 끝나야만 한다. Fahren Sie auch bis Köln? 당신도 쾰른까지 가세요? Von hier bis zum Fenster sind es fünf Meter. 여기서부터 창까지 5미터다. Bei dem Nebel kann man nicht bis ans andere Ufer sehen. 안개가 끼면 건너편 기슭까지도 볼 수가 없다. Er lernt bis in die Nacht hinein. 그는 밤늦도록 공부한다. Bis zum Sommer habe ich alle Prüfungen schon hinter mir. 여름까지는 모든 시험을 다 끝내게 돼.

2. 앞에 온 말에 대한 제한, 한정 *up to, to* Jugendliche bis zu(= unter) 16 Jahren dürfen den Film nicht sehen. 16세까지(16세 이하)의 청소년들은 이 영화를 보아선 안 된다. 16세 이하 금지 Das Flugzeug war bis auf den letzten Platz ausgebucht. 이 비행기는 마지막 좌석 하나까지 다 예약된 상태다. 빈 자리가 하나도 없다.

3. *bis auf*-예외, 제외, ~만 빼고 *except* Bis auf gestern bin ich jeden Tag hier gewesen. 이제껏 어제만 빼고 매일 여기에 있었다. Bis auf den Kollegen A haben alle an der Besprechung teilgenommen. 동료 A만 빼고 모두 회의에 참석했다. Bis vor einem Jahr war sie noch gesund. 1년 전까지만 해도 건강했다. Bis auf zwei haben alle Studenten die Prüfung bestanden. 대학생들이 두 명 빼고 모두 시험에 합격했다.

4. 헤어질 때 다음 만날 시간 *by* Bis bald / morgen / später / Montag / nächste Woche! 곧 / 내일 / 나중에 / 월요일에 / 다음 주에 보자!

5. *bis zu*-수치, 한계 *to* Die Temperaturen erreichten bis zu 30°C. 온도는 섭씨 30도에 이른다. Er läuft oft bis zur Erschöpfung. 그는 탈진지경에 이를 때까지 달릴 때가 많다.

6. *von~bis~ :* ~부터 ~까지 *from ~ to ~* Von Seoul bis Daejeon sind es etwa 200km. 서울부터 대전까지 약 200킬로미터다. Das Buch habe ich innerhalb eines Tages vom Anfang bis zum Ende durchgelesen. 그 책은 하루 만에 처음부터 끝까지 내리 다 읽었다.

7. (수치 사이에서) ~내지는 *to* Zur nächsten Tankstelle sind es fünf

bis sechs Kilometer. 다음 주유소까지는 5내지 6킬로미터다. Es kostet 10 bis 12 Euro. 값은 10에서 12유로다.

* 종속절을 이끄는 접속사로도 쓰임-후치 *until* Wir rufen immer wieder dort an, bis sich jemand meldet. 누군가 대답을 할 (전화를 받을) 때까지 계속해서 거기에 전화를 걸었다. Wir warten, bis ihr fertig seid. 너희들 끝날 때까지 기다릴게. Ich beachte ihn nicht, bis er sich bei mir entschuldigt. 그가 내게 사과하기 전까지는 그를 무시하겠어. Ich bleibe hier, bis der Regen aufhört. 비 그칠 때까지 여기 머물러야지.

durch

1. 통과, 가로지름, ~사이로 *through* Die Kälte dringt durch die Kleidung. 추위가 옷을 헤치고(옷 사이로) 스며든다. Die Lichtstrahlen dringen durch das Wasser. 빛줄기가 물을 투과한다. Sie ging durch die Tür. 문을 통해 갔다. 통과했다. Er bohrte ein Loch durch die Wand. 그는 벽에 구멍을 하나 냈다.

2. 경유, 거침 *across, via* Sie schwamm durch den Fluss ans andere Ufer. 그녀는 강물을 가로질러 건너편 기슭으로 헤엄쳐갔다. Wir fahren von Deutschland durch Frankreich nach Spanien. 우린 차로 독일에서 프랑스를 가로질러(거쳐) 스페인으로 간다. Die Polizei verfolgte den Verbrecher durch die ganze Stadt. 경찰은 온 도시를 샅샅이 뒤지며 그 범인을 추적했다. Wir liefen ziellos durch die Stadt. 우리는 정처 없이 온 도시를 헤매 다녔다.

3. 내내, 그침 없이 죽, 두루(여기서는 전치사가 명사 뒤에 와서 부사 역할을 한다. = *hindurch) through (out), over, for a time* Sie weinte die ganze Nacht durch. 그녀는 밤새도록 내내 울었다. Die ganze Nacht durch konnte sie nicht schlafen. 그녀는 밤새도록 잠을 이루지 못하였다. Den Winter durch musste ich mich auf die Prüfung vorbereiten. 그 겨우내 난 시험 준비를 해야만 했다. Er hat die ganze Nacht durch gelesen. 그는 밤을 하얗게 새워 책을 읽었다.

4. 수단, 과정, 원인 *by (means of)* Er ist durch einen Unfall ums Leben gekommen. 그는 사고로 목숨을 잃었다. Durch Drücken dieses Knopfes schaltet man die Anlage ein. 이 단추를 누름으로써 이 설비를 작동시킨다(켠다). Durch den Regen wurde die Straße unpassierbar. 비로 도로가 다닐 수 없게 되었다. Durch viele Begegnungen wurden sie Freunde. 많이 만나다 보니 그들은 친구가 되었다. Durch ihre Schönheit hat sie überall Erfolg. 그 여자는 그녀의 미모로 어디서나 성공을 거두었다. Sie zerstörten die Stadt durch Bomben. 그들은 폭탄으로 이 도시를 파괴했다.

5. 나누기 *by, (into)* Sechs (geteilt) durch zwei ist(=macht, gleich) drei. 6나누기 2는 3이다. Primzahlen können nur durch sich selbst und die Zahl 1 geteilt werden. 소수는 제 자신과 숫자 1로만 나뉠 수 있다.

* 부사로 쓰이는 durch

1. 제대로, 완전히 익은: durchgekocht *welldone*. Ich hätte mein Steak gern durch. 내 스테이크는 잘 익혀주세요.

2. 통과, 완료: Ist der 9-Uhr-Zug schon durch? 9시 열차 벌써 지나갔나요?(vorbei) Der Zug ist schon durch. 기차는 이미 지나갔다. Der Fluss war nicht tief, deshalb waren alle schnell durch. 그 강은 깊지 않았기에 모두 서둘러 건넜다.

3. durch und durch-강조: total, ganz und gar. Er ist durch und durch Egoist. 그는 철두철미한 이기주의자다.

entlang 나란히 따라 *4격이 주로 오지만 때에 따라 3격이나 심지어 2격이 오기도 한다. 4격일 때는 명사가 (예외적으로) 전치사 앞에 온다.

4격 entlang: die Straße entlang 도로를 따라 den Fluss entlang 강 따라 Wir machen eine Radtour die Donau entlang(=entlang der Donau). 우리는 도나우 강을 따라 자전거 여행을 한다. ☞(참) 명사 뒤니 전치사라 할 수 없지만, 예외적으로 전치사로 인정한다. Entlang der Straße(Die Straße entlang) waren viele Wagen geparkt. 도로를 따라 자동차들이 많이 주차되어 있다.

* 부사: Hier entlang, bitte. 이쪽으로 쭉 오세요.(부사인 경우 '~과 나란히'의 의미가 강하고, 전치사라면 '~을 따라'의 뜻이다.)

für (Ⓐ gegen) (행위가 뒤 따르는 명사에게 이로운, 유리한)~을 위해 *for* 1. (뒤에 오는 명사)~를 대가로 *for* Für diese Anerkennung lohnt sich unsere Anstrengung. 우리가 애써 일했으니 이런 인정을 받을 만하다. Wie viel hast du für das Kleid bezahlt? 이 옷 얼마 주었니? Ich habe ihm für das Buch zwei CDs gegeben. 그 책 대신 그에게 CD 두 장을 주었다.

2. 1격 명사 *für* 4격 명사: 무엇(4격)을 위한 무엇(1격): *ein Buch für Kinder* 어린이를 위한 책(=어린이용 책) *for* ein Brief/ein Geschenk/eine Nachricht/eine Post für dich. 네게 온 편지/널 위한 선물/네게 온 소식/우편 Das ist interessant/klar/schrecklich/eine Beleidigung für mich. 그것은 내게 흥미롭다/명확하다/끔찍하다/모욕이다. Er ist ein Vorbild für die Jugend. 그는 청소년의 모범이다. Sein Tod ist ein großer Verlust für alle. 그의 죽음은 모두에게 커다란 손실이다. Das ist der Grund für ihr Versagen. 이것이 그녀가 실패한 원인이다. Du bist dafür verantwortlich. 그건 네 책임이다. sich für etwas begeistern/interessieren ~에 대한 열광하다/흥미-관심을 갖다. die Vorliebe für etwas ~에 대한 선호

3. 대신/때문에 *on(in) somebdoy's behalf* Kannst du nicht für mich hingehen? 내 대신에 갈 수 없겠니? Ich schäme mich für dich! 너 때문에 창피하단 말이야.

4. 겨를, 기간 표시 *for* Er ist für drei Jahre nach Deutschland ge-

gangen. 그는 3년 기한으로 독일로 갔다. Ich möchte für die nächsten zwei Stunden nicht gestört werden. 앞으로 두 시간 동안 방해받고 싶지 않다.

5. 비교/기준 *for* Für einen Siebzigjährigen ist er noch sehr jung. 일흔 살 나이에 비해 아직 무척 젊다. Für die Jahreszeit ist es zu kühl. 이 계절 치고는 너무 서늘하다. Für einen Luxuswagen ist das Auto preiswert. 호사스런 자동차 치고 값이 괜찮다(저렴하다).

6. 종류: *was für ein(e)* / 복수: *was für (welche) what kind of* Was für ein Kleid ziehe ich heute an? 오늘 어떤 종류의 옷을 입는다지? Was habt ihr für ein Glück! 너희들 웬 횡재니? 자네들 참 대단한 행운이다. Was waren das für Sachen? 그게 웬 것들이었어?

7. 기타 숙어 Punkt für Punkt 사사건건, 사안 하나하나 빈틈없이(*point by point*) Er will seinem Ziel Stück für Stück näher kommen. 그는 자신의 목표를 하나씩 하나씩 밟아 오르려 (다가가려)한다(*piece by piece*). Sie hält sich für eine Künstlerin. 그 여자는 스스로 예술가/화가인 줄 안다. ☞ halten A für B: A를 B로 취급하다. = Er galt allen für einen Lügner. 그는 모두에게 거짓말쟁이로 통한다. ☞ A gelten für B: A는 B로 통한다(*regard ~ as ~; count ~ as/for ~*). Sie gab ihn für ihren Bruder aus. 그 여자는 그가 자기 동생인 척했다. Er wurde für tot erklärt. 그는 죽은 것으로 선언되었다. Für sich genommen, ist die Sache nicht so schwierig. 자체로 놓고 보자면(따지고 보면) 이 일은 그다지 어렵지 않다.

gegen (Ⓐ für) 1. 거스르는 방향, 역방향 *against* Sie lehnte sich gegen die Tür. 그 여자는 문에 몸을 기댔다. Der Schwimmer kämpfte gegen die Strömung an. 헤엄치는 사람은 물결을 거스르며 힘겹게 사투를 벌였다. Man musste förmlich gegen den Lärm anschreien. 소음이 커서 말 그대로 소리쳐야만 했다. Der Wagen prallte gegen einen Baum. 그 자동차가 나무를 들이받았다.

2. 대략, 무렵 *around* Wir wollen gegen Abend ankommen. 저녁 무렵 도착하려 한다. Gegen Ende des Konzerts verließen die ersten Zuhörer den Saal. 연주회 끝날 무렵 처음 들어온 청중이 홀을 떠났다.

3. 반대, 거부, 맞섬, 싸움, 거스름, 대상 *against, contra* Ich bin gegen jede Form von Gewalt. 난 어느 형식의 폭력이든 반대다. Sind Sie für oder gegen die Atomkraft? 원자력에 대해 찬성하시나요, 아니면 반대하시나요? Gegen Sonnenbrand gibt es hochwirksame Sonnenkremen. 햇볕에 타는 걸 막아주는 데 효과가 아주 좋은 선크림이 있다.

4. 교환, 비교 *inexchange for, compared to* Dieses Medikament gibt es nur gegen Rezept. 이 약은 처방전이 있어야만 준다. Gegen ihn bist du ein Zwerg. 그에 비하면 넌 그저 난장이에 지나지 않아. Gegen ihn bist du ein Riese. 그에 비하면 넌 거인이야.

5. 스포츠: 상대 *versus* Das Fußballspiel Korea gegen Japan wird im Fernsehen übertragen. 한국 대 일본 축구경기가 텔레비전 중계된다.

ohne

1. ~ 없이 *without* Sie ist ohne ihren Freund ins Kino gegangen. 그 여자는 남자 친구 없이 (혼자) 영화관에 갔다. Ohne einen Cent verließ er das Haus. 땡전 한 푼 없이 그는 집을 떠났다.

2. 관용적 표현 *with no further ado* ohne weiteres-다른 문제없이, 더 이상 아무 문제없이 Obwohl das ein offizieller Empfang ist, nehme ich ohne weiteres daran teil. 비록 공식적인 환영식이었지만, 난 아무 문제없이 거기 참석했다. ohne mich-나 빼고 *Count meout! No way* Ihr wollt bei diesem Wetter spazieren gehen? Ohne mich! 이런 날씨에 들 산책을 가겠다고? 난 빼줘! Sie hat ihr Studium ohne viel Lust gemacht. 별다른 재미도 없이 자기 연구를 했다.

* 종속접속사로도 쓰인다. 뜻은 비슷하고 동사는 후치

Er verließ den Raum, ohne dass es jemand bemerkte. 아무도 눈치 채지 못하게 그는 그 곳을 떠났다. Sie standen auf, ohne etwas gegessen zu haben. 그 여자는 아무것도 먹지 않은 채로 일어섰다.

um

1. 둘레, 주변 *around* Die Erde dreht sich um die Sonne. 지구가 태양 둘레를 돈다. Nach dem Brand griff ein schrecklicher Getank um sich. 화재 이후 끔찍한 냄새가 퍼져갔다. um einen Tisch sitzen 책상에 둘러앉다 sich ein Tuch um die Schultern legen 수건을 어깨에 두르다

2. 시간-정각 *(at ~ o'clock)* Die Vorstellung beginnt um 6 Uhr. 공연은 정각 6시에 시작한다.

3. 때-대략, 무렵 *about, around* Um diese Zeit war ich schon zu Hause. 이 무렵이면 난 벌써 집에 있을 때다. Wir treffen uns dann so um Mittag. 그럼 우리는 대략 점심 무려에 만난다. Um Weihnachten herum nehme ich immer zwei Kilo zu. 성탄절 즈음에는 늘 체중이 2 킬로나 는다.

4. 정도(양) *by* Ich habe mich um fünf Euro verrechnet. 5유로를 잘못 계산했다. Er musste das neu gekaufte Kleid um einige Zentimeter kürzen. 그는 새로 산 옷을 몇 센티미터 정도 줄여야만 했다. Sie ist um 3 Jahre jünger als er. 그 여자가 그보다 세 살 젊다. Ich bin um einen Kopf größer als sie. 난 그녀보다 머리 하나 정도 더 크다.

5. 관용-숙어 Tag um Tag 날이면 날마다(*day by/after day*) Ich beneide sie um ihren Erfolg. 난 그녀의 성공이 부럽다(envy for). Ich bitte dich um Verzeihung. 용서를 부탁한다(ask for). Sie will um jeden Preis studieren. 그녀는 무슨 수를 써서라도 대학공부를 하려고 한다(*at all costs, an any price*)/하늘이 두 쪽 나도 대학공부할 마음이 없다.(*not an any price*) Um Gottes/HImmels willen, tu das nicht! 제발이지 그러지 마!(*for god's sake*) Ich verließ sie um unserer Freundschaft willen. 나는 우리 우정을 위해 그녀를 떠났다(*for the sake of*).

* um-zu(*in order to, so~ that~*) 용법(목적/결과) Er stand auf, um besser sehen zu können. 그는 더 잘 볼 수 있게 일어섰다. Sie rief ihn an, um sich zu entschuldigen(= damit sie sich entschuldigen kann). 그녀는 사과하려고 그에게 전화를 걸었다. Er ist echt dumm genug, um das zu glauben. 그는 그걸 믿을 만큼 정말 어리석다. Er ist zu krank, um zu arbeiten. 그는 일을 하기에는 너무 아프다.

4. 3-4격 지배 전치사

동사가 방향성을 띠는데, 그 방향과 전치사 지배를 받는 명사가 관련이 있을 때 4격이 되고, 그렇지 않을 경우 3격이다. 그러니까 동작이 있더라도 방향성 없거나, 방향성이 있더라도 해당 명사와 관련이 없다면(집안에서 놀다 Wir spielen in dem Haus.) 3격인 셈이다.

an 경계면에 / ~ 가/둘레에 *on* Das Bild hängt an der Wand. 벽(3격)에 그림이 걸려있다(3). Häng bitte das Bild an die Wand! 벽(4격)에 이 그림 좀 달아줘!(4) Fahren wir an die/den See! 차로 바닷가/호숫가로(4격) 가자! An der See / Am See spielen wir Fußball. 바닷가/호숫가에서(3격) 축구를 한다.

* 날짜나 특정 일 앞에 *on* Am 23.(=dreiundzwanzigsten) Juli 2018 haben wir B1-Prüfung. 2018년 7월 23일 B1시험이 있다. An meinem Geburtstag feiere ich mit Freunden meine Geburtstagsparty. 내 생일날 친구들과 함께 내 생일파티를 열었다.

von hier an/ab = ab hier 여기부터 von nun an = ab jetzt 이제부터 (*from hier/now on*) Ich glaube an Gott. 신의 존재를 믿다(*I believe in God.*).

teilnehmen an (3격): An der Vollversammung nehmen alle Mitglieder teil. 총회에 회원 모두가 참가/석했다(*participate in, take part in*). Ich leide oft an dem Magengeschwür. 난 자주 위궤양을 앓는다 (*suffer from*).

* 부사: Das Licht ist noch an. 불이 아직도 켜진 상태다.

auf (Ⓐ unter) 1. (공간)위에 / 위로(붙어 있는 상태) on Das Glas steht auf dem Esstisch. 잔이 식탁 위에(3격) 있다. Er stellt das Glas auf den Esstisch. 그는 잔(글라스)을 식탁 위에(4격) 놓는다. Der Brief liegt auf dem Tisch. 편지가 책상 위에(3격) 있다. Sie legt den Brief auf den Tisch. 그녀가 편지를 책상 위에(4격) 놓았다. Können Sie den Koffer auf den Boden stellen? 트렁크 바닥 위에(4격) 세워놓아 주실 수 있나요? Der Koffer steht jetzt auf dem Boden. 트렁크는 이제 바닥에(3

격) 서 있다. Man legt den Verletzten auf eine Bahre. 부상자를 들 것 위에(4격) 눕힌다. Der Verletzte liegt jetzt auf der Bahre. 환자는 이제 들 것 위에(3격) 누워 있다.

2. 움직임의 방향(4격) up, onto Er steigt auf eine Leiter. 사다리 위로(4격) 올라갔다. Sie klettern auf einen Berg. 그들은 기어서 산 위로(4격) 올라갔다.

3. 시간-다음~으로

von heute auf morgen 하룻밤 사이로, 갑자기 in der Nacht von Sonntag auf Montag 일요일에서 월요일로 넘어가는 밤에

4. 관용-숙어 : auf Deutsch, in deutscher Sprache 독일어로(in German) auf einmal-plötzlich 갑자기(at once, suddenly) auf jeden Fall-was auch passiert 무슨 일이 있어도, 기어코(in any case, definitely) auf keinen Fall-niemals 무슨 일이 있어도, 결코 ―하지 않는다(in no case, by no means). auf diese Weise-so 이런 식으로, 이렇게(in this way)

* 부사: Die Tür ist auf. 문이 열려 있다*(be open)*. auf und ab gehen-hin und her gehen 오락가락하다 *(up and down)*

hinter (Ⓐ vor) 1. (장소)뒤(3/4) behind Er stand hinter ihr. 그는 그녀 뒤에(3격) 서 있다. Er stellt sich hinter sie. 그는 그녀 뒤로(4격) 가 섰다. Er ist hinter sie getreten. 그는 어느 틈에 그녀 뒤로(4격) 다가서 있다. Der Junge läuft hinter einem Auto her. 자동차 뒤에서(3격) 뛰어 온다. ☞(참)방향을 담은 것 같지만, hinter는 위치를 말할 뿐 자동차 뒤로 움직이는 것이 아니라고 보자. 그래서 3격 지배) Fahr einfach hinter mir her. 그저 차로 내 뒤만 따라와. Das Kind rannte hinter dem Ball her auf die Straße. 그 아이는 공 따라 도로로 달려 왔다(☞hinter는 위치-3격, auf는 방향-4격).

2. (시간) 전, 옛(3격) Das habe ich schon lange hinter mir. 그것은 벌써 오래 전 일이야.-이미 지난 일이야. Die Schulzeit lag schon lange hinter ihm. 학창시절은 벌써 오래 전 일이었다.

* 형용사: am hinteren Ende 뒤쪽 끝에
* 부사: hinter jemandes Rücken 등 뒤에서, 몰래 heimlich

3. 관용-숙어

sich hinter jmdn.(4격) stellen = jmdn.(4격) unterstützen 누구를 뒷받침/지원하다 etwas hinter sich bringen = etwas Unangenehmes (widerwillig) tun달갑지/내키지 않는 일을 억지로 해치우다 etwas hinter sich haben = etwas Unangenehmes überstanden haben 달갑지/내키지 않는 일을 해치워 버렸다 etwas hinter sich lassen = an etwas nicht mehr denken 지난 일로 치다, 더 이상 생각 말다

in

1. (공간) 안, 내부 *in, into, at* Der Tisch steht in der Küche. 식탁은 부엌에(3격) 있다. Stell bitte den Tisch in die Küche. 그 식탁 좀 부엌에다(4격) 가져다 두어라. In seinem Roman handelt es von der Hoffnung in der Verzweiflung. 그의 소설에서는 절망 속의 희망에 대해(3격) 다룬다. Er hängte die Jacke in den Schrank. 그는 재킷을 옷장 안에(4격) 건다. Die Jacke hängt in der Schrank. 재킷은 옷장 안에(3격) 걸려 있다. Sie schaute in das Wohnzimmer. 그녀는 거실 안을(4격) 둘러보았다. Er ging in die Küche. 그는 부엌으로(4격) 들어갔다.

2. 시간-보통 시간을 뜻하는 명사 3격이 오면 '그 시간 안에'를 뜻하고(within), 숫자가 함께 오면 '~뒤에/후에'를 뜻한다(in). In diesem Jahr komme ich nicht mehr. 올해에는 더 이상 오지 않겠다(*this year*). In einer Woche/zwei Monaten/drei Jahren bin ich in Hamburg. 한 주/두 달 / 3년 뒤에 나는 함부르크에 있다(in).

3. 시간-범위 표현할 때, ~까지 Die Geschichte geht bis in die zwanziger Jahre/Zwanzigerjahre zurück. 이 이야기는 20년대까지 거슬러 올라간다. Ihre Erinnerungen reichen nur bis ins letzte Jahr. 그녀의 기억은 지난해까지만 미친다(지난해까지밖에 미치지 못한다). bis spät in die Nacht 밤늦도록 Der Winter reichte letztes Jahr bis weit in den April. 지난 해 겨울은 4월이 되고 나서도 한참 영향을 미쳤다(4월이 되어서도 추웠다).

4. 관용-숙어

In Wirklichkeit ist sie sehr schlau. 사실 그 여자는 무척 약다(in reality/actuality). Das spielt sich alles nur in seiner Vorstellung ab. 그 모든 게 그저 그의 상상 속에서 벌어진다. Sie war in ihn verliebt. 그녀는 그에게 반했다. 그를 사랑하게 되었다(*fall in love with*). Aber er verliebt sich nicht in sie. 그러나 그는 그녀에게 반하지 않았다. Er ist gut in Mathematik. 그는 수학을 잘한다. 수학에 뛰어나다(*be good at*). Im Notfall ruf mich auf dem Handy an. 비상사태에는(급한 일 있으면) 휴대폰으로 전화해(in case of an emergency).

neben

1. ~옆에 *beside, by* Sie stand neben mir(3격). 그 여자는 내 옆에 섰다. Sie stellt sich neben mich(4격). 그 여자는 내 옆으로 와 섰다. Meine Oma hat das Buch neben die Lampe gelegt. 할머니는 그 책을 램프 옆에 놓아 두시었다. Das Buch liegt neben der Lampe. 그 책은 램프 옆에 (누워)있다. Die Kinder gingen neben ihrer Mutter. 아이들은 엄마 곁에서 걸어갔다(gehen 때문에 4격이 아닐까 생각하기 쉽지만, 역시 gehen이 neben과 연결된 행동은 아니다. 걷고 있는 위치를 나타낸 것이라 생각하자.).

2. ~말고, 외에, 밖에 *besides, in addition to* Neben der Schuld hat er noch die Krankheit. 그는 빚 말고도 병까지 들었다. Hier gibt es neben Computern auch noch Handys zu kaufen. 여기서는 컴퓨터 말고도 휴대폰도 살 수 있다.

3. 비교: ~에 비하면 *by/in compurison with/to* Neben ihm bist du ein ausgezeichneter Sänger. 그와 비교하면(그의 옆에 있으면) 넌 뛰어난 가수다.

über (Ⓐ unter) 1. (공간-3격) ~위쪽에/위쪽으로(떨어진 상태) *over, above* Sie hängt die Lampe über den Tisch(4격). 그녀는 램프를 책상 위쪽에 달았다. Die Lampe hängt über dem Tisch(3격). 램프는 책상 위쪽에 걸려 있다. Den Spiegel hängen wir über das Waschbecken(4격). 우리는 거울을 세면기 위쪽에 걸었다. Der Spiegel hängt über dem Waschbecken(3격). 거울은 세면기 위쪽에 걸려 있다.

2. (공간-4격) ~넘어/건너 *over* Er sprang mit Leichtigkeit über das Hindernis. 그는 그 장애를 가볍게 뛰어넘었다. Sie kletterten über den Zaun. 그들은 울타리를 기어 넘었다. Sie ging schnell über den Platz. 그 광장을 건너 서둘러 지나갔다. Sie liefen über den Rasen. 잔디밭을 밟고 그 너머로 달려갔다(4). Sie rannten weit über das Ziel. 그들은 목표(도착지)를 한참 지나쳐 달려갔다. Die Arbeit geht über meine Kraft. 이 일은 내 역량 밖이다.

3. (경유) ~거쳐-들러 *via* Der ICE nach Berlin fährt über Bielefeld und Hannover. 베를린 행 이 ICE는 빌레펠트와 하노퍼를 경유한다(들른다).

4. (시간-4격)~ 지나 *over* die ganze Nacht über 밤새(*all night <long>*) über das Wochenende 주말 지나는 동안, 주말 내내 über die Ferien 방학/휴가 지나는 동안, 방학 내내 über die Feiertage 연휴가 지나는 동안, 내내 Er ist über das Alter hinaus, in dem man jedes Wochenende in die Disko geht. 주말마다 디스코텍에 가는 나이는 지났다.

5. (수치와 함께)~이상/넘게(4격) *over, more than* Das kostet über 100Euro. 비용/값이 100유로 이상이다.

6. (수단, 과정, 방법-4격)~을 통해 *via* Wir können 60 Programme über Satellit empfangen. 우리는 인공위성을 통해 60개 채널의 방송을 수신한다. Ich fand die Wohnung über einen Makler. 이 집 부동산중개업자를 통해 찾았다.

7. (지위-서열, 위치-3격)~위 *over* Der Meister steht über dem Lehrling. 대가(장인)는 도제 위다. Er wohnt über mir. 그는 나보다 위층에 산다.

8. (과정-3격) ~일을 하느라/하다 보니, ~와중에, ~통에(3격) Über der Arbeit hat sie ihre Sorgen vergessen. 일을 하느라/하다 보니 근심을 잊었다. Über all dem Trubel habe ich das Wichtigste vergessen. 온갖 난리/소란 통에 가장 중요한 걸 잊었다.

9. 관용-숙어 sprechen/schreiben/diskutieren/informieren/reden über 4격-무엇(4격)에 대해 이야기하다/쓰다/토론하다/정보를 얻다/말하다 abstimmen/entscheiden über 4격-무엇(4격)에 대해 표결에 부치다/결정하다 sich freuen über 4격. 지난 일(4격)에 대해 기뻐하다(auf는 미래, an은 현재) ☞(참) 명사 + über + 명사 = 많음의 강조 Der Lehrer findet Fehler über Fehler in dem Diktat. 선생님은 받아쓰기에서 틀린 답들을

셀 수 없이 많이 보았다. ☞(참) Ich warte hier seit über einer Stunde. 나 여기서 한 시간 넘게 기다리고 있다. über를 전치사로 보고 3격이라 생각하면 안 된다. 그 경우는 4격이다. 여기서는 seit(3격) 때문이며, über는 부사로 -이상/넘게의 뜻이다.

unter

1. (공간)아래 /*über*가 '대체로 떨어진 상태', *auf*가 '붙은 상태'로 구분되지만 *unter*는 구분 없이 둘 모두의 반대말이다. *under* Die Puppe meiner Nichte liegt unter dem Tisch(3격). 내 조카딸의 인형이 책상 아래에 놓여 있다. Sie legte die Puppe unter den Tisch(4격). 그 아이가 인형을 책상 아래에 가져다 놓았다. Mein Neffe kriecht unter den Tisch, um die Puppe zu holen(4격). 내 조카가 그 인형을 꺼내려고 책상 아래로 기어들어갔다.

2. ~로 덮인, 가린 상태 / 상황(3격) *under* Unter dem Hut verbarg sich eine Glatze. 모자 아래 대머리가 숨어 있다. Die Küche steht schon wieder unter Wasser. 부엌이 벌써 또 물바다다.

3. 수준: -아래 *below* Die Preise liegen unter dem Durchschnitt(3격). 이 가격은 평균 이하다. Das ist unter meinem Niveau(3격). 그것은 내 수준 아래다. Die Preise fallen unter den Durchschnitt(4격). 가격이 평균 이하로 떨어졌다. Das ging weit unter sein Niveau. 그것은 그의 수준에 한참 떨어진다.

4. ~가운데, ~중에 *among* Sie ist unter Freunden(3격). 그녀는 친구들과 섞여 있다. Unter ihnen herrschte Angst vor einem Fremden(3격). 그들 사이에는 어느 낯선 사람에 대한 두려움이 감돌았다. Unter ihnen befand sich ein Verräter(3격). 그들 사이에 배신자가 하나 있었다. Unter den Demonstranten kam es zu Streit(3격). 시위자들 사이에 다툼이 일었다. Ich habe mich unter die Anwesenden gemischt(4격). 난 거기 와있는 사람들(참석자들) 사이에 섞여 들었다. Er brachte Getränke unter die Leute(4격). 그는 사람들한테 음료수를 가져왔다.

5. 휘하, 아래서, 밑에서 *by, under* Arbeitest du unter deinem Vater?(3격) 네 아버지 밑에서 일하니? Das Projekt steht unter der Leitung von Professor Marx(3격). 이 프로젝트는 마르크스 교수 인솔을 받습니다. Das Projekt wird unter die Leitung des Professors gestellt(4격). 이 프로젝트는 그 교수의 지도 아래 두었습니다.

6. ~을 전제로 *on condition, that~, in consideration of* Ich sage das nur unter der Bedingung, dass ihr schweigt. 너희들이 입을 닫는다는 조건에서만 그 이야기를 하겠어. Unter Berücksichtigung aller Tatsachen hat er recht. 모든 사실들을 고려하면 그의 말이 옳다.

7. 상황, 정황 Sie erzählt davon unter Tränen. 그녀는 눈물을 흘리며 그 사실에 대해 이야기했다(*in tears*). Ihr habt die Prüfung unter großen Anstrengungen bestanden. 여러분은 아주 커다란 노력을 기울여 시험에 합격하였다. Unter Einsatz ihres Lebens bargen die Rettungskräf-

te die Verletzten. 구조대원들은 그들 스스로의 목숨을 걸고 부상자들을 구조했다(*at the risk of losing life*).

8. 관용-숙어 Keinen Anschluß unter dieser Nummer. 없는 국번입니다. 이 번호로 개통된 전화가 없다(*There is no such number.*). Du kannst mich unter meiner Handynummer jederzeit erreichen. 넌 내 휴대폰 번호로 언제든지 나와 연락할 수 있어. Unter uns gesagt (= Vertraulich gesagt) habe ich mich nicht so sehr in sie verliebt, dass ich sie heiraten wollte. 우리끼리 말이지만, 결혼하고 싶을 만큼 그녀에게 반했던 것은 아니었어(*among us*). Wir, sie und ich, wollen nur unter uns sein. = Wir wollen keine anderen Leute bei uns haben. 우리, 그러니까 그녀와 나는 우리끼리만 있고 싶었어. = 다른 사람들하고 함께 있고 싶지 않았어. Es muss unter uns bleiben. = Es darf kein anderer wissen. 이는 우리들끼리만 알고 있어야 해. = 다른 어느 누구도 이 사실을 알면 안 돼.

vor

1. (공간)앞(Ⓐ *hinter*) *before* Wohin hast du dein Fahrrad gestellt(4격)?-Ich habe mein Fahrrad vor das Haus gestellt(4격). Der Fahrrad steht vor dem Haus(3격). 자전거 어느 곳에 가져다 두었어? 집 앞에 세웠어. 자전거는 집 앞에 서 있어. Wir sollten vor den Gästen nicht streiten. 우리 손님들 앞에서 다투는 법이 아니다. Halt dir beim Gähnen die Hand vor den Mund! 하품할 때에는 손으로 입을 가려라. Sie hat Angst vor Publikum. = Sie hat Angst, vor Publikum zu sprechen. 청중들 앞에서 (이야기하는 것에) 두려움을 느낀다(*before*). Ich habe großen Respekt/Widerwillen vor ihm. 난 그에게 커다란 존경심/혐오감을 느낀다.

2.(시간)앞, 전(Ⓐ *nach*) *before* Sie ist erst vor wenigen Augenblicken gegangen. 그녀가 간 지 겨우 몇 분도 채 지나지 않았다. Wir sind erst vor zwei Wochen aus dem Urlaub zurückgekommen. 우리는 겨우 2주 전에야 휴가여행으로부터 돌아왔다. Es ist zehn (Minuten) vor zwölf. 12시 10분 전이다(*ten minutes to twelve*).

3.(차례-순서)앞/먼저 *before* Ich glaube, ich komme vor Ihnen an die Reihe. 제가 선생님 앞 순서인데요.

4. 감정, 상태의 원인: 관사 없이 Sie zitterte vor Kälte. 추위에 떨었다. Er war bleich vor Wut. 분노로 창백해졌다. Schützen Sie sich vor Erkältungen! 감기 걸리지 않도록 조심하세요. Alle jubelten laut vor Freude. 모두들 기쁨에 환호성을 질렀다.

5. 앞으로 처리해야 할 일/남은 일 Wir haben noch viel Arbeit vor uns. 아직도 처리해야 할 일이 많이 남았다. Vor uns lag ein schwieriger Marsch. 우리 앞에는 힘든 행군이 놓여 있다.

zwischen

1. (공간) 사이 *between, among* Sie sitzt zwischen ihren beiden Freundinnen(3격). 두 친구 사이에 앉아 있다. Sie setzt sich zwi-

schen ihre beiden Freundinnen(4격). 그녀는 두 친구 사이로 가서 앉는다. Die Hängematte hängt zwischen den beiden Bäumen(3격). 해먹(그물침대)이 그 두 나무 사이에 걸려 있다. Er hängt die Hängematte zwischen die beiden Bäumen(4격). 그물 침대를 두 나무 사이에 걸었다.

2. 다수 / 무리 / 사람들 사이, 가운데 *among* Zwischen den Früchten befanden sich auch einige unreife(3격). 저 과일들 가운데에는 익지 않은 것들도 있다. Ein Attentäter wurde zwischen den Zuschauern vermutet(3격). 구경꾼들 사이에 테러리스트 하나가 있을 것으로 추측된다. Der Attentäter hatte sich zwischen die Zuschauer gemischt(4격). 그 테러리스트는 구경꾼들 사이로 섞여 들었다. Wer wagt sich zwischen diese wilden Tiere(4격)? 이 (사나운, 거친, 야생) 들짐승들 사이로 누가 들어갈 엄두를 내겠는가?

3. 두 지점 / 시점 / 가치 사이, 간격 *between* Der Abstand zwischen den Läufern nahm immer mehr zu. 경주 선수들 사이의 간격이 갈수록 더 벌어졌다. Die Entfernung zwischen den Himmelskörpern soll konstant bleiben. 천체들 사이의 거리는 일정하게 유지된다는 주장이 있다. Er hat zwischen Weihnachten und Neujahr Geburtstag. 그의 생일은 성탄절과 설 사이다. Der Zug fährt irgendwann zwischen neun und zehn Uhr ab. 그 기차는 정확하진 않지만 9시와 10시 사이에 출발한다. Die Temperatur liegt zwischen zehn und fünfzehn Grad. 온도는 섭씨 10도에서 15도 사이다. Das kostet so etwa zwischen zehn und zwölf Euro. 그 가격은 대략 10유로에서 12유로 사이다. (= zehn bis zwölf)

4. 상대 / 파트너 사이 *between* die Liebe zwischen Eltern und Kindern 부모 자식 사이의 사랑 ein Vertrag zwischen zwei Staaten 두 나라 사이의 계약/협약/조약 ein Streit zwischen Freunden 친구 사이의 다툼 zwischen Himmel und Hölle 천국과 지옥 사이 sich zwischen Gut und Böse entscheiden 선과 악을 놓고(선과 악 사이에서) 결정하다. der Kontrast zwischen Schwarz und Weiß 흑백 사이의 대조

VI. 독일어 단어 합성의 비밀

독일어 단어의 합성은 대략 다음 4가지 원칙에 의해 이루어진다.

1. 낱말 + 낱말

서로 다른 혹은 서로 관련 있는 낱말을 합쳐 새로운 어휘를 만든다.

das Eisen 철 + die Bahn 레일, 길	die Eisenbahn 철로, 철길
Der Himmel 하늘 + blau 파란	himmelblau 하늘색
kennen 알다 + lernen 배우다	kennenlernen 사귀어 알게 되다
bekannt 알려진 + machen 만들다	bekanntmachen 알리다, 공표하다
das Geschäft 일, 사업 + (s) + die Reise 여행	die Geshäftsreise 출장, 사업여행
die Größe 위대함 + (n) + der Wahn 망상	der Größenwahn 과대망상

2. 머리-붙임말(접두어) 파생어

본래 있던 낱말에 접두어(머리-붙임말)를 붙여 또 다른 성격의 어휘를 만드는 것. 즉, 어떤 낱말에서 파생되어 생기는 단어를 파생어라 한다. 그중 머리-붙임말(접두어)을 붙여 또 다른 성격의 어휘를 만든다.

erz 최고, 최대) + der Bischof dumm der Feind konservativ der Schwindler 사기꾼)	 der Erzbischof 대주교 erzdumm 천하의 미련둥이 der Erzfeind 숙적, 최대의 적 erzkonservativ 철저히, 지독히 보수적인 der Erzschwindler 천하의 사기꾼
un- 반/아님 + + die Treue 충절, 신뢰 der Dank 감사 das Wetter 날씨 der Mensch 사람 fern 먼 möglich 가능한 lesbar 읽을 수 있는	 die Untreue 불성실, 불충, 부정, 배반 der Undank 배은망덕 das Unwetter 악천후, 사나운 날씨 der Unmensch 비인간적인 사람, 악한 unfern 멀지 않은, 가까운 unmöglich 불가능한 unlesbar 읽을 수 없는(판독이 불가능한)
ur 근원 + der Wald 숲 die Sache 일, 사건 alt 오래된, 늙은 aufführen	 der Urwald 원시림 die Ursache 원인 uralt 태고의, 극히 늙은 uraufführen 초연하다, die Uraufführung 초연

3. 비분리 전철

접두어 중 "비분리 전철"은 합성된 단어의 앞쪽 조각 단어가 뒤의 단어 부분과 어떤 경우에도 떨어지지 않는다. 떨어져 홀로 설 수 없기에 강세도 받지 못하고, 길게 발음되지도 않는다. 독일어는 대부분 첫 음절에 악센트가 오지만, 비분리 전철이 있는 경우는 다르다. 이 비분리 전철은 몇 되지 않으니 아예 외워두는 것이 좋다. 외우는 순서를 이러면 좀 더 편할까? be, ge, er / ent, emp / ver, zer, miss. 배게에어/엔템프/페어체어미스

1) be-

타동사를 만든다(타동사의 경우 목적어가 따로 없으면 주어 자신의 목적격이라도 써야 한다. ☞ 재귀대명사). 동시에 단어 끝 어미에는 동사형화 접미어로 -(e)n, -(e)rn -ln 등이 붙는다.

fahren 차타고 가다, 차를 몰다	befahren (타고)가다 einen Weg, eine Straße befahren-길, 도로를 따라 차를 몰다
lügen 거짓말하다	belügen (jdn.)-를 속이다(거짓말) / sich selbst belügen 자기를 기만하다
das Mitleid 동정, 연민	bemitleiden (jdn.) 누구(4격)를 동정하다, 연민을 갖다
der Urlaub 휴가, 휴가여행	beurlauben (jdn.) 누구(4격)에게 휴가를 주다 sich beurlauben 작별하다, 하직하다
reich 부유한, 풍부한	bereichern (jdn./etw.)부유하게 하다 sich bereichern 자기를 부유하게 하다 = 부유해지다

2) ent-

박탈, 탈피의 의미. 동사와 합치면 3격과 함께-3격으로부터 벗어남의 방향성 가미. 명사와 합치면 '탈취, 박탈'의 의미를 곁들인다.

fliehen 달아나다	entfliehen -로부터 달아나다
springen 뛰다, 솟다	entspringen -로부터 발원하다, 뛰어나가다
das Recht 권리	entrechten -의 권리를 박탈하다
die Ehre 명예	entehren -의 명예를 빼앗다
fremd 낯선	entfremden -로부터 -을 멀리하다, 소외시키다
scharf 예리한	entschärfen 무디게 하다, 폭탄 뇌관 제거하다

3) er-

동사와 합치면 -그 동사의 의미 강화 / 명사와 합치면 -동사화 / 기타 동사화

wachen 깨어 있다, 보초 서다	erwachen 잠을 깨다, 눈뜨다
schlagen 때리다	erschlagen 때려죽이다, 때려 부수다
die Hitze 열, 더위	erhitzen 가열하다
die Kälte 추위	erkälten 식히다, (sich)감기 들다
wider 반대, 대항, 역	erwidern 갚다, 보답-, 보복하다, 응수하다

4) ge-

집합명사로 만든다. 그럴 경우 성은 모두 중성

backen 빵굽다	das Gebäck 구워 만든 과자류
schreien 비명지르다	das Geschrei 비명, 소란
fühlen 느끼다	das Gefühl 감정
der Berg 산	das Gebirge 산맥
die Feder 깃털	das Gefieder 조류, 날짐승, 가금류
* die Geduld(인내)의 경우 동사에서 파생된 게 아니라, dulden(참다)이란 동사가 명사 die Geduld에서 파생한 것이다. 그 밖에 파생어와 관계없는 Ge-형 명사들의 경우 성이 다르니 주의하여 알아두자. die Geburt 분만, 출산 die Gemeinde 공동체, 기초자치단체 die Gemeinschaft 공동사회 die Gesellschaft 이익사회 der Genosse 동무, 동지, 동료	

5) miss-

합성된 나머지 부분의 뜻을 부정적으로 비틀어 반대의 뜻이 되게 한다.

achten 존중하다	missachten 경멸, 멸시하다
handeln 다루다	misshandeln 잘못/함부로 다루다, 학대하다
die Ernte 수확	die Missernte 흉작
der Elfolg 성공	der Misserfolg 실패
die Geburt 분만	die Missgeburt 기형(심각한 분만의 문제 결과)
die Gestalt 형태, 꼴	die Missgestalt 기형, 괴물
leiten 이끌다	missleiten 그릇 인도하다
verstehen 이해하다	missverstehen 오해하다

6) ver-

명사와 합쳐 동사로 만드는 점에서 be-, er- 와 비슷하다. 동사와 합쳐지면 본래 동사의 결과를 강조한다.

brennen 불타다	verbrennen 태우다, 소실하다(불로 인한 손실)
sinken 가라앉다	versinken 침몰하다, 몰두하다
laufen 뛰다, -방향으로 움직이다	verlaufen 일이 경과, 진행하다. (sich) -길을 잃다
heiraten 누구(4격)와 결혼하다	verheiraten 결혼하다(verheiratet의 과거분사 형태로 주로 쓰인다. 기혼의)
der Film 영화	verfilmen 영화를 만들다
gut 좋은, 유익한	vergüten 보상-변상하다
besser 좋은(gut)의 비교급	verbessern 개선하다
schlechter 나쁜(schlecht)의 비교급	verschlechtern 악화시키다
*ver+비교급+-n = (동사)~하게 하다, ~시키다	

7) zer- : 작게, 잘게 만드는 뜻을 더해 주거나 그런 의미의 동사를 만든다.

brechen 부수다	zerbrechen 산산이 부수다, 부서지다
schneiden 자르다	zerschneiden 잘게, 갈기갈기 자르다
das Teil 조각	zerteilen 작은 조각으로 만들다, 조각조각 무수다
das Fleisch 고기	zerfleischen 고기를 저미다/찢다
klein 작은	zerkleinern 잘게 부수다

4. 접미어 - 꼬리-붙임말

낱말 뒤에 붙어 또 다른 성격의 어휘를 만들어낸다.

1) -bar: ~할 만한 혹은 그 바탕이 될 수 있는

tragen 나르다, 운반하다, 지니다	tragbar 휴대용의, 참을 수 있는
essen 먹다	essbar 먹을 수 있는, 식용의
die Frucht 열매, 결과, 성과	fruchtbar 열매 많은, 다산의, 비옥한, 풍요로운
offen 열린, 미해결의, 솔직한	offenbar 공공연한, 주지의, 명백한

2) -chen: 축소형 어미(성은 항상 중성)

das Kind 어린이, 아이	das Kindchen 꼬마 아이
der Tisch 책상	das Tischchen 작은 책상
die Katze 고양이	das Kätzchen 작은 고양이, 새끼고양이

3) -de: 명사로 만드는 접미어

freuen 기뻐하다	die Freude 기쁨
geloben 약속, 서약하다	das Gelübde 서원, 기원

* 동사에 /-d/가 붙을 경우: /-d/는 영어의 /*-ing*/처럼 현재분사를 만드는데, 현재분사는 형용사로 쓸 수 있고, 형용사는 명사로 만들 수 있다. 이때 명사도 형용사처럼 어미변화 한다. 이 경우와는 다르다.

4) -e: 명사 또는 부사로 만드는 접미어

bitten 부탁하다	die Bitte 부탁
sprechen 말하다	die Sprache 언어, 말
schrauben 나사를 돌리다	die Schraube 나사, 스크루
liegen 누워, 놓여 있다	die Liege 침상(등받이, 팔걸이 없는)
eben 평평한	die Ebene 평야, 평지, 평면, 차원
hoch 높은	die Höhe 높이, 고지
lang 긴	lange 오래, 오랫동안 die Länge 길이

5) -ei(-erei): 여성명사로 만드는 접미어

zaubern 요술, 마술 부리다	die Zauberei 마술, 요술, 마법
drucken 인쇄하다	die Druckerei 인쇄소, 인쇄업
melken 젖을 짜다	die Molkerei 착유, 착유장
das Buch 책, 도서	die Bücherei 문고, 장서, 도서관
der Schneider 재단사	die Schneiderei 재단업, 재봉소

6) -el: 남성명사로 만드는 접미어

decken 덮다	der Deckel 뚜껑
heben 올리다, 일으키다	der Hebel 지레, 레버

7) -eln,-ern, -en: 동사로 만드는 접미어

die Lache 웃음	lächeln 미소 짓다
der Witz 재치, 익살	witzeln 익살부리다, 농담하다
der Spott 조소, 조롱, 비웃음	spötteln 놀리다, 비웃다
der Beginn 시작	beginnen 시작하다)
der Stich 찌름	stechen 찌르다)
der Griff 움켜쥠 → 손잡이	greifen 움켜쥐다)
der Bund 동맹, 연합	binden 묶다, 엮다)
das Land 땅, 뭍, 나라)	landen 땅에 내리다, 착륙, 상륙하다
sicher 안전한)	sichern 안전하게 하다

8) 명사 -en(-ern): -의 속성을 띤(형용사)

das Gold 금	golden 금빛의, 금으로 된
die Wolle 양털, 울	wollen 양털로 만든, 모직의
das Holz 나무	hölzern 나무재질의, 목조의
das Eisen 철, 쇠	eisern 철의, 쇠로 만든

9) -heit(-keit): 추상명사화(반드시 여성명사) -의 특성/속성

verschweigen 말하지 않다, 입을 닫다	die Verschwiegenheit 비밀 지킴, 과묵
verlassen 떠나간, 황량한	die Verlassenheit 황량함, 고적감
der Gott 신	die Gottheit 신성, 신격
der Mensch 인간, 사람	die Menschheit 인간성, 인류
schön 아름다운	die Schönheit 미, 아름다움
heiter 맑게 갠, 명랑한	die Heiterkeit 청명, 쾌활, 명랑
wirklich 현실의 , 실제의	die Wirklichkeit 현실, 실제
einsam 외로운	die Einsamkeit 외로움

10) 명사/형용사 -haft: -다운, -스러운

der Mann 남자	mannhaft 남자다운, 씩씩한
die Sünde 죄	sündhaft 죄 많은, 죄진
krank 병든, 아픈	krankhaft 병적인, 병에 걸린
böse 사악한, 나쁜	boshaft 음흉한, 심술궂은

11) 명사/형용사-haft, -haftig: -의 속성 담은, -같은

der Leib신체, 육신, 몸	leibhaftig 몸을 갖춘, 살아 있는
der Teil 부분, 몫, 편	teilhaftig -에 관여한, 관여된
wahr 참, 진실한	wahrhaf 진실한, 진정(형), 참으로(부) wahrhaftig 참된(형), 정말, 실제로(부)

12) 동사 -er: -하는 사람, ~하는 장치, 기기; 지명+er = ~사람, ~인

backen 빵 굽다	der Bäcker 빵 제조업자, 빵집주인
lehren 가르치다	der Lehrer 교사, 선생님
kochen 끓이다; 요리하다*	der Kocher 찜솥, 레인지(요리사는 der Koch)
senden 전송하다	der Sender 발송인, 방송국, 송신기
das Schaf 양	der Schäfer 양치기, 목자
Berlin 베를린	der Berliner 베를린 사람
Korea 한국	der Koreaner 한국인
-er을 붙여 만든 명사는 항상 남성. 여성형 = -in; 복수-innen Lehrer - Lehrerin - Lehrerinnen; Koreaner - Koeranerin - Koreanerinnen	

13) -(r)ig: (형용사) -한 / -(r)igen: (동사) -하게 만들다

schlafen 자다	schläfrig 졸린
schauern 몸을 떨다, 소나기가 오다	schaurig 두려운, 소름끼치는
die Freude 기쁨, 즐거움	freudig 기뻐하는, 명랑한
die Anmut 애교, 기품	anmutig 기품 있는, 우아한
der Berg 산	bergig 산이 많은, 산지의
die Sünde 죄악, 죄	sündigen 죄짓다, 죄를 범하다
rein 깨끗한	reinigen 청소하다
dort 저기, 거기	dortig 저기의, 그곳의

14) -in: 남성명사 뒤에 붙어 여성형을 만든다. 이때 복수형은 /-nnen/

der Lehrer 교사, 선생	die Lehrerin 여교사, 여선생 Lehrerinnen
der Löwe (숫)사자	die Löwin 암사자, 암컷 사자 Löwinnen

15) -(r)isch: -같은, -이 들어 있는

malen 그림 그리다	malerisch 그림 같은, 화가의
zeichnen 스케치, 도면 그리다	zeichnerisch 도안의, 소묘의
der Alkohol 알코올	alkoholisch 알코올이 함유된
die Laune 기분, 변덕	launisch 변덕이 심한
der Himmel 하늘, 천국	himmlisch 천상의
die Chemie 화학	chemisch 화학적인, 화학의
der Franzose 프랑스사람	französisch 프랑스의, 프랑스어의

16) -lein: 축소형 명사, 중성(이젠 잘 쓰이지 않음)

der Mann 사람	das Männlein 난장이
die Rose 장미	das Röslein 작은(귀여운) 장미
die Frau 여성(원래 주인마님 Herr의 부인-안주인)	das Fräulein 규수, 아기씨

17) -lich: 형용사, 부사로 만드는 접미어

erfreuen 즐거워하다	erfreulich 즐거이, 기쁜
wissen 알다	wissentlich 알고 있는, 고의의
der Freund 친구	freundlich 친절한, 친하게
die Angst 불안, 걱정, 두려움	ängstlich 근심스런, 걱정스럽게

18) -ling: -속성 있는 사람

strafen 벌주다, die Strafe 벌, 처벌, 형벌	der Sträfling 죄수
saugen (젖을)빨다	der Säugling 젖먹이, 갓난아이
jung 젊은	der Jüngling 젊은이, 청소년
schwach 나약한	der Schwächling 허약자, 겁쟁이

VII. 주어와 동사의 위치에 따른 문장 규칙

문장과 관련한 문법만 해도 문장의 종류(서술문, 의문문, 감탄문, 명령문 등)를 알아야 하고, 다시 시제에 따른 문장(완료문)과 접속사의 존재 여부에 따른 문장(주절, 종속절, 단문, 복문, 중문) 등이 다루어져야 한다. 그런데 독일어에서는 여기에다 다시 조동사의 유무와 종류에 따라서도 본동사의 모양과 위치가 달라진다. 여기서는 주로 문장에서 주어 동사의 위치를 중심으로 한 문장의 기본지식만 모아 놓았다.

유럽어 문장의 주요 특징은 다음 두 가지다. 첫째, 적어도 같은 문단에서는 같은 단어를 되풀이하지 않는다. 둘째, 어순도 되도록 다양하게 한다. 그중에서 독일어는 저 두 번째 특징을 특히 효과적으로 살릴 수 있는 문법구조다. 다음 보기를 보자.

한스는 친구와 함께 숲에서 아주 커다란 나무 위의 집을 짓는다.

1) Hans baut im Wald mit seinem Freund ein riesiges Baumhaus.
2) Hans baut ein riesiges Baumhaus im Wald mit seinem Freund.
3) Im Wald baut Hans mit seinem Freund ein riesiges Baumhaus.
4) Mit seinem Freund baut Hans im Wald ein riesiges Baumhaus.
5) Ein riesiges Baumhaus baut Hans im Wald mit seinem Freund.
6) Hast du gehört, dass Hans ein riesiges Baumhaus im Wald mit seinem Freund baut? (부문장: 한스가 친구와 함께 숲에서 아주 커다란 나무 위의 집을 짓는다는 말 들었니?)

보기에서 보듯이 문장에서 어순이라고 하면 기본이 1)과 2)처럼 주어(Subjekt) 다음에 동사(Verb)(S+V….)가 나온다. 이것이 기본 어순, 또는 정상적인 어순(정치定置-정해진 원래 위치)이다. 그래서 독일어나 영어를 일러 SVO언어라고 한다. 주어가 동작을 하고 그 동작을 그 뒤 목적어가 받도록 하는 순서다. 그에 반해 한국말은 SOV다. 곧, 주어가 목적어를 놓고 행위, 동작을 한다. 그런데 영어에 비해 독일어는 어순이 무척 다양하다. 3), 4), 5)처럼 주어 앞에 다른 낱말이 오면(예외: aber, oder, und, denn 그리고 감탄사) 동사 다음에 주어가 오는(V+S….) 문장 꼴이 된다. 물론 의문문이나 명령문의 경우에는 어법상 당연히 도치문장(도치"置-동사와 주어 위치가 뒤집어진)이 된다. 그런데 보기 6)을 보면 접속사 가운데 절을 이끄는 것일 경우 동사가 문장이나 절의 맨 뒤에 온다(S + … + V.). 그래서 후치문장(후치"置-동사가 문장 맨 뒤에 놓임)이다. 따라서 독일어 문장은 동사의 위치에 따라 크게 1) 정치문(S + V ….), 2) 도치문(V + S….), 3) 후치문(S + … + V.), 이렇게 3가지로 구분한다.

1. 정치문(S + V ….)

1) 주어 앞에 나와도 도치를 일으키지 않는 낱말들: aber, oder, und, denn, 감탄사

Hans baut im Wald mit seinem Freund eine riesige Baumhütte.
Hans baut eine riesige Baumhütte im Wald mit seinem Freund.

Du gehst, aber ich bleibe. 넌 가지만, 난 남는다.
Komm her, oder es gibt Ärger! 이리 와, 그렇지 않으면 혼날 줄 알아!
Die Sonne scheint und es wird warm. 해가 비치고 따뜻해진다.

2) 접속사 없이 쉼표(/,/)로 이어지는 문장

감탄사나 사람을 부르는 소리(호명) 다음에 쉼표가 와도 마찬가지다.

Ich glaube, Hans baut eine riesige Baumhütte im Wald. (내 생각에)한스가 숲에서 커다란 원두막 집을 짓는 것 같아.
Ich denke, er liest das Buch noch. 그는 아직도 그 책을 읽을걸.
Herr Schweinsteiger, Sie sind ja sehr nett. 슈바인슈타이거 씨, 당신 정말 친절하시군요.
Ach, ich habe alles verloren. 아, 난 모든 걸 잃고 말았어.

2. 도치문(…V + S.)

1) 주어 앞에 다른 단어가 나올 때

주어 앞에 다른 단어가 나오면 주어+동사의 위치가 동사+주어로 뒤집어진다(예외: aber, oder, und, denn, allein, nämlich, sondern, 감탄사).

Im Wald baut Hans mit seinem Freund eine riesige Baumhütte.
Mit seinem Freund baut Hans im Wald eine riesige Baumhütte.
Eine riesige Baumhütte baut Hans im Wald mit seinem Freund.
(예외: Er kommt heute nicht in die Schule, denn er ist krank.-정치)

2) 의문문

Baut Hans eine riesige Baumhütte im Wald mit seinem Freund?
Sind Sie ledig? Nein, ich bin verheiratet. 미혼이신가요? 아뇨, 기혼입니다.
Hast du Zeit? Nein, leider muß ich für die Matheprüfung lernen. 시간 있니? 아쉽지만 수학시험 공부를 해야 해(leider 때문에 도치).
Warum schläfst du im Unterricht? 왜 수업시간에 자니?

* 간접의문문의 경우에는 영어와 마찬가지로 동사가 후치된다.

Wann kommst du? - Was hast du gesagt? - Ich fragte dich, wann du kommst. 언제 오니? - 뭐라고 했니? - 네가 언제 오느냐고 물었어.

3) 명령문

Sie: 동사원형 + Sie… (sein 동사의 경우에만 seien)
Du: 명령형 어미변화…
Ihr: 어미의 인칭변화…

Bitte, kommen Sie her! 이쪽으로 좀 오세요.
Fahren Sie vorsichtig! 조심해서 운전하세요/차길 조심하세요.
Bitte, komm her! Fahr vorsichtig!(du)
Bitte, kommt her! Fahrt vorsichtig!(ihr)
Seien Sie still! Seien Sie ruhig! 조용하세요.
Arbeiten Sie fleissig! 부지런히 일하세요!
Sei still! Sei ruhig. 조용해!
Arbeite fleissig! 부지런히 일해.
Seid still! Seid ruhig. 조용해 들!
Arbeitet fleissig! 부지런히들 일해!

3. 후치문(S + …V.)

문장 끝에 동사가 오는 걸 좁은 의미의 후치(뒤에 위치, 놓임) 문장이라고 한다. 독일어에서는 그 밖에도 문장 끝에 중요한 성분(대게 동사와 연결되는)이 오는 경우가 있다. 첫째, 분리전철이다. 분리전철은 정치문이나 도치문에서는 동사와 떨어져서 문장 끝으로 가서 의미를 새삼 확인시키며 문장을 닫는다. 둘째, 조동사가 있을 때 본동사가 맨 뒤로 간다. 조동사에는 화법조동사, 완료형 조동사, 수동태 조동사 따위가 있다. 이 경우 좁은 의미의 후치문이라면 조동사가 문장 맨 끝으로 가야 하지만, 본디 앞에 있어야 할 문장성분(전철, 본동사)이 문장 맨 끝에 가는 경우도 넓은 의미의 '후치'로 보자. 좁은 의미의 후치문이라면 딸림문장, 즉 종속절뿐이다.

넓은 의미의 후치를 본 다음 좁은 의미의 전형적인 후치문을 살피도록 하자. 후치문은 모두 딸림문장(종속문장)이라고 보면 된다. 따라서 종속접속사가 있거나 관계대명사 혹은 관계부사가 있어야 한다.

1) 분리전철: be-, ge-, er, ent-, emp-, ver-, zer-, miß-

분리전철은 정치문이나 도치문에서는 분리되어 맨 뒤로 간다.

Wann kommen Sie am Flughafen Incheon an? 언제 인천공항에 도착하시죠? Am Flughafen Incheon komme ich um 6 Uhr an. 인천공항에 정각 6시에 도착합니다(ankommen).

Ich hole Sie dann vom Flughafen ab. 그러면 공항에서 제가 마중 나가 모셔오도록 하겠습니다(abholen).

수많은 분리전철을 따로 욀 필요 없이 비분리, 즉 떨어질 줄 모르는 전철을 외는 게 낫다. 이를테면 3-2-3의 리듬도 하나의 방법: 베-게-에어 be-ge-er / 엔템프ent-emp / 페어-체어-미스 ver-zer-miß

2) 조동사가 있을 때 동사원형(주어+화법조동사 … V원형)

화법조동사(Modalverben)에는 können(can), dürfen(may), müssen(must), sollen(shall), wollen(will), mögen(want) 등이 있다. 이런 화법조동사가 문장에 나오면 본래 동사는 원형(Infinitiv-기본형, 부정형 = 아무 변화가 없는 상태) 꼴로 문장 끝에 가서 화법 조동사가 덧붙인 뜻(가능/능력, 허가, 의무/필연, 당위/책임, 의지, 선호)을 담아 마무리하며 문장을 닫는다.

dürfen

허가, 허락의 뜻을 본동사에 얹는다. Auf dem Parkplatz darf man nur eine Stunde parken. 이 주차장엔 딱 한 시간만 주차할 수 있다.

Das dürfen wir auf keinen Fall tun, das ist doch verboten! 그런 일은 결코(무슨 일이 있어도/어느 경우든) 해서는 안 돼. 그건 금지된 일이잖아.

Das darfst du nie vergessen(verlieren)! 이건 결코 잊어버리면(잃어버리면) 안 돼!

Darf ich euch zur Pizza einladen? 내가 너희들 피자 값 계산해도 (너희에게 피자를 사도) 될까?

können

가능성, 능력, 허가 Man kann heute baden gehen, es ist warm genug. 오늘은 수영가도 되겠어. 날씨가 그만큼 따뜻해.

Mein Opa kann den Brief nicht lesen, er sieht schlecht. 우리 할아버지는 그 편지를 읽을 수가 없어. 시력이 무척 좋지 않으셔.

Wer mit dem Test fertig ist, kann nach Hause gehen. 시험 끝난 사람은 집에 가도 된다.

mögen

바람/욕구, 양보, 간접 요구 Möchtest du heute abend mit ins Kino kommen? 오늘 저녁 함께 영화관에 갈래?(VIII-3 접속법 2식 참조)

Sie mag nicht mit dem Flugzeug fliegen. 그 여자는 비행기 타는 걸 좋아하지 않는다.

Möchte es doch bald regnen! 제발 곧 비가 좀 왔으면!(☞ VII-2 접속법 1식에서 기원문 참조)

Mag es auch kalt sein(Wie kalte es auch sein mag), ich komme trotzdem. 아무리 추워도 난 기어코 온다. * 양보: 이유 없이 도치된 경우라면 접속사가 생략된 것으로 보아야 한다.

Sie hat mir gesagt, ich möge nicht auf sie warten. 그 여자가 말하기를, 기다리지 말라는 거야[☞ VIII-2 접속법 1식에서 1) 간접화법 참조].

müssen

필연/의무 Alle Menschen müssen sterben. 사람은 모두 죽기 마련(죽을 운명)이다.

Der Junge muß viel arbeiten, um an der Universität studieren zu können. 그 남자 아이 대학에서 공부할 수 있으려면 공부를 많이 해야만 한다.

Du musst ins Konzert mitkommen. 넌 꼭 콘서트에 함께 가야만 해. ☞ Ⓐ Du musst nicht ins Konzert mitkommen. = Du brauchst nicht ins Konzert mitzukommen. 넌 콘서트에 함께 갈 필요 없어(*need not, don't have to*).

과거 사실을 표현할 때 반드시 일어났음에 틀림없다는 뜻을 표현할 때도 쓴다. Er musste in der letzten Woche nach Hause fahren, weil seine Mutter krank ist. 지난 주 그는 차로 집에 갔을 게 틀림없다. 그의 엄마가 편찮으시니까.

2인칭 상대에게 반드시 들어주어야 한다는 뜻을 실을 때-마땅하다는 sollen보다 절박함 강조. Du musst mir unbedingt helfen. 너 나 꼭 좀 도와주어야만 한다. = Du sollst mir helfen.-Ich fordere dich auf, mir zu helfen. 나 좀 도와줘야 해. 나 좀 도와주었으면 해.

sollen 마땅히 해야 하거나, 하면 안 될 금지, 다른 사람이 맡긴 일/책임, 미래/운명, 간접요구/제3자의 주장 Du solltest nicht so viel trinken! 넌 술을 그렇게 많이 마시면 안 돼! (dürfen과 비교하면 dürfen이 더 직접적 금지-'불허' / sollen은 그에 비해 십계명이나 계율처럼 마시지 않는 게 지당함/마땅함.)

Alle Menschen sollen gleich behandelt werden. (☞ 화법조동사 있는 수동태: 화조 + pp. werden) 사람은 마땅히 평등하게 대우받아야 한다. 사람은 모두 평등하게 대우해야 하는 법이다.

Ich soll Wasser holen. 나더러 물을 떠오래. 나 물 뜨러 가야 해. Ich habe den Auftrag, Wasser zu holen. 물 떠오란 지시를 받았어(제3자 의지).

Sie hat mir gesagt, ich soll mal im Internet nachschauen. 그 여자 나더러 하는 말이, 인터넷 좀 살펴보래(간접화법 또는 제3자의 의지).

Wir sollten bereits das Ziel erreicht haben. 우리 진즉 목표에 다다랐어야 하는데. 목표 진즉 달성했어야 하는데(마땅함).

Falls wir im Lotto gewinnen sollten, kaufe ich dir einen Sportwagen. 내 로토라도 당첨된다면야, 네게 스포츠카 하나 사지(가정).

Der Junge, der später König werden sollte, war schon damals weise. 나중에 왕이 될 운명의 그 사내아이는 벌써부터 현명하였다(운명).

wollen 의지, 의도, 바람, 미래 Ich will morgen zum Friseur gehen. 내일 미용실에 가야지.

Diesmal will ich dir noch verzeihen.-Diesmal verzeihe ich dir noch. 이번까지는 널 용서할게.

Ich will hier warten, bis du zurückkommst. 네가 돌아올 때까지 여기서 기다릴게.

Ganz wie Sie wollen. 원하시는 대로 얼마든지요. 얼마든지 하시고 싶은 대로 하시지요.

Was willst du denn? 대체 바라는 게 뭐야?

3) 완료형 조동사와 과거분사(주어+haben/sein … 과거분사)

haben과 sein은 조동사뿐 아니라 여러 기능이 있지만, 여기서는 완료형을 만드는 조동사로 본다. 이 문장에서 원래 동사는 과거분사(pp.)의 모습으로 문장 맨 뒤로 간다.

완료형이란 동사로 표시된 행위가 궁극적으로 끝이 났다, 마무리 되었다는 의미라서 완료(Perfekt)란 말을 썼다. 하지만 그래서는 과거형과 의미 구분이 쉽지 않다. 특히 완료용법이 없는 우리말로 옮기기가 어렵다. 과거란 단순히 행위나 사건이 이전에 있었다는 걸 말할 뿐이다. 옛날 이야기는 그래서 늘 과거형이다. 반면, 완료형은 동작이나 사건의 종결을 강조하기도 한다. 그렇지만 이전 시제의 사건이나 행위가 다음 시제에 영향을 미치는 걸 표현할 때 편리하다. 현재완료(주어 + haben/sein … pp.)란 과거 행위나 사건이 현재에 영향을 미치는 걸 표현한다(너무 많이 먹었다는 말을 현재완료형으로 했다면 = 그래서 지금도 속이 거북해/배가 든든하다는 뜻이 담긴다.). 따라서 현재에 영향이 미치지 않는다면 그저 과거시제로 표현하면 그만이다. 그 전에 과거에 영향을 미친 행위라면 과거완료(hatten/waren … pp.). 그에 반해 미래완료(werden … pp + haben/sein.)란 정말 말 그대로 미래 어느 시점에 행위가 마무린 된 상태를 말한다.

haben과 sein의 구분은 sein이 필요한 동사들만 외우고, 나머지는 haben이라 생각하자. 완료형에서 sein이 필요한 동사들-'왕래발착', 그러니까 장소 이동을 나타내는 동사들(gehen, kommen, fahren, laufen, steigen etc.)과 상태의 변화(sterben-죽다: 삶에서 죽음으로, wachsen-자라다:小→大), sinken 가라앉다; einschlafen 잠들다 etc.)와 sein, bleiben, werden, gelingen, geschehen, entstehen, passieren, begegnen, folgen 등이 있다.

Ich habe zu viel gegessen. 나 너무 많이 먹었어. (과거에 완료된 먹는 행동인데, 그것이 현재에도 영향을 미친다. ☞ 그래서 속이 거북해. / 더 먹을 마음이 없어 / 포만감과 행복감을 느껴.)

Ich hatte zu viel gegessen. 과거완료-너무 많이 먹었어. (그래서 아까 병원에 입원을 하고 말았어. 어제 저녁을 먹지 못했어. 어제 소화제를 먹어야 했어.)

Ich werde dann zu viel gegessen haben. 미래완료인데, 이건 문법에서나 통하지 사실 잘 쓰이지 않는 문장이다. 아무튼 이렇게 상상해보자. 뷔페에 갈 텐데. 나올 때쯤엔 보나마나 식탐 많은 나는 너무 많이 먹고 난 상태가 되겠지.)

Gestern Nacht ist er zu spät eingeschlafen. So ist er heute morgen auch zu spät aufgestanden. 어제 밤에 그 애는 너무 늦게 잠들었어. 그래서 오늘 아침에도 너무 늦게 일어났지.

Gestern war er zu spät in der Schule. War er denn auch vorgestern zu spät schlafen gegangen? 어제도 학교에 늦었는데. 대체 그제도 잠자리에 늦게 들었던 거야?

4) 수동태에서 과거분사(주어 + 수동태 조동사 werden/sein … V과거분사)

수동(受動)이란 피동(被動)이라고도 하는데, 주어가 동작을 입는 것, 당하는 것을 말한다. '때리다'는 동사라면 피동은 때림을 당하다, 곧 '얻어맞다'가 된다. 이처럼 우리말에는 입음꼴 동사가 따로 있는 경우가 많되, 유럽 말이나 일본어 같은 수동태는 없었다. 지금은 이들 말을 배운 사람들이 우리말에 적용시켜 쓰는 바람에 이상한 수동태, 과도한 수동태 꼴이 많다(보여진다, 되어진다, 잊어진다...). 다 오류고 제대로 하면, 보이다, 되다, 잊히다로 써야 한다. 독일어에서는 이를 수동태 문장으로 바꾸는 문법을 만들어 주로 이 형식으로 표현한다. 바로 "werden … pp."(동작일 때)와 "sein … pp."(상태일 때)다. 동작의 행위자를 표시할 때는 von을 쓴다(영어의 *by*). 시제는 werden과 sein을 변형하여 표현한다. 다만 완료형일 때 werden은 sein과 결합하며, 이때 과거분사는 geworden이 아니라 worden의 형태로 쓰인다(영어는 구분 없이 *be + pp. … by*).

werden은 수동태를 만드는 조동사로 쓰일 뿐만 아니라 미래에 일어날 일을 표현하는 조동사로도 쓰인다. 그 밖에 일반동사로도 쓰이는데, 이때의 werden은 영어의 become과 같은 뜻이다. 과거분사의 모습은 조동사일 때 worden이고, 일반동사일 때 geworden이다.

Der Lehrer schenkt dem Schüler das Buch. ☞ Das Buch wird dem Schüler vom Lehrer geschenkt. 그 책은 선생님이 그 학생에게 선물하였다. (우리말에 수동태 형식이 따로 없기에 이를 직역해서-"그 책 선생님에 의해 그 학생에게 선물되었다."고 한다면, 엄밀히 우리말이 아니다. 자주 눈에 띄지만, 옳은 건 아니다.)

Er wurde (von jemandem) getötet. = Man tötete ihn. 그는 누군가에게 죽임을 당했다. Er wurde (von jemandem) ermordet. = Man ermordete ihn. 그는 살해당했다.

Du hast ihn geliebt. ☞ Er ist von dir geliebt worden. 네가 그를 사랑했어.(그러니 용서해야/그래서 이런 결과가 나왔다. 또는 그 결과를 받아들여야.)

Er nennt mich einen Narren. ☞ Ich werde von ihm ein Narr genannt. 그는 나를 바보라고 부른다.

Ich lehre euch Deutsch. ☞ Ihr werdet von mir Deutsch gelehrt. ☞ Deutsch wird euch von mir gelehrt. 내가 너희에게 독일어를 가르친다.-너희 독일어는 내가 가르친다.

Niemand kann mich schlagen. ☞ Ich kann von niemandem geschlagen werden. 아무도 날 때릴 수 없다/이길 수 없다.

Meine Freundin hilft deiner Mutter. ☞ Es wird deiner Mutter von meiner Freundin geholfen. / Deiner Mutter wird von meiner Freundin geholfen. 내 여친이 네 엄마를 도와. (능동태 동사의 4격 목적어만이 수동태에서 주어가 될 수 있다. 4격 목적어가 없거나, 전치사의 목적어일 때 es로 가주어를 삼는다. 도치되면 굳이 es를 남기지 않고 생략한다.)

Man tanzt die ganze Nacht am Freitag. ☞ Es wird am Freitag die ganze Nacht getanzt. 금요일엔 밤새 춤을 추지. (특정인이 아닌 man이 주어일 때 수동태를 만들려면 man은 빼고 es를 가주어로 삼는다. die ganze Nacht는 4격이지만 목적어가 아니다. 시간의 명사는 4격으로 부사 노릇을 한다.)

Die Tür ist geschlossen. 문은 닫혀 있다(상태). Die Tür wurde vom Wind geschlossen. 문이 바람에 닫혔다(동작).

Du wirst geimpft. 넌 예방접종 받는다. Du bist nun geimpft. 이제 넌 예방접종 받은 상태다.

* 현재: Er impft. = 이 문장이 성립하려면 목적어가 필요하다. impfen이 타동사기 때문이다. 그러면 다른 누군가를 impfen해야 한다. 그러나 예방 접종 대상이 /er/라면 재귀대명사 sich를 쓰고, 또 그 주체가 er가 아니라면(자기 스스로 주사를 놓는 건 드무니까), 누군가에게 놓아달라고 해야 하니 이른바 '사역동사'인 /lassen/(*let*)이 와야 한다. 수동태에서는 동작/행위 대상이 /er-sich/가 되기에 문제없다. Er läßt sich impfen lassen. => Er wird geimpft.-Er ist geimpft.

과거: Er ließ sich impfen.-Er wurde geimpft.-Er war geimpft.

현재완료: Er hat sich impfen gelassen.-Er ist geimpft worden.-Er ist geimpft gewesen.

과거완료: Er hatte sich impfen gelassen.-Er war geimpft worden.-Er war geimpft gewesen.

미래: Er wird sich impfen lassen.-Er wird geimpft werden.-Er wird geimpft sein.

미래완료: Er wird sich impfen gelassen haben.-Er wird geimpft worden sein.-Er wird geimpft gewesen sein.

* *werden*과 동사 원형이 어울리면 미래가 된다(수동태에서는 동사 원형이 아니라 과거분사).

Ich werde dich besuchen. Du wirst von mir besucht werden.

* werden이 단독으로 쓰이면 일반동사로 '생성', '-되다'(*become*)는 뜻이다.

Es werde Licht. 빛이 있으라. 빛 생겨라!
Was wird aus ihm? 그가 뭐가 될까?
Was ist daraus geworden? 그것이 뭐가 되었어?
Später werde ich Lehrerin. 미래에 난 선생님이 될 거야.
Er ist 18 geworden. 그는 열여덟 살이 된 상태였다.
Es war schon dunkel geworden. 어느새 어두워졌다.

5) 딸림문장(종속절)

정치문이나 도치문은 으뜸문장(주절)에서만 오는 것이고, 딸림문장(종속절)에서는 반드시 후치의 형태가 된다. 딸림문장을 만드는 것으로는 종속접속사, 관계대명사, 관계부사가 있다.

(1) 딸림(종속)접속사

으뜸문장의 사건에 시간, 조건, 이유 등을 담는 딸림문장을 이끄는 말을 딸림접속사 또는 종속접속사라 한다. 여기에는 다음과 같은 것들이 있다. als, wenn, bevor, ehe, indem-während, nachdem, weil-da, ob, dass, wie

als 과거 한 번 일어난 일, 그 일이 일어났을 때를 나타냄 *when/as*

Als ich gestern nachmittags die Hausaufgabe machte, besuchte er mich. 어제 오후 숙제를 하는데, 그가 날 찾아왔다.

Als er nach Hause kam, war seine Frau schon weg. 그가 집에 왔을 때, 그의 부인은 이미 떠난 상태였다.

Die Sitzung dauerte länger, als ich gedacht habe. 내가 생각했던 것보다 그 회의는 오래 걸렸다. (비교급과 같이 쓰이면서 절을 이끈 경우)

wenn 되풀이될 수 있는 일(~할 때마다), 조건 *when, if* Wenn es Abend wird, wird es rasch kühl. 저녁이 되면 날씨가 금방 서늘해진다(저녁마다).

Komm vorbei, wenn du Lust hast. 마음 내키면 (아무때나) 들려(조건).

Wenn ich morgen Zeit habe, besuche ich dich. 내일 시간 있으면 찾아갈게(조건).

Wenn ich reich wäre, würde ich mir einen Sportwagen kaufen[☞ VIII-3접속법2식 2) 가정법 참조-비현실적 바람/가정]. 내 부자라면 스포츠카 하나 살 텐데(=난 부자가 아니라서 스포츠카 살 처지가 아니다.)

*접속법2식으로 쓰면 현실성이 현저히 떨어진다. 앞의 시간 있으면(Zeit habe)이란 가정은 가능성이 꽤 있지만, 부자라면(reich wäre) 현실의 내가 부자가 아니란 말을 하는 것이다.

bevor, ehe ~ 하기 전에(*vor*는 전치사라서 뒤에 동명사가 오면 비슷한 뜻이 될 수 있다.) *before, til* Du musst dich noch umziehen, bevor wir ins Theater gehen. 우리 극장에 가기 전에, 넌 옷을 좀 갈아입어야만 해.

Der Winter muss enden, ehe der Sommer kommt. 여름이 오기 전에 겨울은 끝날 수밖에 없다.

nachdem ~하고 난 뒤로, 다음에 *after, when* Nachdem er mich geschlagen hatte, ging er nach Hause. 나를 두들겨 패고 난 뒤 그는 집으로 갔다(과거완료). = Er ging nach Haus, nachdem er mich geschlagen hatte. = Er ging, nachdem er mich geschlagen hatte, nach Hause.

indem ~ 하는 가운데, 하면서 *while* Er erreicht sein Ziel, indem er alle seine finanziellen Mittel einsetzt. 자기가 가진 재정수단을 몽땅 들이부어 가며 자기 목표에 다다랐다.

Indem sie mir in die Augen ansieht, sagt sie leise: "Ich hab dich gern." 그 여자 내 두 눈을 들여다보며 낮은 목소리로 말했다. "나 너 좋아해."

während ~ 하는 동안에(전치사로는 2격 지배, 이 전치사와 명사 형태를 잘 활용하면 비슷한 표현을 나타낼 수도 있다.), ~ 인 반면에 / ~ 하는 한편 *while, as, when*

Während ich weg war, rief jemand mich an. = Während meiner Abwesenheit, rief jemand mich an. 나 없는 동안 누군가 내게 전화를 했다.

Während du in der Schule bist, gehe ich einkaufen. 너 학교 있는 동안, 난 장본다.

Die meisten sind unzufrieden mit der Prüfung, während einige damit sehr zufrieden sind. 서넛이 시험에 매우 만족한 반면에 대부분은 만족해하지 않는다.

weil / da 이유를 나타내는 딸림절을 이끈다. *denn*의 경우에는 어순에 아무 영향을 미치지 않으면서 이유를 나타낼 수 있다(☞ *denn*). *wegen*의 경우는 2격 지배 전치사로 이유의 뜻을 담은 명사와 함께 이유를 나타낼 수 있다. *da*는 여러 가지 역할을 하지만, 원인을 나타내는 접속사로 쓰일 때에는 동사를 반드시 후치시킨다. *weil*과 같다. *as, because* Julia kommt heute (deswegen) nicht in die Schule, weil(da) sie gestern notoperiert wurde. 율리아는 오늘 학교 오지 않았는데, 어제 응급 수술을 받았기 때문이다. = 율리아는 어제 응급수술을 받은 탓에 오늘 학교에 오지 못했다.

Weil(Da) er sparsam war, lebt er immer noch wohl. 그는 절약하며 살았기 때문에 아직도 여전히 잘 산다.

ob 난 네가 날 사랑하는지 어쩐지 모르겠다. 이럴 때 "~ 인지, 아닌지"라는 간접의문문을 이끄는 접속사다. 따라서 안은문장(으뜸절)의 동사는 대게 '궁금해 하다, 검사하다, 묻다, 따지다' 따위의 의미를 깆는다. *if, whether* mögen/wollen wissen, ob... = hätte gern gewußt, ob... ...인지 아닌지 알고 싶다

es ist fraglich, ob... = man muss prüfen(überprüfen), ob... 인지 의심스럽다, 검사(재검)해보아야 한다

es läßt sich wundern, ob... 인지 놀랍다

Sie fragt mich, ob ich einen Hund habe. 그 여자는 내게 개가 있느냐고 물었다.

중요한 두 가지 용법 egal ob~(~와 상관없이); als ob~(주로 접속법 2식-마치 ~라도 되는 듯, ~이기나 하다는 듯)

Egal ob du mikommst (oder nicht), ich fahre morgen bestimmt

ab. = Ich fahre morgen bestimmt ab, auch wenn du nicht mitkommst. 네가 함께 가든 가지 않든나는 내일 반드시 떠난다. = 비록 네가 함께 가지 않는다 하더라도 난 내일 꼭 떠난다.

Sie tut, als ob sie mich wirklich liebt. 그 여자는 정말로 나를 사랑하는 척했다. 나를 사랑이라도 하는 듯이 굴었다.

dass (*that*) 부문장을 이끄는 대표적인 종속접속사. "~한 것", "~란 사실" 따위로 옮긴다. 특별히 다른 곁뜻(뉘앙스)을 품지 않은 채 안긴문장(딸림절)을 이끌기에 가장 널리 쓰인다. 2006년 8월 1일부터 옛 *daß* 꼴을 *dass*로 대체하게 됐다.

Er sagte, dass es ein Problem für ihn sei.(접속법 1식-간접화법) - 그는 말하기를, 그게 자신의 문제란다.

Es freut mich besonders, dass du mir schreiben willst. (*it - that*) 네가 나한테 편지 쓰려고 했다는 사실이 특히 기뻐.

Ich mochte ihn, ohne dass ich je zuvor von ihm gehört hatte. 그 전에 그 사람에 대해 그 무슨 말도 들어본 적 없는데도 그가 좋았어.

Kaum dass ich ihn gesehen hatte, wurde mir auch schon schwarz vor Augen. = Sobald ich ihn gesehen hatte, ... 그를 보자마자, 이미 눈앞이 깜깜해졌다.

Es war so traurig, dass ich heulen musste.(*so - that*) 너무나도 슬퍼 대성통곡할 수밖에 없었다. - 너무 슬픈 나머지 큰 소리로 울고 말았다(*so - that*).

wie *how*와 *as* 등 여러 가지 뜻이 있지만, 여기서는 '어떻게' 또는 '~한 모습 / 꼴'로 옮길 수 있는 딸림문장을 이끄는 종속접속사.

Ich liebe dich, wie du bist. 난 있는 그대로의 너를 좋아한다.

Es zeigt sich, wie kompliziert die Arbeit ist. 그 일이 얼마나 복잡한지 드러난다.

Wie du willst/magst! 네가 바라는 대로/하고 싶은 대로, 너 좋을 대로!

(2) 관계대명사

같은 주어 또는 대상이 나란히 있는 두 문장에 함께 있을 때, 그 같은 것을 관계의 매개로 삼아(선행사와 관계대명사) 두 문장을 하나로 합칠 수 있다. 이때 관계 대명사의 성과 수는 해당 명사(선행사)에 의해 정해지고, 격은 관계문(딸림문장)에서 동사나 전치사가 요구하는 격에 따라 결정된다(앞의 III.2. 관계대명사 및 5. 의문대명사와 관계대명사 참조).

Da steht ein Mann. Der Mann ist mein Vater. => Der Mann, der da steht, ist mein Vater. 저기 서 있는 남자가 우리 아빠다.

*처음 나오는 명사는 그 성에 따라 어울리는 부정관사 - 아직 알려지거나 정해지지 않아서 -를, 이미 언급된 경우에는 정해졌기에 정관사를, 그리고 정관사로 받은 다음에는 인칭대명사(독일어 명사는 모두 성이 정해져 있으니까.)를 쓸 수 있다.

* 선행사가 정해진 경우에 쓰는 관계대명사(der/welcher)와 선행사가 없을 때 쓰는 관계대명사(사람-wer / 사물-was)가 있다.

	남 성	여 성	중 성	복 수
1격	der welcher	die welche	das welches	die welche
2격	dessen	deren	dessen	deren
3격	dem welchem	der welcher	dem welchem	denen welchen
4격	den welchen	die welche	das welches	die welche

Das ist ihr Vater, der/welcher mich anruft. 내게 전화건 사람은 그 여자의 아버지다.

Sie ist die Lehrerin, deren Sohn der berühmteste Schüler in der Schule ist. 이 학교에서 가장 유명한 학생을 아들로 둔 여선생님이 저분이야. 저분이 바로 이 학교에서 가장 유명한 학생을 아들로 두신 여선생님이야.

Das Mädchen, mit dem/welchem du ins Konzert gegangen bist, ist meine Schwester. 네가 함께 콘서트에 갔던 그 여자애가 바로 내 여동생(누이)이야.

Die Bücher, die/welche ich gestern gekauft habe, sind gebraucht. 내가 어제 산 책들은 중고야.

* 선행사가 없을 때에는 결국 "-하는 사람"(wer), "-인 것"(was)의 형태가 된다(영어의 who, what). 격변화 wer-wessen-wem-wen; was-wessen-X-was. was의 경우 3격이 없다. 3격 지배 전치사의 목적어가 될 경우 뒤에 관계부사에서 보듯이, wo-전치사 꼴로 쓴다. 이때 전치사가 모음으로 시작될 경우 발음의 편의를 위해 /-r-/을 끼워 넣는다(womit, wonach, wozu, woran etc).

	wer	was
1격	wer	was
2격	wessen	wessen
3격	wem	X
4격	wen	was

Wer in der Schule fleißig lernt, der kann eine gute Note erwarten. 학교에서 공부를 열심히 한 사람은 좋은 성적을 기대할 수 있다. 선행사 없이 쓰이는 관계대명사 절이 앞에 놓인 경우, 격을 확인하는 차원에서 이렇게 der로 받아 으뜸문장을 만든다. der는 그 절 안의 역할에 따라 격변화.

Wessen Hand auch kalt ist, dessen Herz kann doch warm sein. 아무리 손이 차가운 사람이라도 마음은 따뜻할 수 있다.

Ehre, wem Ehre gebührt! 기려 마땅한 사람을 기려라(존경해라)!

Wen man liebt, den möchte man nicht gern verlieren. 좋아하는 사람은 잃고 싶지 않은 법이다.

Was man einmal verspricht, (das) muß man unbedingt halten. 일단 한 번 약속한 것은 무슨 일이 있어도 지켜야 한다. wer를 der로 받듯이, was는 das로 받기도 한다.

Man darf nichts tun, was verboten ist. 금지된 일이라면 해서는 안 된다. was의 경우 이처럼 선행사가 오기도 하는데, 대체로 부정대명사(etwas, nichts, alles, vieles, weniges, manches, einiges etc.)가 많다.

Sie fragte mich nur etwas, wovon ich keine Ahnung habe. 그 여자는 하필이면 꼭 내가 모르는 것만 물었다.

Ich habe gar nichts, worauf ich stolz bin. 내겐 자랑스러워할 만한 게 도대체 하나도 없다.

(3) 관계부사

부사이면서 관계문, 즉 안은문장에서 이루어지는 일과 관련한 시간이나 장소 또는 방법을 연결시키는 안긴문장을 이끈다고 해서 관계부사(Relativadverbien)라고 한다. wo(방향 나타내는 her와 hin이 함께 쓰일 수 있다.), 원인으로 warum, weshalb 등이 있다.

da 시간 Nun kommt die Zeit, da sie mich besucht. 그녀가 날 찾아 올 시간이 온다.

wann Entscheiden Sie, wann in diesen Beispielsätzen wenn, wann oder als verwendet wird. 이 예문에서 wenn, wann 혹은 als가 언제 쓰일지 결정하세요.

warum
weshalb 원인, 이유 Er wusste nicht, warum(weshalb) sie ihn schlug. 그는 그 여자가 자기를 왜 때리는지 몰랐다.

Das ist der Grund, weshalb(warum) ich nicht nach Hause gehe. 이게 바로 내가 집에 가지 않는 이유다.

wo 장소와 시간 모두에서 쓰인다.

Wir sind da, wo wir die B1-Prüfung machen. 우리는 B-1시험 보는 곳에 도착했다. 우리 B-1시험 볼 때가 되었다.

Er kam an dem Wochenende an, wo(als) ich verreist war. 그는 내가 여행을 떠나고 없던 주말에 도착했다(시간).

wofür *für was* Er arbeitete gut mit, wofür er ein Lob enthielt. 함께 일하기를 잘 하는데, 그 때문에 칭찬을 받았다.

woüber *über was* Ich habe dir etwas zu berichten, worüber du dich freuen wirst. 네게 알려줄 게 있는데, 들으면 네가 기뻐하게 될 거야.

VIII. 접속법 표현 방식

1. 동사의 접속법 형태

		sagen	kommen	haben	sein	werden	können
ich	1식	sage	komme	habe	sei	werde	könne
	2식	sagte	kam käme	hatte hätte	war wäre	wurde würde	konnte könnte
du	1식	sagest	kommest	habest	sei(e)st	werdest	könnest
	2식	sagtest	kämest	hättest	wärest	würdest	könntest
er/sie/es	1식	sage	komme	habe	sei	werde	könne
	2식	sagte	käme	hätte	wäre	würde	könnte
wir	1식	sagen	kommen	haben	seien	werden	können
	2식	sagten	kämen	hätten	wären	würden	könnten
ihr	1식	saget	kommet	habet	seiet	werdet	könnet
	2식	sagtet	kämet	hättet	wäret	würdet	könntet
Sie/sie	1식	sagen	kommen	haben	seien	werden	können
	2식	sagten	kämen	hätten	wären	würden	könnten

접속법 1식은 동사 기본형에서 어미를 뺀 어근에 -e를 붙이며, sein동사의 경우 -e가 생략된다. 접속법 2식은 동사의 과거형을 이용하는데, a, o, u와 같은 변모음이 가능한 모음이 있을 때에는 움라우트를 붙일 때가 많다. 그러나 예외적인 경우들이 많기 때문에 유심히 보아 두도록 하자.

접속법 1식	접속법 2식
동사 기본형의 어근에 인칭에 따른 어미변화를 시킨다.	과거형에 umlaut 변형이 일어난다(예외: wollte, sollte)
könne, möge, werde, wolle, solle, müsse, sei, habe, dürfe, lebe	könnte, möchte, würde, wollte, sollte, müsste, wäre, hätte, düfte, lebte
1. 간접화법 Er sagte mir, ich solle zu ihm kommen. 그 사람이 나더러 오랬어. Sie sagte, sie sei eine Prinzessin. 그녀 말이, 자기가 공주랬어.	1. 공손, 겸손한 표현 Ich möchte eine Tasse Kaffee. 커피 한 잔 주세요. Könnten Sie mir helfen? 저 좀 도와주실 수 있으세요?
2. 기원 Lang lebe der König! 임금님 만세!	2. 가정: 실제 현실과 반대 Wenn ich viel Geld hätte, dann würde ich einen Sportwagen kaufen. = Ich habe nicht so viel Geld, dass ich einen Sportwagen kaufen kann. = Ich habe nicht so viel Geld. Deshalb kann ich keinen Sportwagen kaufen. 돈이 많으면 스포츠카 하나 살 텐데. Hätte ich viel Geld, dann würde ich dir ein Haus kaufen. 돈 많으면 너에게 집 한 채 사 줄 텐데.

2. 접속법 1식

기본형의 어근에 어미의 인칭변화(단, 1, 3인칭에서는 어미가 없기도)

1) 간접화법:

따옴표를 써서 말을 그대로 옮기는 것을 '직접화법'이라고 하고, 그걸 풀어서 전하는 걸 간접화법이라고 한다. 말 내용을 종속접속사(특히 dass)에 담을 수도 있고, 아니면 접속법 제1식을 써서 표현한다.

그 여자가 말했다. "오늘 저녁 온 가족과 함께 저녁을 먹을 거야."

Sie sagt: "Heute Abend esse ich das Dinner mit meiner ganzen Familie."

Sie sagt, dass sie heute Abend mit ihrer ganzen Familie das Dinner ißt/esse.

Sie esse heute Abend mit ihrer ganzen Familie das Dinner.

Gestern sagte Bomi: "Morgen will ich unbedingt pünktlich sein." 어제 보미가 말했어: "내일엔 무슨 일이 있어도 늦지 않겠어."

Bomi wolle morgen unbedingt pünktlich sein.

Bomi, du wolltest unbedingt pünktlich sein. 보미야, 너 무슨 일이 있어도 늦지 않겠다고 했잖아.

2) 기원문: 무슨 일이 일어나길 기원하는, 기도하는 문장.

Lang lebe der König! 임금님 만세

Gott möge dir helfen. 너에게 신(하느님)의 가호가 있기를.

3. 접속법 2식

동사 과거형의 어근 + (Umlaut) + 어미변화. 가장 대표적인 용법으로 공손한 표현과 일어나지 않은 일이 일어난 것으로 가정해보는 가정법이 있다.

1) 공손한 표현

Könntest du mir bitte einen Bleistift geben? 연필 좀 하나 줄 수 있니?

Ich möchte ein Glas Wein trinken. 포도주 한 잔 마시고 싶습니다. 포도주 한 잔 주세요.

Könnten Sie mir ein Glas Wein bringen? 포도주 한 잔 가져다주실 수 있겠어요? 포도주 한 잔 주세요.

2) **가정법:** 문법 차원에서 기억할 것은, 주문장이든 부분상이든 동사 형태는 똑같이야 한다는 것이다(접속법 2식이 쓰이면 둘 다, 아니면 둘 다 아니게).

Ich würde einen Sportwagen kaufen, wenn(falls) ich viel Geld verdienen würde. 돈을 많이 벌면 스포츠카를 살 텐데.

Hätte ich viel Geld, dann würde ich einen Sportwagen kaufen. 돈이 많으면, 스포츠카를 살 텐데. * 이유 없는 도치는 wenn이나 falls가 생략된 것.

Ich würde in Italien leben.이탈리아에 살 텐데.

Wenn ich Chef wäre, würde ich alles anders machen. 내가 사장이면 전부 다 달리 할 텐데. = Falls ich Chef wäre, würde ich alles anders machen. = Wäre ich Chef, würde ich alles anders machen.

Er redet so, als ob er der Chef wäre. 그는 제가 무슨 사장이나 되는 것처럼 말한다. = Er redet so, als wäre er der Chef. * 위의 wenn이나 falls처럼 ob이 생략하면 뒤에 갔어야 할 접속법 2식 변화 (조)동사가 앞으로 온다. 다만 als까지 넘어서진 못한다. 아니면 als 다음 접속법 2식 형태의 (조)동사가 오면, "마치 ~처럼, ~인양"으로 해석한다.

IX. 말의 양념 (die Partikel) - 양념말

의미론 차원에서 보면 말의 맛을 더해주는 양념말(Partikel)은 어느 단어나 문장 전체의 의미를 더 자세히 규정하고, 설명하고, 특수하게 만들거나 그 정도를 규정한다(beinahe, bereits, etwas, ganz, höchst, immer, nahezu, recht, sehr, so, überaus, viel, weit, weitaus 등). 다른 한편으로 이런 의미도 없이 그저 말하는 사람의 관심 정도라든가 태도, 말하는 행동 양상 따위를 나타내서 미묘한 뉘앙스의 차이를 더하는 것들도 있다. 여기에 드는 양념말은 약 40개 정도가 있지만 대표적인 것은 다음과 같다. aber, also, auch, bloß, denn, doch, eigentlich, einfach, etwa, gerade, halt, ja, mal, noch, nun, nur, schon, überhaupt, vielleicht, wohl

우리말 '둥그스름한, 뜻뜻 미지근한, 거무스레한' 따위처럼 외국인들에게는 이해하기 쉽지 않은 게 바로 이런 양념말이다. 하지만 우리를 애먹이는 것들인 동시에 잘만 쓰면 독일어 수준을 단숨에 높이는 계기도 된다.

넓은 의미에서(형태론 차원) 보자면 변화를 하지 않는(nicht-flektierbar ☞(참) Flexion) 단어들을 말한다. 그래서 어미변화도, 시제변화도 또 성이나 수에 따른 변화도 비교급도 없다. 좁게 보면 변화하지 않으면서 전치사, 부사, 접속사에 속하지 않는 말들만 가리킨다. 부사가 문장(구성)성분에 들지만, 이 양념말들은 독자적인 문장성분이 아니고 그저 문장성분의 일부 또는 조각일 뿐이다. 그래서 혼자서는 문장 맨 앞에 오지 못하고, 꼭 앞에 나오려면 늘 꾸밈을 받는 말과 함께 온다.

> Ziemlich gut hat er die Prüfung bestanden. 시험에 꽤 수월하게 합격했다(gut 없이 ziemlich만 앞에 올 수는 없다.).

아울러 대답의 문장에서 혼자서 쓰일 수도 없다.

> Wann kommt er? 그는 언제 와?
>
> Vermutlich (X)
> Nur (X)
> Spät (O) 늦게(부사).

그러나 의미로 볼 때 하는 역할은 부사와 같아서 독한사전을 찾아봐도 보통 부사(adv.)로 표시되곤 한다. 이 말들이 하는 일은 정도(Grad), 집중(Fokus), 부정(Negation), 뉘앙스 더하기(Abtönung), 대화(Gespräch), 표현(Ausdruck), 의성어(Lautmalung) 등 모두 일곱 가지가 있다. 그러나 독일어에서 가장 중요한 것이라면 아무래도 뉘앙스를 구체화하는 화법의 '양념말', 다시 말해 화법의 꾸밈말(부사)이다. 그래서 둘의 구분이 어렵거나 아예 무의미할 때도 있다. 그럴 때 어순 문제에 걸리지 않는다면 굳이 구분하지 말자. 말하기와 쓰기에서 이 말들을 적절히 쓰면 독일어 품격과 수준이 그대로 한 단계 이상 높아진다고 보아도 좋을 만큼 중요하다.

1. 대표적인 양념말들과 그 예문

Ja

1) *yes!* 긍정을 강조하는 *ja* ~(대체로 강세 줌): 그럼! 말이라고!

Hast du Lust, mit uns ins Kino zugehen? Ja, klar/sicher/gern. 우리와 함께 영화관 갈 마음 있어? 그럼, 물론/당연히/기꺼이.

2) 생각할 시간을 버는 *ja* ~: 에, 그러니까, 그게 말이죠.

Ja, also, das ist so……. 예, 그러니까, 그게 이렇습니다.

Ja, ich weiß nicht…… 에, 잘 모르겠습니다만.

3) 놀라움 *ja* - 예? Ich fahre jetzt mit! 함께 가지! - Ja, ehrlich? 예? 정말이요?

Der Fisch ist mindestens zwei Meter lang! 그 물고기 길이가 최소한 2미터는 돼! - Ja? 예? 정말요?

4) 동의 구하기의 *ja* ~: 응? 그렇지? 맞지?

Du hilfst mir doch, ja? 넌 그래도 날 도울 거지, 응?

Gib mir mal das Salz, ja? 소금 좀 줘볼래, 응?

Hast du auch ja alles so gemacht, wie ich es dir gesagt habe? 내가 말한 대로 다 한 거지, 응?

5) 강조의 *ja*(강세 없음) Ja, das war eine herrliche Zeit. 정말이지, 멋진 시간이었어.

Ich werde ihn verklagen, ja, das werde ich tun. 그를 고소하겠어, 정말이야, 꼭 그러고 말겠어.

6) 공감 다음 양보의 *ja*(= *zwar* ~ *aber* -) Diese Lösung ist ja momentan ganz gut, aber auf lange Sicht müssen wir uns etwas Neues einfallen lassen. 이 해결책이 우선 당장에는 좋지만(좋을지 몰라도), 하지만 멀리 보자면 무언가 새로운 생각을 떠올려야만 해.

Ich kann es ja versuchen (aber ich glaube nicht, dass es funktioniert.) 시도해 볼 수야 있지.(하지만 그게 먹힐지는 모르겠어.)

7) 너도 알다시피, ~잖아의 *ja*(강세 없음)

Du weißt ja, wie er ist. 그가 어떤지 너도 잘 알잖아.

Er ist ja schon seit Langem* krank. 그 사람 벌써 오래 전부터 아프잖아. *lang 부사, 형용사로 쓰이고, 형용사는 명사화 가능. 대문자로 시작하고 명사라도 형용사 어미변화. seit가 3격 지배.seit langem으로도 씀.

Mach dir keine Sorgen, du hast ja noch genug Zeit. 아무 걱정하지 마. 너한테는 아직 시간이 충분하잖아.

Ich habe ja gleich gesagt, dass das schiefgehen wird! 내 뭐라든, 일이 틀어지게 될 거라고 했잖아.

Ich bin ja vorhin schon einmal da gewesen. 나 진즉 거기 갔었잖아.

8) 어머나, 세상에나의 *ja*(강세 없음)

Du bist ja ganz nass! 세상에, 너 정말 흠뻑 젖었다, 야!

Da bist du ja schon-du wolltest doch erst später kommen! 벌써 왔구나, 야, 늦게서야 온다고 그러더니.

Ja, kennst du mich denn nicht mehr? 참, 나 원! 이젠 나를 아예 알아보지도 못하는 거야?

9) 아니면 알지?의 *ja* Mach das ja nicht noch mal! 다신 그러지 마는 거야, 알지?

Dass du nach der Schule ja sofort nach Hause kommst! 학교 끝나면 곧바로 집으로 오기다! 알았지?

Zieh dich nach dem Duschen ja warm an! 샤워한 다음에 꼭 따뜻하게 입기다!

Wirst du bei der Oma ja(auch) brav sein? 할머니 댁에서 얌전히 굴거지? 그렇지?

auch

1) 양보의 용법: 아무리 ~(하더)라도

Auch der Klügste kann nicht alles wissen. 아무리 똑똑한 사람이라 하더라도 모든 걸 다 알 수는 없어.

Sie geht jeden Tag spazieren, auch(=selbst) wenn es regnet. 그녀는 날마다 산책을 가는데, 심지어 비가 오는 날에도 그런다.

Auch der schönste Tag geht einmal zu Ende. 아무리 근사한 날이라도 끝내는 저물기 마련이다.

2) 의문의 강조: 정말, 진짜 ~인 거 맞지? ~인 건 아니겠지?

Hast du die Haustür auch wirklich abgeschlossen? 현관문 정말로 잠근 거 맞지?

Bist du auch nicht zu müde zum Fahren? 운전하기에 너무 피곤한 건 아니겠지?

Vergisst du das auch ganz bestimmt nicht? 이것까지 잊어버린 것은 정말 아니겠지?

3) 다짐: 꼭 그래야 한다

Sei auch schön brav bei der Oma! 할머니 댁에서 얌전히 굴기다, 꼭!

Zieh dich auch immer warm an im Gebirge, damit du nicht krank wirst! 산속에서 아프지 않으려면 늘 따뜻하게 입어야 한다, 꼭!

4) 설명: 당연히 Er ist schon ziemlich alt, darum hört er auch so schlecht. 그는 꽤나 늙었고, 그러니 그렇게 귀가 어두운 것도 당연하지.

Er spielt sehr gut. Er übt aber auch in jeder freien Minute. 그는 경기를(게임을) 무척 잘해. 짬만 나면 그리 꼬박꼬박 연습하니 그럴밖에.

5) 그러게 ~ 하지 그랬어 / 왜 그렇게

Mir ist so kalt! 아, 추워! - Warum ziehst du dich auch nicht wärmer an? 그러게 더 따뜻하게 입지 그랬니?

Er hat mich betrogen! 그가 나를 속였어. - Wie konntest du auch nur so naiv sein, ihm zu vertrauen? 그를 믿다니, 어쩜 그렇게 순진할 수 있니? 도대체 얼마나(오죽) 어리숙하면 그 사람을 믿니?

doch

1) 너도 잘 알다시피 ~잖아

Ich muss nach Hause, es ist doch schon zu spät. 나 집에 가야만 해. 벌써 (시간이) 너무 늦었잖아.

Ich bin doch vorhin schon einmal da gewesen. 나 전에도 거기 간 적 있잖아.

Sie ist doch kein Kind mehr! 그녀는 더 이상 애가 아니잖아! 아니라니까!

2) 내가 분명히 기억하는데 말이야, 아는데 말이지

Du warst doch schon mal hier, nicht wahr? 너 분명 전에 여기 온 적 있지, 그렇지 않아?

Das war doch so, oder? 분명 그랬잖아, 안 그래?

3) 설마 ~하는 건 아니겠지: 걱정-불안을 재워줘

Du lässt mich doch jetzt nicht im Stich? 너 설마 지금 곤경에 처한 나를 그냥 모른 체 하진 않겠지?

Das schaffst du doch hoffentlich? 아무쪼록 넌 꼭 해내고 말거지?

4) 되쏘기: ~했잖아

Mach den Fernseher ein bisschen leiser! 텔레비전 소리 좀 줄여! - Habe ich doch schon! 벌써 낮췄잖아(앞에 das 생략)! 이미 낮췄다니까.

Warum hast du mir nichts davon erzählt? - Ich konnte doch nicht wissen, dass es für dich so wichtig war. 왜 아무 말도 하지 않았어? 네게 그게 그렇게 중요한지 도대체 내가 알 턱이 없잖아.

5) 제발, 좀

Jetzt drängel doch nicht dauernd! 이제 제발 재촉해대지 좀 마!

vielleicht 어쩌면 ~ 같아, ~일지도 모르겠어. 혹시라도, 부탁하는 표현 강조 등에 쓰인다.

1) 추측, 가능성 인정

Das war vielleicht mein Fehler. 그건 어쩌면 내 잘못이었을지도 몰라.

Vielleicht regnet es morgen. 어쩐지 내일 비가 올지도 모르겠어.

Er hat vielleicht recht. 어쩌면 그의 말이 옳을지도 몰라.

2) 어림, 짐작

Der Baum ist vielleicht zwölf Meter hoch. 이 나무 크기가 대략 12미터는 되지 싶어.

Ich habe vielleicht noch zehn Euro übrig. 아직 남은 게 10유로는 될까 싶네.

ein Junge von vielleicht sieben Jahren 7세나 되었을까 싶은 사내아이

3) 설마: 설의나 부정의 대답이 나올 상황

Glaubst du vielleicht, dass ich mit dieser Lösung zufrieden bin? 설마/혹시 내가 이 답으로 만족할 거라고 생각하는 거야?

Glaubst du vielleicht, ich habe Angst vor dir? 내가 설마/혹여 너한테 겁이라도 먹는다고 생각하는 거야?

Meinen Sie das vielleicht ernst? 설마, 진심으로 하시는 말씀이세요?

4) 공손-부탁 강조

Könnten Sie mir vielleicht sagen, wie ich von hier zum Bahnhof komme. 혹시 여기서 역에 어떻게 가는지 좀 말씀해주실 수 있나요?

Wären Sie vielleicht so nett, mir zu helfen? 저, 혹시 (친절을 베푸시어)저 좀 도와주실 수 있나요?

5) 짜 증

Würdest du jetzt vielleicht kommen? 이제 오기라도 하겠다는 거야? 이제 그만 좀 올래?

Würdest du vielleicht endlich mal still sein? 이제 제발 좀 조용히 할 수 없겠니?

Vielleicht ist jetzt bald Schluss! 곧 끝이 나긴 나겠지? * 비인칭 주어 es는 도치 상황에서는 생략 가능.

6) 강 조

Du hast vielleicht Nerven! 너 낯가죽이 너무 두꺼운 거 아냐?

Das ist vielleicht kalt hier. 여기 추워도 너무 추운 것 같다.

mal 부사로 쓰일 때 정해지지 않은 시점이나 '전에'처럼 시간과 연계된다. 그러나 양념 말로 쓰일 땐, 다음과 같은 뜻을 더한다.

1) 어쩔 수 없는 일, 받아들일밖에(*nun mal*의 형태로)

Wir werden nun mal nicht jünger. 우리 더 이상 젊어질 수는 없는 거 아니겠어.

Gegen ihn hast du keine Chance - er ist nun mal stärker als du. 넌 그에게 상대가 안 돼. 애초 그가 너보다 강하잖아.

Da kann man nichts machen, das ist nun mal so. 네가 달리 어떻게 할 수가 없어, 이미 어쩔 수 없는 일이잖아.

2) 호기심 유발, 부탁에 공손함-간절함을 더할 때

Schau mal, da drüben sind Rehe! 저기 좀 봐, 저 건너에 노루들이야.

Hier, probier mal meinen Stift. 자, 내 연필 좀 한 번 써 보라니까.

Komm (doch) mal her, bitte! 이리 좀 와 보래도 그래!

Gibst du mir bitte mal das Salz? 거기 소금 좀 줄래.

Augenblick mal! 잠깐만 좀 기다려 봐!

Guck mal! 이것 좀 봐!

Hör mal··· 좀 들어봐, 있잖아.

Riech mal! 냄새 좀 맡아봐!

mal anders 어딘가 다른, 무언가 다른(다르게)

noch mal! 한 번 더!

schon mal 진즉, 전에 한번

warte mal! 좀 기다려 봐. 버텨 봐. 참아 봐

wieder mal 또? 또 그래? (한 번) 더?

Hilf mir mal! 좀 도와주라! 나 좀 도와달라니까!

* 부사로 정해지지 않은 때(언제 한 번)를 표현할 때는 양념말과 구분이 쉽지 않은데, 어순변화에 영향을 주지 않는 한 굳이 가릴 필요는 없겠다. 어순이 변한다면 부사다.

Ich glaube, ich muss mal zum Zahnarzt. 치과에 좀 가야 할 것 같아.

Ruf mich mal an! 나중에 전화 한번 해! 전화 좀 해!

Kommt doch bei Gelegenheit einfach mal vorbei. 기회 닿거들랑 그냥 한번 들리라고. 지나는 길에 꼭 좀 한 번 들려.

schon

1) 말하는 내용의 강조(*wirklich* 정말)

Du wirst schon sehen! 두고 보라고. 보면 알아!

Er hat schon Glück gehabt, dass er bei dem Unfall nicht verletzt wurde. 그런 사고에 다치지 않았다니, 그만해도 재수 정말 좋았어.

Von hier oben hat man schon einen wunderbaren Blick auf den See. 이 위에서 보면 정말이지 바다 경치부터가 그만이야.

Du brauchst nicht nachzurechnen, das stimmt schon. 다시 셈해 볼 필요 없어. 이미 맞는다니까. 그걸로 됐다니까.

Es ist schon so lange her! 정말 오랜 만이다!

Das ist schon besser! 벌써 한결 낫고만! 훨씬 좋잖아!

2) 조급함 - 재촉(*endlich*)

Los, komm schon, in zehn Minuten geht unser Zug. 자, 서두르라고, 10분 있으면 우리 기차가 떠난다니까. 가자, 정말 좀 가자고. 10분...

Nun entschuldige dich schon! 이제 그만 좀 사과하라니까! 이젠 정말 사과 좀 하래도 그래!

3) 양보(= *zwar - aber / doch*)

Sie ist schon intelligent, nur stört mich ihre forsche Art. 그 여자 똑똑하기야 하지. 다만 그 되바라진 꼴이 거슬릴 뿐이야.

Das Haus ist schon schön, aber viel zu groß. 그 집 멋있기야 하지만, 커도 너무 커.

Ich würde das Buch schon gern lesen, aber ich habe keine Zeit. 그 책 읽고 싶은 마음이야 굴뚝이지만 시간이 없어.

Gefällt es dir hier nicht? 여기 맘에 들지 않니? - Schon.(aber nicht so sehr)맘에야 들지/그렇기야 하지.(아주 대단한 정도는 아니지만.)

Doch schon, aber··· 그야 그렇지만, 물론 그렇기는 하지만 ···

Ich glaube schon. 그렇기는 하지. 내 생각도 그래.

Ich verstehe schon. 안다니까. 아다마다.

Kann schon sein. 그럴지도 모르지. 그럴 수 있기는 하지.

4) 기대, 가능성 강조 - 안심

Sie wird schon anrufen. 그녀가 전화 꼭 할 거야. 꼭 전화할 거라니까.

Keine Angst, das schaffst du schon! 걱정하지 마, 넌 충분히 해내고 남는다니까!

Das wird schon noch gut gehen! 잘 되다마다! 틀림없이 잘 된대도.

5) 무시, 낮잡기 또는 부정의 강조

Was du schon weißt! 네까짓 게 뭘 안다고!

Was weißt du denn schon? 네가 대체 뭘 안다고 그래?

Was weißt du schon von Elektrotechnik? 전자공학에 대해 뭐 좀 아는 게 있어? 무 좀 알기는 하는 거야?

Wer kann dazu schon nein sagen? 거기에다 대고 누가 감히 아니라고 하겠어?

6) *schon, dann* - 요구의 조건, 정당화

Wenn ich mich schon dafür hergebe, dann will ich auch ordentlich bezahlt werden. 거기에 내 자신을 건 이상에는 그에 대한 대가도 제대로 받겠어.

Wenn ich schon mal hier bin, dann kann ich dir auch helfen. 내가 여기 온 이상에는 얼마든지 널 도울 수도 있지.

Wenn du ihr schon ein Geschenk kaufst, dann am besten etwas, was ihr wirklich gefällt. 그녀에게 선물을 사줄 양이면, 정말로 그녀 마음에 드는 걸로 사는 게 최고야.

7) 의외, 기대와 다름(생각보다)의 강조

Letztes Jahr schneite es schon im Oktober. 작년엔 10월에 벌써 눈이 내렸어(bereits).

Wir wollten uns erst um 8 Uhr treffen, aber er war schon um 7 Uhr da. 우리는 8시가 되어서야 만나기로 했어. 그런데 그는 7시에 벌써 온 거 있지.

Sie hat schon mit 18 Jahren das erste Kind bekommen. 그 여자 열여덟에 벌써 첫아이를 낳았잖아.

Es war schon Januar, als es endlich schneite. 마침내 눈이 내렸을 때엔 벌써 1월이었어. 1월이 되어서야 마침내 눈이 내렸어.

Sie war schon 39, als sie das erste Kind bekam. 그 여자 첫 애를 가진 것은 39세나 되어서였어. 39세가 되어서야 첫 애르 낳았어.

Wo bleibst du denn? Ich warte schon seit zwei Stunden auf dich! 너 대체 어디 있는 거야? 벌써 두 시간째 널 기다리고 있단 말이야.

Peter hat schon drei Stück Kuchen gegessen. 페터는 벌써 케이크를 세 조각이나 먹어 치웠어.

Bist du schon zurück? 벌써 돌아왔어?

8) 부정의 말 뒤집을 때

Weiß niemand die Antwort? 답 아는 사람 아무도 없나요? - Doch, ich schon! 없기는요, 제가 아는데요! 알다마다, 제가 압니다. * 영어에서 묻는 말에 부정의 대답을 할 때에는 *no*, 긍정은 *yes*, 이렇게 둘로 딱 갈라진다. 독일어에서는 하나가 더 있다. 바로 부정의 물음에 긍정으로 대답할 때 쓰는 doch다. ‚웬걸'이나 ‚알다마다', ‚없기는', ‚없다니', ‚않다니' 같은 식으로 옮길 수 있을까?

Wir machen uns nichts aus solchen Veranstaltungen, die Kinder aber schon. 저런 식의 행사에서 우리야 얻을 게 전혀 없지만, 그래도 아이들이야 다르지.

9) 비현실의 가정 강조(그래서 접속법 2식)

Wenn ich doch die Prüfung schon hinter mir hätte! 이 시험만 끝났으면 바랄 게 없으련만. 이 시험 벌써 끝났으면 얼마나 좋을까?

Wenn (es) nur schon morgen wäre! 지금이 벌써 내일이라면!

10) 이유, 근거의 넘침

Schon der Gedanke daran ärgert mich. 그 생각만 해도 화가 난다니까!

Schon ein kurzer Brief von ihr hätte ihn sehr gefreut. 그녀의 짤막한 편지 하나만으로도 그는 무척이나 기뻐했으련만.

11) 몰라서 물어(당연함 강조)

Wem gehört denn das? 이게 도대체 누구 거야? - Na, wem schon? Mir natürlich! 참나, 누군 누구 거겠어? 당연히 내 거지!

12) 기타 schon gut! = schon in Ordnung! 알았어! (알았다니까!), 이만/그걸로 됐어! 괜찮아! (괜찮다니까!), 마음 놔! 나쁘지 않은데!

Schon möglich. 그럴 수 있지. 얼마든지 가능해.

Ich denke schon. 그야 그렇지. 그거야, 그렇다고 봐. 그렇게 생각해.

Na, wenn schon. 음, 그래서 뭐. 글쎄, 그래서 어쩌라고?

denn

1) 뜻밖이나 설마, 도대체

Kann man das denn in einem Tag schaffen? 설마 이걸 하루에 끝낼 수 있다고?

Warum denn? Wieso denn? 대체 왜? 어째서?

Warum denn nicht? 대체 안 될 게 뭐야? 도대체 왜 안 되는데?

Was denn? 뭐 말이야? 뭔데?

Geht das denn wirklich? 그게 정말로 되긴 하는 거야? 정말 그래도 돼?

Hast du denn auch genug Geld? 돈도 충분히 있기는 하고?

Wer denn sonst? 달리 또 누가 있겠어?

2) 설의법

Wer hat denn schon so viel Geld? 그 많은 돈 있는 사람이 있을라고?

Wer soll das denn kaufen? 이걸 대체 누가 사겠니?

3) 짜증이나 노여움

Was soll das denn schon wieder heißen? 대체 이건 또 무슨 소리야?

Aber wie denn? 그런데 대체 어떻게?

Wo steckst du denn? 도대체 어디 처박혀 있는 거야?

Was willst du denn? 대체 원하는 게 뭐냐니까?

Wo war sie denn (nur)? 대체 그 여자 어디 있었다니?

Wie siehst du denn aus. 대체 이게 무슨 꼴이라니.

Was fällt dir denn ein? 미친 거 아냐? 그 무슨 당치도 않은. 제정신이니?

Muss das denn sein? 꼭 그래야만 하는 거야?

Was ist denn jetzt schon wieder los? 이건 또 벌써 무슨 일이 난 거야?

Wann kommt er denn endlich? 그는 대체 언제 오는 거야?

3) 무심한 듯 지나가는, 자연스럽게 살가운

Wie läuft denn so die Arbeit? 그래 일은 좀 어떻고?

Geht es dir denn wenigstens besser? 좀 나아지긴 한 거니?

Wie gehts dir denn? 대체 어떻게 지내?

Was machst du denn da? 거기서 하는 일은 뭐고?

Wie heißt du denn? 네 이름은 뭐야?

4) ~, *geschweige denn* ~인데 하물며, ~는 더 말할 것도 없지. ~는 고사하고

Ich habe nicht einmal Geld zum Leben, geschweige denn für ein Auto. 자동차는 고사하고 먹고살 돈도 없다. 먹고살 돈도 없는데, 하물며 자동차 살 돈이야 말할 것도 없지.

5) *Es sei denn, daß ~* ~라면 몰라도 / ~만 아니라면

Ich gehe nicht hin, es sei denn, du willst es unbedingt. 네가 기어이/한사코 원한다면 몰라도, 난 가지 않겠어.

6) 기 타

besser denn je 그 어느 때보다 낫다

eben

1) 말하는 내용의 전반적 강조

Er ist eben ein Langweiler. 참 답답한 사람이라니까.

Dann gehe ich eben zu Fuß. 그럼 걸어가면 되지 뭐.

Eben jetzt brauchen wir die Wohnung. 바로 지금 당장 집이 필요하다고. 지금 당장 필요한 게 그 집이야.

Dann müssen wir den Ausflug eben verschieben. 그렇다면야 소풍을 연기하는 수밖에.

2) 한 가지 특정 사실이나 말 강조

Eben dieses Buch (und kein anderes) habe ich die ganze Zeit gesucht. 내가 내내 찾던 게 바로 이 책이야.

Du hättest ihr eben das Geld nicht leihen sollen. 그 여자한테 다른 건 몰라도 돈은 빌려주는 게 아니었어.

Genau das wollte ich eben vermeiden! 바로 그걸 피하려던 거였어.

3) 다른 사람 말의 수긍 강조 - 그렇고말고, 그렇대도, 바로 그거야!

Ach, deshalb hast Du vorhin so leise gesprochen! 아하, 그래서 전에 그렇게 낮은 소리로 말했던 거구나! - Eben! 바로 그래! 그렇다니까!

Dann müssen wir die Sitzung auf morgen verschieben. 그렇다면 회의를 내일로 연기해야만 하겠어. - Eben! 바로 그거야.

Ich finde ihn sehr unzuverlässig. 내 보기에 그는 믿음성이 없어. - Eben! 그렇다니까! 내 말이!

Es ist schon acht Uhr. 벌써 여덟 시네. - Eben! 그렇대도(= also müssen wir uns beeilen 그러니 우리 서둘러야만 해.).

Du musst heute noch lernen. 너 오늘도 공부 더 해야 하지. -Eben! 그렇다니까(= also habe ich keine Zeit für dich 그래서 시간을 내줄 수 없어.).

4) 하는 수 없이 - 울며 겨자 먹기의 *eben*

Das ist eben nicht mehr zu ändern. 더 이상 어쩔 수 없잖아.

Du musst dich eben damit abfinden, dass er dich nicht mag. 그가 너를 좋아하지 않는다는 사실을 받아들이는 수밖에, 별수 없어.

Wenn dein Auto kaputt ist, dann fahr eben mit dem Bus! 네 차가 고장 났으면, 버스로 가면 되잖아.

Kinder sind eben so. 애들이 다 그렇지 뭐.

Wenn du mir nicht glaubst, dann eben nicht. Ist mir doch egal! 네가 날 믿지 못하겠다면, 하는 수 없는 거지 뭐. 상관없어! 신경 안 써!

5) *Eben nicht!* - 안 된다니까, 아님 말고

Geht das so? - Eben nicht! Das hab ich doch schon gesagt! 그래도 돼? 안 된다니까. 벌써(이미, 진즉) 이야기했잖아!

Vielleicht klappt es ja auch. - Oder eben nicht! 혹시 맞아떨어질지도 모르지. - 아님 말고.

7) *nicht eben* ~ - 딱히 ~은 아닌

Sie lebt nicht eben gesund. 그 여자 딱히 건강하게 사는 건 아니야.

gar

1) 설마 ~까지 / ~ 마저

Er wird doch nicht gar einen Unfall gehabt haben? 설마 사고까지 당하는 건 아니겠지?

2) *so*, *zu*를 더 강조

Das hätte ich gar zu gerne gesehen. 그거라면 정말 얼마든지 보고말고.

Sie ist gar so schnell beleidigt. 그 여자 정말 순식간에 감정 상해 버렸어.

3) 아무래도(=*wohl*)

Er dachte gar, ich würde ihm das geliehene Geld schenken. 그는 아무래도 내가 그에게 빌려준 돈을 거저 주기라도 한 것처럼 생각했나봐.

4) 기 타

fast gar nicht 거의 아무 일도 아니야. fast gar nichts

ganz und gar 완전히, 아예 완전히 다

rein gar nichts 전혀 아무 일도 아냐

gerade

1) 하필이면, 다른 -도 아니고

Gerade du musst dich darüber beklagen! 다른 사람도 아니고 하필

네가 그걸 불평하다니!

Weshalb darf gerade er diese Rolle spielen? 무슨 이유로 하필이면 그가 이 역할을 해도 된다는 거야? 다른 사람도 아니고 그가 이 역할을 해도 되는 이유가 뭐야?

Muss der Zug gerade heute so viel Verspätung haben? 다른 때도 아니고 하필 오늘 기차가 그렇게나 오래 연착을 해야만 할까?

Gerade du solltest das besser wissen! 다른 사람은 몰라도 너는 그걸 더 잘 알아야지!

Musste es gerade heute regnen, wo wir einen Ausflug machen wollten? 다른 날도 아니고 하필이면 소풍가기로 한 오늘 꼭 비가 와야만 하는 거야?

Warum passiert so etwas gerade mir? 왜 하필 나에게 이런 일이 벌어지냐고?

2) 그다지(*nicht gerade*)

Ich verdiene nicht gerade viel in diesem Beruf. 이 직업에서 그다지 많이 버는 것은 아니다.

Das hast du nicht gerade toll gemacht. 그건 그다지 잘 한 게 아니다.

Sie ist nicht gerade ein Genie. 그 여자 그다지 천재는 아니지. 그리 천재인 건 아니지.

Das ist nicht gerade das, was ich erwartet habe. 꼭 내가 기대했던 것은 아니네.

3) 겨우, 가까스로(*gerade noch*)

Sie hat die Prüfung gerade noch geschafft/bestanden. 그녀는 그 시험을 겨우 치러냈다/합격했다.

Wir haben den Bus gerade noch erreicht. 가까스로 버스를 놓치지 않았다.

Das Essen war gerade noch genießbar. 그 음식은 그저 겨우 먹을 만했다.

4) 그러니까 더, 그럴수록

Nach einem langen Arbeitstag bin ich zu müde, um Sport zu treiben. 길고 힘든 하루를 보내고 나니 너무 피곤해 운동을 할 수 없다. - Gerade dann würde dir ein bisschen Bewegung aber guttun! 그런 때일수록 약간의 운동이 몸에 좋아.

2. 다른 단어들과의 관계로 본 양념말

다른 단어들과 관계를 맺는 양상에 따라 몇 갈래로 나누어볼 수 있다.

1) 명사, 동사, 형용사, 부사와의 관계 속에서 등장하는 양념말

Sogar die Universität hat er besucht. 심지어 대학까지 다녔어.
Sie schnarcht sogar. 그 여자 심지어 코까지 곤다니까.
Sogar dort habe ich gearbeitet. 심지어 거기서도 일한 적이 있어.

비슷하게 쓰이는 것들: aber, auch, beinahe, bereits, bloß, eben, erst, etwa, gar, gerade, geradezu, ja, natürlich, nicht einmal, nur, schon

* 이들 가운데에는 꾸밈 받는 말의 앞과 뒤, 양쪽에 다 쓰이는 것들도 있다.

Etwa eine halbe Stunde hat er geschlafen.- Eine halbe Stunde etwa hat er geschlafen. 얼추 30분쯤 잠을 잤어.

Bereits drei Jahre hat er keinen Urlaub genommen.- Drei Jahre bereits hat er keinen Urlaub genommen. 벌써 3년이나 휴가를 내지 않았어.

2) 명사, 형용사, 부사와의 관계 속에서 등장하는 것들

Er ist ganz sein Vater. 그가 다름 아니라 바로 그의 아버지이거든.
Die Arbeit ist ganz gut. 이 일(논문)은 아주 좋아.
Er singt ganz gern. 그는 노래라면 사족을 못 써.

비슷하게 쓰이는 것들: besonders, fast

3) 동사, 형용사, 부사와의 관계 속에서 등장하는 것들

Er fürchtet sich sehr. 그는 겁이 그렇게나 많아.
Er ist sehr fleissig. 부지런하기 짝이 없어.
Er singt sehr gern. 노래 부르기를 그렇게 좋아해.

비슷하게 쓰이는 것들: doch, durchaus, immer, so, zu

* 주의: zu의 경우 동사 원형 앞에서 쓰일 때(zu-부정사)에는 부사와 형용사 앞에 쓰일 때(너무, 지나치게)와 다르다.

Er hat viel zu tun. 할 일이 아주 많아.
Er ist viel zu langsam. 그는 둔해도 너무 둔해.

4) 형용사, 부사와의 관계 속에서 쓰이는 것들

Er ist weit fleißiger als sein Bruder. 부지런하기로 말하자면 동생은 비교도 안 돼. Er arbeitet weit fleißiger als sein Bruder. 동생과는 비교도 안 될 만큼 부지런하게 일해.

비슷하게 쓰이는 것들: etwa, höchst, recht, überaus, viel, weitaus, ziemlich

* 주의: 이 부류에 드는 양념말들은 말하자면 정도를 나타내는 일을 한다. 그래서 이런 꾸밈말들을 쓸 때에는 정도나 강조에 따라 적절하게 가려 쓰고, 그 위치에도 신경을 쓰자. 그러나 독일어 공부 초기 단계에서는 감만 잡고 쓰기와 말하기를 할 때 살려서 쓰자.

viel und weit - 비교급 앞에서만 쓴다.
weitaus - 비교급이나 최상급 앞에서 쓴다.
etwas - 비교급이나 긍정적인 말 앞에 온다.

höchst, recht überaus, ziemlich - 긍정의 말 앞에서만 쓴다.

Er ist weit(weitaus, viel) größer als sein Bruder. 동생보다 커도 한참 더 커.

Er ist weitaus am größten unter den Geschwistern. 동기간에 최고 큰데, 차이가 두드러져.

Der Film ist höchst(recht, überaus, ziemlich, zu, etwas) spannend. 그 영화는 아주(제법, 대단히, 꽤, 너무, 약간) 흥미진진해.

Der heutige Film ist etwas spannender als der gestrige. 오늘 영화는 어제 것보다 좀 더 재미있는 것 같아.

5) 명사 또는 부사와 관계 되어 쓰이는 것들

Zumal seine Mutter hat er lange nicht besucht. 제 엄마조차도 오래도록 찾아보지 않았다니까. Seine Mutter zumal hat er lange nicht besucht. *꾸밈 받는 말 뒤에 올 수도 있다.

Zumal dort ist er lange nicht gewesen. 거기조차도 오래도록 가 본 적이 없어.

비슷하게 쓰이는 것들: beispielsweise, allein

6) 동사와의 관계 속에서 쓰이는 것들

Kommt er denn? 오기는 온 대니?
Komm mal her! 이리로 좀 와봐!

비슷하게 쓰이는 것들: also, nicht, nun, überhaupt

* 주의: 여기 쓰인 양념말들과 관계된 말들은 통사론 차원의 조합 가능성일 뿐, 의미론 차원에서는 그리 많은 걸 담지 않았다. 의미론 차원에서 보자면 여기 양념말들이 가능한 조합이라고 아무 말에나 다 쓸 수는 없다.

Er legt das Buch sehr auf den Tisch.(X)
Er arbeitet zu ausgezeichnet.(X)

제2부 | 갈래별 낱말 모둠

제2부 | 갈래별 낱말 모둠

I. 숫자-das Zahlwort: 기수, 서수, 분수, 배수, 횟수, 종류

	기수 Die Kardinal-zahlen	서수 Die Ordinal-zahlen	분수 Die Bruchzahlen	배수 Die Vervielfälti-gungszahlwörter	횟수 Wiederholungs-zahlwort	종류 Die Gattungszahl-wörter
1	eins 하나	erste 첫째	1/1 = 1	einfach 한 배	einmalig 한 번	einerlei 한 가지
2	zwei 둘	zweite 둘째	Hälfte (ein Zweitel) 1/2	zweifach 두 배	zweimalig 두 번	zweierlei 두 가지
3	drei 셋	dritte 셋째	ein Drittel 1/3	dreifach 세 배	dreimalig 세 번	dreierlei 세 가지
4	vier	vierte	drei Viertel	vierfach	viermalig	viererlei
5	fünf	fünfte	zwei Fünftel	fünffach	fünfmalig	fünferlei
6	sechs	sechste	ein Sechstel	sechsfach	sechsmalig	sechserlei
7	sieben	siebte	vier Siebtel	siebenfach	siebenmalig	siebenerlei
8	acht	achte	ein Achtel	achtfach	achtmalig	achterlei
9	neun	neunte	fünf Neuntel	neunfach	neunmalig	nuenerlei
10	zehn	zehnte	drei Zehntel	zehnfach	zehnmalig	zehnerlei
11	elf	elfte	zwei Elftel	elffach	elfmalig	elferlei
12	zwölf	zwölfte	drei Zwölftel	zwölffach	zwölfmalig	zwölferlei
13	dreizehn	dreizehnte	Dreizehntel(1/13)	dreizehnfach	dreizehnmalig	dreizehnerlei
⋮	⋮	⋮	⋮	⋮	⋮	⋮
19	neunzehn	neunzehnte	Neunzehntel	neunzehnfach	neunzehnmalig	neunzehnerlei
20	zwanzig	zwanzigste	Zwanzigstel	zwanzigfach	zwanzigmalig	zwanzigerlei
21	einund-zwanzig	einundzwan-zigste	Einundzwan-zigstel	einundzwan-zigfach	einundzwan-zigmalig	einundzwanzi-gerlei
22	zweiund-zwanzig	zweiund-zwanzigste	Zweiundzwan-zigstel	zweiundzwan-zigfach	zweiundzwan-zigmalig	zweiundzwanzi-gerlei
⋮	⋮	⋮	⋮	⋮	⋮	⋮
30	dreißig	dreißigste	Dreißigstel	dreißigfach	dreißigmalig	dreißigerlei
40	vierzig	vierzigste	Vierzigstel	vierzigfach	vierzigmalig	vierzigerlei
50	fünfzig	fünfzigste	Fünfzigstel	fünfzigfach	fünfzigmalig	fünfzigerlei
60	sechzig	sechzigste	Sechzigstel	sechzigfach	sechzigmalig	sechzigerlei
70	siebzig	siebzigste	Siebzigstel	siebzigfach	siebzigmalig	siebzigerlei
80	achtzig	achtzigste	Achtzigstel	achtzigfach	achtzigmalig	achtzigerlei
90	neunzig	neunzigste	Neunzigstel	neunzigfach	neunzigmalig	neunzigerlei
100	einhundert	einhundertste	Einhundertstel	einhundertfach	einhundertmalig	einhunderterlei

101	(ein)hunderteins	1000	(ein)tausend
102	(ein)hundertzwei	1001	(ein)tausendeins
110	(ein)hundertzehn	1010	(ein)tausendzehn - zehnhundertzehn
111	(ein)hundertelf	9999	neuntausendneunhundertneunundneunzig
119	(ein)hundertneunzehn	10,000	zehntausend
120	(ein)hundertzwanzig	11,000	elftausend
999	neunhundertneunundneunzig	100,000	(ein)hunderttausend

1,000,000	eine Million 백만
1,000,000,000	eine Millarde 십억
1,000,000,000,000	eine Billion(tausend Millarden) 조 (미국: trillion)

1. 서수와 분수

서수는 이미 정해진 순서를 나타내는 말, 따라서 정관사와 함께 어미변화를 한다. 다만 경우에 따라 부정관사와 쓰이기도 하는데, 그 경우 어미변화는 역시 혼합변화다. 늘 명사를 수식하는 관형어로 쓰이며, 숫자로 쓸 때에는 서수를 나타내는 점[.]이 뒤따른다. Der 2. Weltkrieg = der zweite Weltkrieg; erster Teil, der erste Teil, der 1. Teil, Teil eins

분수는 분자에 기수(기본 숫자)가 오고, 분모에는 서수(차례를 나타내는 숫자)에 [–el]을 붙인 게 온다. 기본적으로 1/n이란 뜻이다. 앞에 숫자가 붙으면 숫자 x 1/n이 되기 때문에 문법상 복수가 되며, 결국은 숫자/n가 된다. drei Viertel이라면 1/4이 셋이어서 3/4, 둘 이상이니 복수이다. 시간에서는 (60 x 1/4)이 셋이어서 45분이 된다. die Achtel이라면 보통 die Achtelnote, 즉 8분음표란 말로 쓰인다. 그러나 셈에서라면 1/8이다(아래 3. 참조).

der erste Flug - ein erster Flug 첫 비행

das zweite Buch - ein zweites Buch 제2권 das 2. Buch, das Buch 2

die dritte Generation - der dritten Generation(2, 3격) 제3세대 - 제3세대의, 세대에게

Er ist der Erste der Klasse. - Er ist der Beste der Klasse. 그는 이 반에서 일등이다. - 그가 이 반에서 최고다.

Elisabeth die Zweite(Elisabeth II.) 엘리자벳 2세(1격)

zugunsten Elisabeth der Zweiten(Elisabeth II.) 엘리자벳 2세의 은총으로(2격)

mit Elisabeth der Zweiten(Elisabeth II.) 엘리자벳 2세와 더불어(3격)

über Elisabeth die Zweite(Elisabeth II.) 엘리자벳 2세에 대해(4격)

Heinrich der Achte(Heinrich VIII.) 하인리히 8세(1격)

zugunsten Heinrichs des Achten(Heinrich VIII.) 하인리히 8세의 은총으로(2격)

mit Heinrich dem Achten(Heinrich VIII.) 하인리히 8세와 더불어(3격)

über Heinrich den Achten(Heinrich VIII.) 하인리히 8세에 대해(4격)

2. 날짜

Den wievielten Tag haben wir heute? What's the date today? 오늘 며칠이지? = Der wievielte Tag ist es heute? What's the date today? 오늘 며칠이지? * 주어를 무엇으로(wir - es) 삼느냐에 따라 동사가 달라지고, 그에 따라 격도 1격과 4격으로 갈린다. 오늘 며칠입니까. 대답도 두 가지인데, 아무것이나 써도 좋지만, 편하기로는 역시 물음을 따라가는 게 좋다.

Heute haben wir den 2.(zweiten) Januar 2014(zwanzighundertvierzehn) 오늘 2014년 1월 2일이다.

Heute ist es der 2.(zweite) Juni 2011(zwanzighundertelf)

am 8.(achten) Oktober 10월 8일에

1) 편지에서 쓰는 날짜(오른쪽 위에 씀)

Seoul, den 13.(dreizehnten) Mai 2018(zwanzighundertachtzehn)

2) 요일이 날짜 앞에 함께 올 때, 요일의 격이 그대로 날짜의 격이 된다.

Heute ist Dienstag der (2.)zweite Juni. 오늘은 6월 2일 화요일이다.

Wir kommen Dienstag den (2.)zweiten Juni. 우린 6월 2일 화요일에 온다(때를 나타내는 명사는 4격으로 부사처럼 기능한다.).

bis nächsten Dienstag den 2.(zweiten) Juni. 다음 화요일인 6월 2일에 보자.

zu Beginn des Dienstags, des 2.(zweiten) Juni. 6월 2일 화요일이 시작될 무렵

3) 단, 요일이 3격일 경우 날짜는 3격 또는 4격으로도 쓸 수 있다.

am Dienstag, dem 2.(zweiten) Juni - am Dienstag, den 2.(zweiten) Juni

bis zum Dienstag, dem 2.(zweiten) Juni - am Dienstag, den 2.(zweiten) Juni

3. 분수 Die Bruchzahlen와 종류 및 기타 수

분자는 기수, 분모는 서수+[-el] = ein drittel, ein viertel, zwei fünftel, drei elftel, ein tausendstel 관형사로 쓰이면, 곧 뒤에 명사가 오면 소문자

ein viertel Kilogramm 250그램

mit einem viertel Kilogramm

in einer zehntel Sekunde 1/10초 뒤에

drei viertel Millionen Menschen 75만 명의 사람들(3 x 백만의 1/4)

in zwei drittel Jahren 2/3년(8개월) 뒤

mit drei zehntel Sekunden Abstand 3/10(0.3)초 간격으로

1) 시간을 말할 때 viertel(1/4) 다음에 다음 시간의 수를 쓴다(2시 45분이면 drei viertel drei).

es ist drei viertel acht 7시 45분 (※es ist Viertel vor acht 8시 15분 전)

2) 그 밖에 다른 경우 분수는 명사이기 때문에 대문자로 시작해야 한다. 또 앞에 분자가 둘 이상(엄밀히 말하면 1을 초과하는)의 복수라면 분수 자체도 복수가 된다.

ein Viertel(1/4), zwei Drittel(2/3), drei Zwanzigstel(3/20), ein Tausendstel(1/1000), ein Millionstel(1/1,000,000)

ein Viertel der Befragten 질문을 받은 사람(조사 대상)들의 1/4

drei Zwanzigstel der Masse 질량의 3/20

ein Tausendstel dessen, was gemessen wurde 측정된 것의 1/1000

Es wurde um drei Viertel mehr Geld ausgegeben als zuvor. 전보다 돈을 3/4만큼 더 지출했다.

3) 다른 명사들과 붙여서 한 단어처럼 쓰기도 한다.

Vierteljahr 1/4년-3개월

Viertelpfund 1/4파운드

Viertelliter 1/4리터

Achtelliter 1/8리터

Hundertstelsekunde 1/100초

Sechzehntelnote 1/16음표-16분음표

4) 분수 다음에 단위가 나오지 않으면, 어울리는 단위(여기서는 리터 Liter)가 생략된 것이다.

ein Viertel Wein (= ein Viertelliter Wein) 포도주 1/4리터

ein Achtel Sahne (= ein Achtelliter Sahne) 크림 1/8리터

5) Zweitel, Hälfte und halb: 분수 중에서 1/2에 해당하는 Zweitel/zweitel의 경우 보통은 쓰이지 않고 학술이나 전공에서 쓰이는 정도다. 보통은 절반을 나타내는 명사 die Hälfte(Zweitel 대신)나 아니면 형용사 halb(zweitel 대신)로 쓴다.

die Hälfte der Menge(statt: ein Zweitel der Menge)

ein halbes Kilogramm(statt: ein zweitel Kilogramm)

6) halb는 형용사처럼 어미변화를 한다.

ein halber Liter(1격)	eine halbe Tonne
eines halben Liters(2격)	einer halben Tonne

einem halben Liter(3격)　einer halben Tonne
einen halben Liter(4격)　eine halbe Tonne

* 1.5(1½ eineinhalb, anderthalb)처럼 halb 앞에 온전한 수가 올 경우, 함께 붙여서 쓴다. 이 경우 어미변화는 없다. 1.5, 즉 둘이 되지 않지만 그래도 뒤에 단위는 복수가 된다(1을 넘어서면 복수다!).

eineinhalb = einundeinhalb, anderthalb 1과 ½
zweieinhalb = zweiundeinhalb 2와 ½
dreieinhalb = dreiundeinhalb 3과 ½
eineinhalb Liter 1리터 반
anderthalb Tonnen 1톤 반
mit zweieinhalb Meter Stoff 천/원단 2미터 50

4. 종류, 가짓수를 나타내는 단어(-erlei) - Die Gattungszahlwörter

1) 종류(가짓수)를 나타내는 말은 숫자에 [-erlei]를 붙여서 만든다.

einerlei = eine Art von 한 종류, 한 가지
zweierlei = zwei Arten von 두 종류, 두 가지
dreierlei = drei Arten von 세 종류, 세 가지
viererlei = vier Arten von 네 종류, 네 가지
hunderterlei = hundert(e) Arten von (수)백 종류, (수)백 가지
tausenderlei = tausend(e) Arten von (수)천 종류, (수)천 가지

2) 그 밖에 분명한 수가 정해지지 않은 가짓수(종류)를 나타내는 말

keinerlei = keine Art von 어떤 종류도 ~하지 않다 (종류+부정)
mehrerlei = mehrere Arten von 두서너 종류, 두서너 가지
mancherlei = manche, viele Arten von 많은 종류, 여러 가지
vielerlei = viele Arten von 다양한 종류, 여러 가지
allerlei = alle 모든 종류 viele Arten von 온갖 종류

3) 가짓수를 나타내는 낱말에는 관사도 없고 또 어미변화도 없다.

Wir haben zweierlei Fragen. 우리에게는 두 가지(종류) 물음이 있다.
Es gibt tausenderlei Möglichkeiten. 가능성은 천 가지다. 천 가지 길이 있다. 온갖 것

aus mehrerlei Gründen 두서너 가지 이유들 때문에
mit vielerlei guten Speisen 다양한 종류의 좋은 음식들로

5. 정해지지 않은 수를 나타내는 형용사

1) 수가 분명치 않거나 정해지지 않은 경우를 표현하는 형용사는 다음과 같다. viel 많은, ungezählt 헤아릴 수 없는, zahllos 무수히 많은, zahlreich 수많은; 적은 수, 양: wenig 별로 없는, gering 사소한/적은, einzeln 하나, 단독, 한두, vereinzelt 드문

Es sind viele Leute. 사람들이 많다.

Trotz vieler Angriffe sind wir noch nicht besiegt. 수많은 공격에도 불구하고 우리는 아직 패배하지 않았다.

Wegen der vielen Angriffe sind wir besiegt. 수많은 공격 탓에 우리는 패배했다.

Da steht ein einzelnes Haus. 저기 외딴 집 하나뿐이다.

Hier gibt es die einzelnen Häuser. 이곳엔 띄엄띄엄 집들이 몇 채 있다.

2) 단수 명사일 경우 대체로 어미변화가 없다.

Viel/Wenig Arbeit wartet auf mich. 많은/적은 일이 나를 기다린다.

Ich habe viel/wenig Geld. 내겐 돈이 많다/별로 없다.

mit viel/wenig Gepäck 짐이 많은/별로 없는. 드물게 어미변화를 하기도-mit vielem/wenigem Gepäck

trotz viel Kritik = trotz vieler Kritik 많은 비판에도 불구하고

3) 복수에서는 대체로 어미변화를 하는데, 특히 3격일 때에는 반드시 어미변화가 따른다. 격을 분명하게 나타내야 할 때 어미변화가 등장한다.

Mit wenigen Ausnahmen(드물게 Mit wenig Ausnahmen) 예외 별로 없이

Ich mache mir nicht viele Gedanken(드물게 nicht viel Gedanken). 생각을 많이 하지 않는다.

Ich mache mir nur wenige Gedanken(드물게 wenig Gedanken.). 그저 조금만 생각할 뿐이다.

Er besitzt nur wenige Bücher(드물게 wenig Bücher). 그에게는 책이 조금밖에 없다.

Nach Ansicht vieler Leute. 많은 이들의 견해에 따르면

4) 정해지지 않은 수를 나타내는 부정대명사는 앞의 III. 6을 참조하라.

독일어	우리말	영어

II. 몸-신체부위, 장기 | der Körper-der Körperteil-das Organ

독일어	우리말	영어
der Arm, -e	팔	*arm*
das Armband, -bänder	팔찌	*bracelet, armband*
die Armbanduhr, -en	손목시계	*watch*
die Backe, -n	엉덩이, 궁둥이, 볼기	*buttock*
der Po(Popo), die Pobacke		
der Bauch, Bäuche	배, 복부	*belly, stomach*
das Bein, -e	다리	*leg*
das Blut, -e	피, 혈액	*blood*
die Brust, Brüste	가슴, 모유, 젖가슴	*chest, breast*
der Busen	유방	*bosom*
der Ellbogen	팔꿈치	*elbow*
der Fuß, Füße	발	*foot-feet*
der Schuh, -e	신발	*shoes*
die Socke, -n	양말	*socks*
der Finger	손가락	*finger/fingers*
der/die Daumen	엄지	*thumb/thumbs*
der Zeigefinger	집게손가락-검지	*forefinger*
der Mittelfinger	가운데손가락-장지-중지	*middle finger*
der Ringfinger	반지손가락, 무명지, 약지	*ring finger*
der kleine Finger	새끼손가락	*little finger*
das Fußgelenk, -e	발목(관절)	*ankle*
der (Fuß-/Finger-)Knöchel	발목관절 / 손가락 마디	*ankle(s) / knuckle(s)*
das Gedarm, Gedärme	창자, 장	*intestines, entrails*
das Gehirn,-e	뇌	*brain, cerebric*
das Hirn		
der Hals, Hälse	목	*neck*
die Kehle	목구멍	*throat*
die Halskette	목걸이	*necklace*
der Schal -(e)s, Schale/Schals	목도리, 숄, 스카프	*shawl, scarf*
die Hand -die Hände	손	*hand*
die Handfläche	손바닥	*palm*
der Handschuh, -e	장갑	*glove-s*
das Handgelenk, -e	손목, 손목관절	*wrist*
der Finger	손가락	*finger*
sich die Hände waschen	손을 씻다(화장실 가다)	*wash one's hands*
die Seife, -n	비누	*soap*
das Herz, -en	염통-심장, 가슴	*heart*
die Haut, Häute	피부	*skin*
die Hüfte, -n	엉덩이, 볼기, 둔부	*hip*
die Kehle, -n	목구멍	*throat*
der Hals	목	
das Knie, -e	무릎	*knee*
der Knochen	뼈(골)	*bone*
die Leber, -n	간, 간장	*liever, Hepar*
die Lunge, -n	폐, 허파	*lung*

독일어	우리말	영어
der Magen, Mägen	위, 배	*stomach*
der Muskel, -n	근육	*muscle*
der Nacken	목덜미, 목	*neck*
der Nagel - Nägel der Fußnagel, Zehnnagel der Nagelknipser -	손톱 발톱 손톱깎이	*nail* *toenail* *nail clipper*
der Nerv, -en	신경	*nerve*
die Niere, -n	콩팥, 신장	*kidney*
die Rippe, -n	갈빗대, 늑골	*rib*
der Rücken	등	*back*
der Schädel	머리뼈, 두개, 두개골	*skull*
der Schenkel der Oberschenkel der Oberschenkelknochen die Wade, -n	정강이 넙다리-넓적다리-대퇴 넙다리뼈-넓적다리뼈-대퇴골 종아리, 장딴지	*tibia-shank* *thigh* *femur* *calf*
die Schulter, -n	어깨	*shoulder*
das Skelett, -e	뼈대, 골격, 해골	*skeleton*
die Taille, -n	허리	*waist*
die Wade, -n	장딴지	*calf*
die Wirbelsäule, -n	척추	*backbone, spine*
der Zeh - die Zehe der große Zeh der kleine Zeh	발가락 엄지발가락 새끼발가락	*toe* *big toe* *little toe*
얼굴, 머리 부위와 그 관리 및 관리도구(용품)		
das Auge, -n die Augenbraue -n das (Augen)Lid der Lidschatten der Eyeliner	눈 눈썹 눈까풀 아이섀도우(눈까풀그림자) 아이라이너	*eye, eyes* *eyebrow* *eyelid* *eyeshadow* *eyeliner*
der Bart - die Bärte rasieren der Rasierer das Rasierschaum -schäume das Rasierwasser - Aftershave	턱수염 면도하다 면도기 면도용 거품 스킨로션	*beard* *shave* *razor* *shaveing foam* *aftershave*
das Blond, blond	금발, 금발의	*blonde*
der Dimpel das Grübchen	볼우물, 보조개	*dimple*
das Gesicht, -er die Falte, -n	얼굴 주름, 주름살	*face* *wrinkle, line*
der Glatzkopf, -köpfe	대머리	*baldie, baldhead*
die Größe, -n die Körpergröße	크기/키-신장	*size, height*
das Haar, Haare das Blondhaar schwarzes Haar(schwarzhaarig) das graue Haar	머리카락 금발머리 검은머리(검은머리의) 은발	*hair* *blond hair* *black hair* *grey hair*

독일어	우리말	영어
das Haar, Haare der Friseur, -e die Friseurin, -innen, Friseuse der Friseursalon -s, -laden das Haargel, -s das Shampoo = Haarwaschmittel Haare waschen - shampunieren sich die Haare schneiden lassen die Dauerwelle	머리카락 미용사, 이발사 (여성형)미용실 헤어젤, 머릿기름 샴푸 = 머리비누 머리감다 (미용실에서)머리(카락) 자르다, 커트하다 파마	*hair* *hairdresser, barber, haircut-tehair/beauty salon, barber shop* *hair gel* *shampoo* *shampoo* *shampoo* *get a haircut* *permanent wave*
die Haut - Häute	살갗, 피부	*skin*
das Jochbein der Wangenknochen	광대뼈	*cheekbone*
das Kinn, -e	턱	*chin*
der Kopf, Köpfe der Haupt	머리	*head*
die Lippe, -n der Lippenstift, -e das Lipgloss	입술 립스틱 립글로스	*lip* *lipstick* *lip gloss*
die Locke, -n	곱슬머리, 고수머리	*curly hair*
der Mund, Münder	입	*mouth*
die Nase, -n	코	*nose*
das Ohr, -en der Ohrring, -e	귀 귀걸이	*ear* *earing*
der Schnurrbart, - bärte / die Barthaare(Pl.) der Bart, -e	콧수염 얼굴에 난 털 - 수염 전부	*mustache, whiskers* *beard*
die Sohle, -n	발바닥, 신발바닥	*sole*
die Stirn, -en	이마	*forehead, brow*
die Wange, -n	볼, 뺨	*cheek, jowl*
die Wimper, -n	속눈썹	*eyelash*
der Zahn, Zähne sich die Zähne putzen die Zahnbürste, -n die Zahnkreme, die Zahnpasta, -en, die Zahnpaste, -n die Zahnseide, -n der Zahnarzt -ärzte einen Termin beim Zahnarzt haben	이, 치아 이를 닦다 칫솔 치약 치실 치과의사 치과에 (진료)예약이 있다	*tooth - teeth* *brush one's teeth* *toothbrush* *toothpaste* *dental floss* *dentist* *to have an appointment with a dentist*
die Zunge, -n	혀	*tongue*

독일어	우리말	영어

III. 가족과 친척 die Familie und die Verwandten

die Adoptiveltern	입양한 부모, 양부모	*adoptive parents*
das Adoptivkind, -er	입양된 자식, 양자	*adopted child*
der Bruder, Brüder	형, 오빠, 남동생	*brother*
der Cousin -s = der Vetter ☞ (참) die Cousine = Kusine der Neffe ☞ (참) die Nichte	조카(부모의 남녀 형제의 아들) (참) 조카(위의 딸) 남녀 형제(처남, 처제, 매부)의 아들(3촌, 이종3촌); Cousin/Cousine의 아들(4촌); (참) 같은 조건의 딸, 질녀	*cousin -> nephew*
das Einzelkind, -kinder	외동, 홑자식(딸, 아들 구분 없이)	*only child*
die Eltern(Pl. = Vater + Mutter)	부모	*parents*
die Enkelkinder(Pl ㅣ) = Enkelsohn + Enkeltochter)	손자손녀 - 손주	*grandchildren*
der Enkelsohn, -söhne	손자	*grandson*
die Enkeltochter, -töchter	손녀	*granddaughter*
der Familienstand, –stände ledig, unverheiratet verheiratet geschieden verwitet	가족사항 미혼 기혼 이혼 사별(과부/홀아비 상태)	*family status* *single - unmarried* *married* *divorced* *widowed*
die Frau, -en der Mann - die Männer	부인 남편	*wife* *husband*
die Großeltern =Großmutter + Großvater	조부모, 외조부모 (외)할아버지+(외)할머니	*grandparents*
die Großmutter = die Großmama = die Oma	할머니	*grandmother - grandma*
der Großvater = der Großpapa = der Opa -s	할아버지	*grandfather - grandpa - grandad*
die Mutter, Mütter der Vater, Väter die alleinerziehende Mutter der alleinerziehende Vater	어머니 아버지 혼자 자식을 키우는 - 싱글맘 싱글대디(홀엄마-홀아빠?)	*mother* *father* *single mother* *single daddy*
der Neffe, -n die Nichte, -n	남녀 형제의 아들(조카), 조카(Cousin/Cousine)의 아들 같은 조건의 조카딸(생질)	*nephew* *niece*
der Onkel ☞ (참) die Tante	삼촌, 외삼촌, 고모부, 이모부, 아저씨 ☞ (참) 고모, 이모, 숙모	*uncle, ant*
der Schwager(in), Schwäger	처남, 매부, 형부, 시동생, 자형, 동서, 시아주버니	*brother - in - law*
die Schwägerin, -nen	형수, 계수, 시누이, 올케, 처제, 처형, 동서	*sister - in - law*
die Schwester	언니, 누나, 여동생	*sister*
die Schwiegereltern(Pl.) der Schwiegervater + die Schwiegermutter	시부모, 처부모(장인-장모)	*parents - in - law*
die Schwiegermutter, mütter	시어머니, 장모	*mother - in - law*
der Schwiegersohn, -söhne	사위	*son - in - law*
die Schwiegertochter, -töchter	며느리	*daughter - in - law*

독일어	우리말	영어
der Schwiegervater, -väter	시아버지, 장인	*father-in-law*
der Sohn -die Söhne der Adoptivsohn	아들 입양된 아들	*son* *adoptive son*
die Tante -n ☞ (참) der Onkel	고모, 이모, (외)숙모, 아줌마 ☞ (참) 고모부, 이모부, (외)삼촌, 아저씨	*aunt* *uncle*
die Tochter -Töchter die Adoptivtochter/die adoptierte Tochter	딸 입양된 딸	*daughter* *adoptive /adopted daughter*
die Urgroßeltern(Pl.) der Urgroßvater + die Urgroßmutter	증조부모 증조할아버지 + 증조할머니	*great grandparent* *great grandfather + great grandmother*
der Vater -die Väter die Mutter der alleinerziehende Vater ☞ (참) die alleinerziehende Mutter	아버지 어머니 홀로 자식 키우는 아버지 - 싱글대디 ☞ (참) 싱글맘	*father, mother* *single father, single daddy* *single mom*
der Verwandte ein Verwandter, eine Verwandte, die Verwandten ☞ (참) 형용사어미변화) Blutverwandtschaft	친척, 혈연	*relation, relative* *blood-relationship*
die Waise, -n das Waisenkind	고아	*orphan*
die Witwe, -n der Witwer	홀어미 홀아비	*widow* *widower*

IV. 주거-가구-살림 die Wohnung-das Möbel-der Haushalt

독일어	우리말	영어
das Apartment, -s das Haus die Wohnung	아파트 주택(단독식 혹은 건물 전체) 아파트나 다세대 주택 식 주거시설	*apartment* *house* *flat*
der Aufzug, -züge = der Fahrstuhl = der Lift	승강기, 엘리베이터	*lift, elevator*
der Balkon, -e	발코니	*balcony*
das Bett, -en	침대	*bed*
die Bohrmaschine, -n	드릴	*drill, boring machine*
das Dach, Dächer	지붕	*roof*
der Dachboden, -böden	다락방	*atic, loft, garret*
der Draht, Drähte	철사, 전화선	*wire, filament*
der Einkauf, -käufe einkaufen(gehen) die Einkaufstasche, -n der Einkaufswagen der Abzug -der Rabatt die Apotheke, -n, Drogerie, -n die Bäckerei, -en die Boutique das Kaufhaus, -häuser das Lebensmittelgeschäft, -e der Laden, Läden der Asialaden der Bioladen	장보기, 쇼핑, 구매 장보다(장보러 가다) 장바구니, 쇼핑백 쇼핑수레 할인 약국 빵집, 제과점 부티크, 양품점 백화점 식료품점 가게 아시아 식품점 천연/유기농 식품점	*shopping* *go shopping* *shopping bag, tote bag* *cart* *discount* *drugstore* *bakery* *boutique* *department store* *grocery store* *shop, store* *Asian supermarket* *organic grocery store*

독일어	우리말	영어
der Einkauf, -käufe	장보기, 쇼핑, 구매	*shopping*
der Buchladen	책방, 서점	*bookstore, shop*
die Konditorei, -en	과자가게, 제과점	*confectionery (shop)*
der Markt - Märkte	시장	*market*
die Metzgerei, -en	정육점	*butchery*
die Parfümerie, -n	향수가게, 화장품점	*perfumery, beauty shop*
das Schaufenster	진열창	*(shop) window*
der Schaufensterbummel, -n	아이쇼핑, 눈요기	*window shopping*
das Schreibwarengeschäft, -e	문방구	*stationery shop*
der Schuhladen	신발가게	*shoeshop, -store*
das Sonderangebot, -e	특별가격, 특별세일, 그 상품	*bargain offer, special bargain*
der Sommerschlussverkauf -käufe	가을맞이 여름상품 정리 세일	*summer sale*
der Supermarkt, -e	슈퍼마켓	*supermarket*
das Essen	식사	*meal*
die Hauptmahlzeit	정식 세 끼 식사	*main meal*
der Frühstück	아침식사	*breakfast*
das Mittagessen	점심식사	*lunch*
das Abendessen	저녁식사	*dinner*
der Imbiss (kurze Mahlzeit od. Zwischenmahlzeit, der Snack)	간식(그 간식을 팔고 또 먹을 수 도 있는 간이식당)	*snack*
das kalte Essen / kaltes Buffet	찬 식사(빵, 샐러드, 치즈, 버터 등 조리하지 않은 음식들 - 삶은 계란 예외) / 그런 음식들로 차린 뷔페	*cold food / cold buffet*
das warme Essen - die warme Küche ☞ (참) in Restaurant	조리된 요리/식사	*hot food*
die Etage, -n = das Geschoss - das Stockwerk	층(건물)	*floor*
das Kellergeschoss	지하층	*basement*
das Erdgeschoss	1층, 지층	*main -, ground - , first floor*(미)
die erste Etage	2층	*first floor*(영)*, second fl.*(미)
das Fenster, Fenster	창, 창문	*window*
das Ferienhaus, -häuser die Ferienwohnung, -en	별장(휴가가 4-5주 넘는 유럽에서 휴가 때 지내는 집 또는 주거시설. 콘도는 그것을 아파트화 한 것.)	*vacation hause, holiday home, holiday flat/apartment*
die Garage, -n	차고	*garage*
der Garten, Gärten	뜰, 정원	*garden*
das Gebäude	건물	*building*
das Gemüse ☞ (참) V. Essen-im Restaurant / Gemüse	채소, 남새 ☞ (참) V. 먹을거리 - 식당에서 / 야채편	*vegetables*
das Geschirr, -e	식기류	*dishes*
der Becher*	컵(손잡이, 다리 없는 것)	*mug*
die Gabel, -n	포크	*fork*
das Glas - Gläser*	컵(유리로 만든 것; 차가운 음료 마실 때)	*glass*
das Küchenbrett =Schneidebrett	(칼)도마	*cutting/chopping board*
der Löffel	숟가락, 스푼	*spoon*
der Teelöffel	찻숟가락	*teaspoon*
das Messer	나이프, 칼	*knife*
die Pfanne	냄비, 프라이 팬	*pan*
die Bratpfanne	프라이팬	*frypan*
die Serviette / das Mundtuch	냅킨	*napkin*
das (Ess)Stäbchen	젓가락	*chopstick*

독일어	우리말	영어
das Geschirr, -e	식기류	*dishes*
die Tasse, -n*	잔(커피, 차 등 뜨거운 음료)	*cup, mug*
der Teller	접시	*plate*
der Topf - Töpfe	솥	*pot*
* 도기와 자기로 만들어 뜨거운 음료 마시기 좋게 손잡이(der Henkel)가 있는 것을 Tasse라고 한다. 높이보다 너비가 크고 받침 잔 혹은 찻잔(Untertasse)와 쌍을 이뤄 쓰인다. 반면 너비보다 높이가 크고 시원한 음료 마시기 좋은 것이 Glass다. 손잡이가 보통 없다. 크기는 비슷하지만 손잡이가 달리고 흔히 ‹머그›로 불리기도 하는 것이 (Henkel)Becher다. 손잡이를 강조하여 Henkel을 앞에 붙이기도 한다. 동독 지역의 경우 도기, 자기 재질인 경우 모두 Tasse로, 플라스틱 재질의 경우를 Becher라고 한다.		
die Gießkanne, -n	물뿌리개	*watering pot*
die Hacke, -n	괭이, 곡괭이, 가래 갈퀴	*hoe*
der Hammer	망치, 해머	*hammer*
das Haus, Häuser	집(단독이나 연립Reihenhaus)	*house*
das Einzelhaus	교외 단독주택-빌라(pavillon)	*detached house*
das Hochhaus	고층건물	*tower*
das Heim, -e	집(Zuhause, Haus), 공공 수용시설 (양로원, 보육원, 기숙사)	*home, asylum*
das Altenheim	양로원	*retierement home*
das Kinderheim	고아원	*orphanage*
das Wohnheim	공동주거시설, 기숙사	*dormitory, hostel*
der Hinterhof, - höfe der hintere Hof	뒤뜰	*backyard*
der Hof, Höfe	(큰)울안, 궁정, 농장	*court, yard*
das Kabel	케이블	*wire*
der Keller	지하실, 지하층	*basement*
die Klimaanlage, -n	에어컨	*air conditioner*
der Korridor	회랑, 복도, 현관 쪽 공간	*corridor, hall*
die Küche, -n	부엌, 요리	*kitchen, cuisine/cooking*
kochen	요리하다, 삶다, 끓이다	*cook, boil, brew*
die Dose - der Dosenöffner	캔, 깡통 - 깡통따개	*can opener, tin opener(영)*
die Folie	랩, 포일	*foil*
das Geschirr, -e	식기류	*dishes*
das Gefrierfach -fächer	냉장고의 냉동실	*freezer compartment*
der Gefrierschrank -schänke	냉동고	*freezer*
der Herd, -e,	가스레인지, 스토브	*stove*
der Elektroherd,	전기 쿠커/스토브, 전자레인지, 가스	*electric cooker/stove/range*
der Gasherd	레인지	*gasrange*
der Induktion, das -skochfeld	인덕션	*induction hob*
die Kaffeemühle, -n	커피분쇄기	*coffee mill/grinder*
die Kanne, -n	포트, 주전자	*pot, jug*
der Kessel	주전자	*kettle*
die Kochplatte, -n	조리용 열판	*cooking plate hotplate*
das (Küchen)messer	(식)칼	*kitchen knife*
der Kühlschrank -schränke	냉장고	*fridge, refrigerator*
das Leitungswasser	수돗물	*tap water*
die Mikrowelle, -n	전자레인지	*microwave*
der Ofen, Öfen	오븐	*oven, stove*
Backofen, -öfen	오븐	*(baking) oven*
spülen	설거지하다	*wash up*
die Spülmaschine, n	식기세척기	*dishwascher / wascher*
der Wasserhahn -hähne	수도꼭지	*faucet*
wrap	랩 같은 걸로 포장하다, 감아 싸다	*wrap*

독일어	우리말	영어
Lebensmittel(Pl.)	식료품	*groceries*
das Getränke	마실 거리(음료수)	*beverages, drinks*
das Fleisch	고기, 육류	*meat*
das Gemüse / die Gemüse	야채, 채소, 푸성귀	*vegetables*
der Käse	치즈	*cheese*
die Butter	버터	*butter*
der Bioladen	자연식, 유기농산물 가게	*organic grocery store*
die Tiefkühlkost	냉동식품	*deep-frozen foods*
die Leiter	사다리	*ladder*
☞(참) der Leiter	☞(참) 지도자	☞(참) *leader*
die Leitung, -en	전선, 배선, 도관, 전화선	*wire, cable, line*
die Mauer, -n	벽, 담벼락, 성벽	*wall*
die Miete, -n	임대료, 집세	*rent*
Kaltmiete	난방과 부대비용 뺀 임대료	*cold rent, warm rent*
Warmmiete	난방과 부대비용 포함한 임대료	
der Mieter ☞(참) der Vermieter	세든 사람(임차인) ☞(참) 세준 사람(임대인-주인)	*renter* ☞(참) *lessor*
die Kaution, -en	보증금	*deposit*
der Makler	부동산중개인, 공인중개사	*estate agent*
das Möbel, -	가구	*furniture*
der Nagel, Nägel	못	*nail, spike*
der Palast, Paläste	궁전, 대저택(방어기능 상 높은 지역의 Schloss와 달리 크기와 화려함 중요)	*palace*
der Pinsel	붓, 솔, 브러시	*brush*
das Portal, -e	정문, 현관, 입구	*portal*
das Postamt, -ämter	우체국	*post office*
der Postbote, -n = Briefträger	우편집배원	*mailman*
das Rohr, Röhre	관, 파이프	*pipe, tube*
die Schere, -n	가위	*scissor*
das Schloss, Schlösser	자물쇠	*lock*
☞(참) der Schlüssel	☞(참) 열쇠	☞(참) *key*
das Schloss, Schlösser ☞(참) die Burg	성(Burg이 방어용이라면 Schloss는 과시용. 공성전 의미 사라지며 Burg가 끝났고, 왕정이 끝나면서 Schloss 끝남.	*castle, palace, chateau* (영어에선 구분 없음)
der Schrank, Schränke	장롱, 옷장, 찬장	*wardrobe, armoire*
der Wandschrank, -schränke	붙박이장	*closet - wall closet*
die Schraube, -n	나사못, 나사	*screw*
der Schraubenzieher	나사돌리개, 드라이버	*screwdriver*
der Sessel	안락의자(1인용 소파-팔걸이 있는)	*armchair*
das Sofa, -s	소파	*sofa*
der Spaten die Schaufel, -n	삽	*shovel / spade*
der Tisch, -e	책상, 테이블	*table, desk*
☞(참) der Stuhl, Stühle	☞(참) 의자	☞(참) *chair*
der Schreibtisch, -e	책상	*study desk*
der Esstisch, -e	식탁	*dining table*
der Arbeitstisch, -e	작업대	*worktable/-desk/-bench*

독일어	우리말	영어
die Terrasse, -n ☞(참) der Balkon, -s/e (발코니) ☞(참) die Veranda, -en	테라스(1층 거실, 식당에서 밖으로 이어진 시설 - 지붕이 없다. 발코니는 2층 이상에서 거실 연장 - 지붕 없고, 난간 있음. 베란다는 1층보다 2층 면적이 작을 때 남는 지붕 부분 쓰는 것)	*terrace* *balcony* *veranda, porch*(미)
die Tür, -en die Haustür, -en	문 대문	*door* *frontdoor*
der Vermieter ☞(참) der Mieter die Miete, -n (kalt / warm) die Heizung, -en der Mietvertrag, -träge	세준 사람(임대인 - 주인) ☞(참) 세든 사람(임차인) 임대료, 집세(난방비용 비포함/포함) 난방 임대계약	*lessor* ☞(참) *renter* *rent* *heating* *lease contract/agreement*
das Villa, Villen	빌라	*villa*
die Wäsche, -n die Wäscherei –en, das Waschhaus, -häuser der Waschsalong, -s die Waschmaschine, -n	빨랫감 세탁소 빨래방, 세탁-건조기(동전 넣고 손수) 세탁기	*laundry* *laundry (shop)* *laundromat, laundrette* *washer, washing machine*
das Werkzeug ,-zeuge	연장	*tool*
das Wohnheim, -e das Studentenwohnheim	기숙사, 공동숙소 대학기숙사	*dormitory, hostel* *student dorm*
die Wohnung, -en die Einzimmerwohnung, -en die Zweizimmerwohnung, -en das Wohnviertel, das Wohngebiet, -e	주거시설(총칭), (보통) 집-아파트 원룸 투룸(방 둘짜리 아파트) 주거지역, 주택가	*house + flat/apartment* *one - room flat, studio* *two - room flat/apartment* *housing - , residential area/ district*
die Zange, -n	집게	*forceps, pliers, claws*
das Zimmer das Arbeitszimmer das Badezimmer das Esszimmer das Gästezimmer das Kinderzimmer das Doppelzimmer das Einzelzimmer das Schlafzimmer das Wohnzimmer	방 작업실, 공방 욕실 식당 손님방, 객실 아이 방 2인실 1인실 침실 거실, 응접실	*room, chamber, cabinet* *workroom* *bath, bathroom* *dining room* *guestroom, hotel room* *nursery* *double/twin room* *single room, one - bed room* *bedroom* *parlor - lounge*
das Zuhause	집, 가정, 고향	*home(zuhause = at home)*

독일어	우리말	영어

V. 먹을거리-레스토랑(카페, 주점)에서
Das Essen im Restaurant/Cafe/Lokal/Kneipe

독일어	우리말	영어
die Bar, -s	바	*bar*
das Bistro, -s	작은 레스토랑, 선술집	*bistro*
das Besteck, -e Essbesteck, Tafelbesteck	식사에 맞게 먹는 데 필요한도구(용도에 따른 나이프와 포크, 숟갈 등), 우리를 비롯한 아시아의 경우 젓가락이 대표적 Besteck이며, 서양에서 조개나 게 등 생선 요리의 경우 집게 등 특별한 도구들이 포함된다.	*eating irons, cutlery*
das Café, -s	카페	*cafe*
die Cafeteria, -s/ Cafeterien	카페테리아(셀프 서빙 간이식당)	*cafeteria*
das Fastfood-Restaurant,-s ☞(참) Schnellrestaurant, -s	패스트푸드식당, -점	*fast food restaurant*
der Gast, Gäste der Kunde, Gastgeber Stammgast	손님 고객 주인, 손님 치르는 사람 단골손님(정기적으로 같은 시간에 같은 테이블을 정해 놓고 오는)	*guest* *customer* *host* *regular customer*
das Gasthaus, -häuser die Gaststätte, n	음식점, 여관, 숙식업소 여관 겸하는 식당, 음식점	*guesthouse, tavern, rest.* *public house, rest.*
das Gedeck, -e	상차림(Besteck)에 식기류 및 냅킨(Servietten)에 필요한 경우 예약자나 식탁 지정자 이름표. 옛날에는 시중드는 종업원을 부르는 종도 포함되기도.	*place setting, cover, tableware*
die Kantine, -n	구내식당, 매점	*canteen, cafeteria*(미)
der Kassierer /die Kassiererin, -nen	계산원, 계산 담당	*cahier*
die Kneipe, -n	선술집, 바, 주점	*pub*(영), *bar, tavern*
das Lokal, -e Speiselokal	선술집, 주점, 바 음식점	*bar, pub*(영) *restaurant*
die Mensa, Mensen	대학 구내식당	*canteen*
das Menü, -s, -s der Aperitif, -e der Hauptgang, -menü, -gericht, -speise Vorspeise, Nachspeise Fischgerichte ☞(참) Fisch Fleischgerichte ☞(참) Fleisch Geflügelgerichte ☞(찬) Geflügel der Fisch, -e die Fischgerichte(Pl.) das Aal, -e die Anchovis die Auster der Dorsch, -e die Forelle, -n der Krebs, -e die Garnele, -n der Hering, -e der Hummer	차림표, 식단, 메뉴 식욕 돋우는 반주 중심 요리-메뉴 전채(애피타이저), 후식(디저트) 생선류 ☞(참) 생선 육류, 고기류 ☞(참) 고기, 육류 날짐승, 가금류 요리 ☞(참) 날짐승 생선, 물고기 생선요리 장어 멸치 굴 대구 송어 게, 갑각류 새우 청어 바다가재, 대하, 왕새우, 로브스터	*menu* *aperitf* *main course, main dish* ☞(참) *appetizer, dessert* *fish dishes* ☞(참) *fish* *meat dishes* ☞(참) *meat* *poultry* *fish* *fish dishes* *eel* *anchovy* *oyster* *cod* *trout* *crab* *shrimp* *herring* *lobster*

독일어	우리말	영어
der Lachs, -e	연어	*salmon*
die Languste, -n	대하, 왕새우	*spiny lobster*
die Makrele, -n	고등어	*mackerel*
die Muschel, -n	조개	*clam, shellfish*
Miesmuschel, -n	홍합	*mussel*
Jakobsmuschel, -n	가리비	*scallop*
der Oktopus, -se/ Oktopoden	낙지, 문어	*octopus*
die Sardine, -n	정어리	*sardine*
die Schnecke, -n	달팽이, 고동	*snail*
der Seebrassen, -n	돔, 도미	*sea bream*
der Tintenfisch, -e	오징어	*squid, cuttlefish*
der Tunfisch, -e	참치	*tuna*
das Fleisch	고기, 육류	*meat*
= das tierische Nahrungsmittel	= 동물성 식품	*= animal source foods*
die Fleischgerichte(Pl.)	고기 요리	*meat dishes*
das Hackfleisch	다짐육	*mince, minced meat*
der Hase, -n ☞(참) das Kaninchen	산토끼(고기) ☞(참) (사육)토끼	*hare* ☞(참) *rabbit*
das Kalbfleisch	송아지고기	*veal*
die Kalbshaxe	소 다리 요리(돼지 족발처럼)	*knuckle of veal*
das Kaninchenfleisch/☞(참) Hase	토끼고기 ☞(참) 산토끼	*rabbit(meat)* ☞(참) *hare*
das Lammfleisch	새끼 양고기	*lamb*
das Lammkotelett -s	램 찹(소스에 재어 튀김)	*lamb chop*
das Rindfleisch	소고기	*beef*
der Rinderbraten	쇠고기 구이, 로스트 비프	*roast beef*
das Rindersteak, -s = Beefsteak	비프스테이크	*beefstake*
das Schaffleisch	양고기	*mutton*
das Schweinefleisch	돼지고기	*pork*
Schweinshaxe	돼지족발(육수에 재고 볶아서 구운)	*pork knuckle*
Schweinekoteletts	돼지 커틀릿(돈가스)	*pork chop*
das Wild	사냥감 동물과 그 고기	*game*
das Wildschwein, -e	멧돼지	*(wild) boar*
die Wurst	소시지	*sausage*
das Geflüge ☞(참) Fleischgerichte	날짐승, 가금류 ☞(참) 육류요리	*poultry,* ☞(참) *meat dishes*
die Ente, -n	오리	*duck*
Pekingente	북경오리	*Beijing/Peking (roast)duck*
die Fasan, -e	꿩	*pheasant*
die Gans, Gänse	거위, 기러기	*goose - geese*
der Hahn	수탉	*cock*
(gebratenes) Hähnchen	튀김 닭, 치킨	*fried chicken*
das Huhn, Hühner	닭	*chicken, hen*
Hühnerfleisch	닭고기	*chicken (meat)*
die Pute, -n	칠면조	*turkey*
die Wachtel, -n	메추라기	*quail*
das Gemüse - die Gemüse	채소, 남새	*vegetables*
= Pflanzennahrung	= 식물성 음식	*= plant foods*
die Aubergine -n [오버지네]	가지	*aubergine*
der Blumenkohl, -e	꽃양배추, 콜리플라워	*cauliflower*
die Bohne, -n*	콩*	*bean**
Grüne Bohne, -n	껍질 콩(껍질 채로 먹는)	*green bean*
der Broccoli	브로콜리	*broccoli*
der Champignon, -s, = der Pilz	버섯	*mushroom, champignon*
der/die Chicoree - die Endivie	꽃상추, 치커리	*(Belgian) endive, chicory*
der Chil**i	칠레 고추(매운: 총, 청), 칠레 소스	*chili***
der Chinakohl, -e	배추	*Chinese cabbage*

독일어	우리말	영어
der Eisbergsalat, -e	양상추, 아이스버그 레터스	*iceberg lettuce*
die Erbse, -n	완두, 완두콩	*pea*
die Essiggurke, -n	절임오이, 피클	*pickle*
die Gerste, -n	보리	*barley*
die Gurke, -n ☞(참) Essiggurke	오이 ☞(참) 피클	*cucumber* ☞(참) *pickle*
die Hirse, -n	기장, 조, 수수 등의 잡곡	*milo, millet*
die Karotte, -n = die Möhre, -n	당근	*corrot*
die Kartoffel, -n ☞(참) Süßkartoffel	감자 ☞(참) 고구마	*potato* ☞(참) *sweet potato*
das Kraut, Kräuter	향신 채소, 약초, 잎	*herb*
Heilkraut, Heilkräuter	약초	*herb*
Küchenkraut, -kräuter	향신 용 채소	*culinary herb, potherb*
der Knobrauch, Knobi, Knofi	마늘	*garlic*
der Kohl, -e ☞(참) Chinakohl, -e	양배추 ☞(참) 배추	*cabbage* ☞ *Chinese cabbage*
der Kopfsalat, -e	상추	*lettuce*
die Kresse, -n	갓	*cress*
der Kürbis, -e ☞(참) Zucchini	호박(둥근 모양)	*pumpkin*
die Lauchzwiebel, -n	파	*spring onion*
der Mais	옥수수	*corn*
der Meerrettich, -e	고추냉이	*horse radish*
der Paprika, -s ☞(참) Piment**	서양고추, 사자고추 파프리카**	*sweet pepper, paprika*
scharfer Paprika, -s	☞(참) 피망(매운 맛 / 단맛)* 칠리	☞ *green pepper, pimento, chili*
die Peperone**i	고추**	*hot pepper*
die Petersilie, -n	파슬리	*parsley*
der Pilz -e ☞(참) Champignon	버섯 총칭 ☞(참) 양송이	*mushroom*☞ champignon
der/das Piment, -e ☞(참) Paprika *	피망 ☞(참) 파프리카	*allspice*
der Reis, -e	쌀	*rice*
der Rettich, -e	무	*radish*
der Roggen	호밀	*rye*
die Rübe, -n	순무	*turnip*
gelbe Rübe(=Karotte)	당근	*carrot*
der Salat, -e	샐러드, 샐러드용 채소(상추)	*salad*
das Sauerkraut	사우어크라웉(절인 양배추)	*sauercoute*
der/die Sellerie(남성/여성)	샐러리	*celery*
die/das Soja, die Sojabohne*	콩(두부, 간장, 된장 용)	*soya, soya bean**
die Sojasauce, -n	간장	*soy sauce*
Sojasprossen(Pl.)	콩나물	*soybean sprouts*
der Spargel	아스파라거스	*asparagus*
der Spinat, -e	시금치	*spinach*
die Süßkartoffel, -n ☞(참) Kartoffel	고구마 ☞(참) 감자	*sweet potato* ☞(참) *potato*
die Tomaten(Pl.)	토마토	*tomatoes*
die Zucchini - ☞(참) Kürbis	서양호박(기다란) ☞(참) 호박	*zucchini* ☞(참) *pumpkin*
die Zwiebel, -n ☞(참) Lauchzwiebel	양파 ☞(참) 파	*onion* ☞(참) *spring onion*

* 콩에도 참 여러 가지 종류가 있는데, 우리가 먹는 두부며 간장과 고추장에 쓰는 콩이 die Sojabohne(*soya bean*)이며, 따라서 간장은 die Sojasauce(*soy sauce*)다. 콩들의 차이는 다음 블로그 참조(http://blog.naver.com/rfiennes?Redirect=Log&logNo=30105740800)

** 영어에서 *paprika*는 보통 고추를 말려 빻은 고춧가루를 의미한다. 피망은 *spanish paprika*다. Chili와 Peperoni, Paprika 모두 캅사이신을 함유한 식물로 총 30여 종류가 된다. 가장 작으며 매운 것은 보통 Chili라고 한다(하바네로나 타바스코 소스 원료). 독일어와 영어에서 Paprika라 부르는 것(이탈리아 페페로네 peprone)은 가장 맵지 않은 채소 종류. 페페로니는 맵기 정도가 가장 다양하고, 크기도 크다. 맵기 정도(Scoville)로 Paprika가 0이라면, Peperoni는 100-500, Chili는 500부터 시작해 9백만까지 가는 것도 있다.

일본에서 상업적으로 파프리카와 피망을 다르게 부르고, 우리는 피망을 개량한 작물이 '파프리카'라는 이름으로 새로 들어와서 보통 피망과 파프리카가 다르다고 생각한다. 피망은 프랑스어로 '고추 일반'을 뜻한다. 일반적으로 매운맛이 나고 육질이 질기고 파란 색을 피망, 단맛이 많고 아삭아삭하게 씹히며 노랗거나 빨간 것을 파프리카라 부른다. 그러나 피망과 파프리카의 구분이 정확하지 않아 한국원예학회(1994)에서 발간한 ≪원예학 용어집≫에는 모두 '단고추'로 분류한다.

독일어	우리말	영어
der Geschmack -Geschmäcke	맛, 미각	*smack, taste, sence of taste*
appetitlich = appetitanregend	먹음직스런, 식욕 돋우는	*delicious, appetizing*
bitter	쓴	*bitter*
die Bitterkeit, (-en)	쓴맛	*bitterness*
fade -geschmacklos	맛없는, 밋밋한	*flat, tasteless*
fett	기름진, 기름기 많은	*fat*
das Fett, -e	지방, 비계, 기름기	*fat*
geschmacklos -fade	맛없는	*flat, tasteless*
herb	떫은, 아린, 쓴	*bitter, tart, sour, dry*
lecker -schmackhaft	맛있는	*yummy, delicious*
leicht -schwer	가벼운/담백한-위에 부담스런	*light - heavy*
mager- fettlos - fettfrei	기름기 없는, 지방이 없는	*fatless*
pikant	맛있게 매운	*spicy*
salzig	짠	*salty*
die Säure, -n	신맛	*acidity*
sauer	신	*acid*
der Essig, -e	식초	*vinegar*
scharf	매운, 양념이 독한	*hot, spicy*
schmackhaft -lecker	맛있는	*tasty, delicious*
schwerverdaulich	소화하기 힘든	*heavy*
☞(참) leichtverdaulich	☞(참) 소화하기 쉬운	*light*
süß	단	*sweet*
die Süße, -n	단맛	*sweetness, sweet taste*
ungenießbar	먹을 수 없는, 맛없는	*inedible, uneatable*
das Getränk, Getränke	마실 거리(음료수)	*beverages, drinks*
der Aperitif	입맛 당김 술, 반주	*aperitif*
das Bier –e(Fass-, Flaschen-, Dosen-; helles, dunkles, schwarzes)	맥주(생맥주, 병맥주, 캔맥주; 맑은 맥주, 흑맥주, 블랙비어)	*beer(draft, bottled, can; light, dark, black)*
die Bowle	펀치(와인+샴페인+향료+과일+얼음)	*punch, bowl*
die Cola	콜라	*cola*
der Gin(발음[진])	진	*gin*
der Kaffee, -s(mit / ohne Milch	커피(우유 넣어/우유 없이)	*coffee(with/without milch)*
der Kakao	코코아	*cocoa*
der Kapuziner, Cappuccino	카푸치노 커피	*cappuccino*
die Limonade, -n	레몬수, 레모네이드, 소다	*lemonade(영), soda(미)*
die Milch, -e/-en	우유	*milch*
der Saft, Säfte(Orangen-, Apfel-)	주스(오렌지-, 사과-)	*juice(orange -, apple -)*
der Schnaps	소주, 화주	*liquor, schnapps, booze*
die/das Schorle	스프리처(칵테일: 백포도주+탄산수)	*sprizer*
der Tee, -s/-	차	*tee*
das Wasser / Mineralwasser	물 / 광천수-탄산수	*water / mineral - soda*
der Wein, -e(Rot-, Weiß, Rose-)	포도주(레드–, 화이트- 로제 와인)	*wine(red -, white -, rose-)*
das Gewürz, -e	양념, 향신료, 조미료	*spice, condiment*
der Anis, -e	아니스	*anise*
das Basilikum, -s	나륵꽃, 바질(허브의 일종)	*basil*
m/n Curry, -s	카레	*curry*
der Dill, -e	딜(피클에 넣음)	*dill*
der Ingwer	생강	*ginger*
die Kaper, -n	케이퍼	*caper*
der Knoblauch	마늘	*garlic*
der Koriander	고수, 코리앤더(잎, 씨)	*coriander*
die Kresse, -n	갓, 물냉이	*cress*
der Kümmel	캐러웨이	*caraway*
der/das Liebstöckel	러비지	*lovage*

독일어	우리말	영어
das Gewürz, -e	양념, 향신료, 조미료	*spice, condiment*
der Lorbeer, -en	월계수, 월계수잎사귀	*laurel*
der Majoran, -e	마조람(박하)	*marjoram*
der Muskat, -e	육두구, 너트맥	*nutmeg*
die Muskatnuss -nüsse	육두구 열매	*nutmeg*
die Nelke, -n	정향, 정향나무	*clove*
der Oregano	오레가노(꽃박하, 허브 일종)	*oregano*
der Paprika, -s**	파프리카/피망 ☞(참)	*sweet pepper*
die Petersilie, -n	파슬리	*parsley*
der Pfeffer	후추	*(black)pepper*
der/das Piment ☞(참) Paprika**	단고추 ☞(참) 파프리카(노랑/빨강)	*allspice*
der Rosmarin	로즈메리	*rosemary*
der Safran, -e	사프란	*saffron*
der/die Salbei	세이지	*sage*
das Salz, -e	소금	*salt*
der/die Sellerie	셀러리	*celery, celeriac*
der Senf, -e	겨자, 머스타드	*mustard*
der Schnittlauch, -e	골파	*chives*
der Thymian, -e	백리향	*thyme*
die Vanille, -n	바닐라	*vanilla*
der Ysop, -e	히솝	*hyssop*
der Zimt	계피	*cinnamon*
das Zitronengras	레몬그라스	*lemon grass*
die Zwiebel, -n	양파	*onion*
kochen	요리하다, 끓이다, 삶다, 찌다	*cook, boil*
backen	(빵, 과자) 굽다	*bake*
braten	굽다, 튀기다, 구워-튀겨지다	*roast, barbecue, fry*
dünsten	찌다, 스튜하다(고기+채소+국물 = 천천히 끓임	*steam, stew*
enthäuten ☞(참) schälen	(동물가죽) 벗기다, ☞(참) 껍질 까다/깎다.	*flay, peel*
frittieren	튀기다	*fry, deep-fry*
gießen	액체)따르다, 붓다	*pour*
grillen	(고기 따위) 굽다, 바비큐, 그릴하다	*grill, barbecue*
köcheln	(낮은 불에)익히다, 끓이다	*simmer*
mischen	섞다, 혼합하다(젓는 동작과 무관)	*blend, mix*
rösten	굽다, 볶다	*roast*
schälen ☞(참) enthäuten	껍질 까다, 깎다 ☞(참) 가죽 벗기다	*peel, flay*
schlagen	(계란, 생크림) 젓다, 휘핑-	*whip*
schmoren	살짝 볶거나 구운 다음 물 넣고 찌다,	*stew, braise*
schneiden	썰다, 자르다	*chop, carve, cut*
verrühren ☞(참) mischen	(재료들)저어서 섞다 ☞(참) 혼합하다	*stir, mix, scramble*
nur leicht gebraten	살짝 익힌	*rare*
halb durch	중간 정도로 익힌	*medium*
duruchgebraten, gut durc	완전히 익힌	*well done*
die Nachspeise	후식, 디저트	*dessert*
☞(참) Getränke	☞(참) 4. 주거의 음료	☞(참) *drinks*
das Obst = die Frucht -Früchte	과일	*fruit*
die Ananas, Ananasse	파인애플	*pineapple*
der Apfel, Äpfel	사과	*apple*
die Apfelsine, -n	오렌지(북부에서 쓰는 말)	*orange*
die Aprikose, -n	살구	*apricot*
die Avocato, -s	아보카도	*avocado*

독일어	우리말	영어
die Nachspeise	후식, 디저트	*dessert*
die Birne, -n	배	*pear*
die Dattel, -n	대추야자	*date, jujube*
die Erdbeere, -n	딸기	*strawberry*
die Feige, -n	무화과	*fig*
die Haselnuss, -nüsse	개암, 헤이즐넛	*hazelnut*
die Heidelbeere, -n	월귤, 블루베리	*blueberry*
die Himbeere, -n	산딸기	*raspberry*
die Johannisbeere, -n	까치밥나무속의 커런트	*currant*
die (Ess)Kastanie –n ☞(참) die Marone, -n/Maroni	밤 ; ☞(참) 마로니에(가로수, 먹지 못함)	*chestnut* ☞(참) *marronier - horse chestnut*
die Kirsch	버찌(벚나무), 체리	*cherry*
die Kiwi -s	키위	*kiwi*
die Kokosnuss -nüsse	코코넛	*coconut*
die Mandarine, -n	귤	*mandarine*
die Mandel, -n	아몬드	*almond*
die Melone, -n	메론, 참외	*melon*
die Nuss, - Nüsse	견과(단단한 껍질 열매)	*nut*
die Orange, -n = die Apfelsine	오렌지	*orange*
der Pfirsich, -e	복숭아	*peach*
die Pflaume, -n	자두	*plum*
die Rosine, -n	건포도	*raisin*
die Traube, -n	포도(송이)	*grape*
die Wassermelone, -n	수박	*watermelon*
die Zitrone, -n	레몬	*lemon*
das Restaurant, -s	식당, 레스토랑	*restaurant*
Bordrestaurant, -s	기내, 선내 레스토랑	*on - board restaurant*
Selbstbedienungsrestaurant, -s	셀프서비스 식당	*self - service restaurant*
das Schnellgaststätte, -n	패스트푸드점, -식당	*fast food restaurant*
das Schnellrestaurant, -s	패스트푸드점, -식당	*fast food restaurant*
der Schnellimbiss, -e	패스트푸드점, -식당	*fast food restaurant*
das Wirtshaus, -häuser	음식점, 여관	*tavern, inn, public house*
die Bedienung, -en	접대, 서비스, 봉사	*reception, treatment*
der Kellner - Herr Ober!	웨이터 - 웨이터 양반!서비스 종업	*waiter*
die Kellnerin, -nen	원 - 웨이트리스	*waitress*
der Koch, Köche, die Köchin	여리사, 복수, 여성 요리사	*cook, chef*
das Besteck, -e	식사용품 (식사에따른 나이프, 포크, 숟갈, 젓가락, 집게)	*eating irons*
das Gedeck, -e	상차림(Besteck+식기류)	*dishes, cover, tableware*
das Bier, -e	맥주	*beer*
Fassbier, -e	생맥주	*draft beer*
Flaschenbier	병맥주	*bottled beer*
der Bierbecher	(생)맥주잔	*tumbler, beer glass*
das Bierglas, -gläser	맥주잔(글라스)	*beer glass*
der Bierzapfapparat	생맥주 따르는 기계, 맥주펌프	*beer pump, beerpull*
die Speisekarte - Menükarte	차림표, 메뉴판	*menu, menu card*
die Suppe, -n	수프	*soup*
Gemüsesuppe	야채수프	*potage*
Champignoncremesuppe	버섯크림수프	*mushroom cream soup*
Cremesuppe	크림수프	*cream soup*
dicke Suppe	걸쭉한 수프	*chowder, portage*
dünne Suppe	묽은 수프	*skilly*

독일어	우리말	영어
die Suppe, -n	수프	*soup*
klare Suppe	맑은 수프	*bouillon / consomme*
ein Teller Suppe	수프 한 접시	*a plate of soup*
die Theke, -n	카운터, 바	*counter, bar*
der Vegetarier	채식가, 채식주의자	*vegetarian, veggy, veggie*
vegetarisch	채식의, 채식주의의	*vegetarian*
Halbvegetarier	준채식가(생선까지는 먹는)	*demi vegetarian*
die vegetarische Küche	채식가를 위한 요리(법)	*vegetarian cuisine*
das vegetarische Gericht = die v. Kost	채식요리	*vegetarian diet, dish*
die Vorspeise	전채, 아페리티프	*appetizer, starter, entree*
☞ (참) Hauptspeise - Nachspeise	☞ (참) 주요리 - 후식(디저트)	*☞ (참) main dish - dessert*
die Suppe ☞ (참) Suppe	수프	*soup*
der Aperitif -s/-e	식욕 돋우는 반주, 아페리티프	*aperitif*
das Kanapee -s	카나페(얇은 빵에 캐비어, 치즈 등을 바른 전채요리)	*canapé*
der Salat, -e	샐러드	*salad*
das Toastbrot mit Fisch - oder Fleischbelag	생선이나 육류를 얹은 토스트 빵	*toast bread*
	파이, 패스트리	*pie, pastry*
die Pastete, -n die Terrine, -n	테린(잘게 썬 고기나 생선을 그릇에 다져 넣어 굳히고 식힌 다음 얇게 썲. 전채 요리에 나온다.	*terrine*
die Wurstwaren(Pl.) ☞ (참) Wurst	소시지류 ☞ (참) 소시지	*sausage products*
der Wein	포도주	*wine*
Rotwein	붉은포도주(적포도주)	*red wine*
Weißwein	흰포도주(백포도주)	*white wine*
Rosewein	로제와인(적과 백의 중간)	*port wine*
Portwein	포트와인(발효 중에 브랜디 첨가)	*port wine*
der Sekt - die Champgne	샴페인	*champagne*
süß - halbtrocken - trocken	단맛-중간-달지 않은(떫은 맛, 드라이)	*sweet - half/semi - dry - dry*
der Korken	코르크(마개)	*cork*
der Korkenzieher	코르크따개	*corkscrew*
entkorken - verkorken	코르크 마개를 따다/닫다	*uncork - cork*
das Weinglas	포도주잔	*wineglass*
der Weinkeller	포도주 저장실/고, 와인바	*wine cellar, wine bar*
ein Glas Wein	포도주 한 잔	*a glas of wine*
eine Flasche Wein	포도주 한 병	*a bottle of wine*
der Whistky	위스키	*whisky*
die Wurst - die Würste	소시지	*sausage*
Bierwurst	비어부어스트	*bierwurst*
Blutwurst	순대/블랙푸딩	*black pudding*
Leberwurst	간소시지(간을 다져 만들어 소시지처럼 싸 놓았는데, -빵에 발라 먹는다)	*liver sausage/-wurst*
Frankfurter (Wurst)	프랑푸르트소시지(적갈색 껍질에 기다란 모양-빵에 넣어 핫도그로 먹음)	*frankfurt(sausage)*
Wiener Würstchen(축소형어미 -chen)	비엔나소시지	*wiener(wurst)*
mit Senf	겨자 발라서	*with mustard*
mit Catchup/Ketchup/Ketschup(m/n) / Tomatensauce(f)	케첩/토마토소스 넣어서 /토마토소스	*with ketchup/catsup/tomato sauce - ketchup*
mit Sauerkraut	사우어크라웉	*sauercroute*
die/der Salami	살라미소시지	*salami*
der Schinken	햄	*ham*
braten, grillen, kochen, räuchern	튀김, 구이, 데침(끓임), 훈제	*roast, barbecue, boil, smoke*

독일어	우리말	영어
☞ Im Restaurant		
😐 Herr Ober! Die Speisekarte bitte!	😐 웨이터! 여기요! 차림표 좀 주세요!	
☺ Guten Tag! Was kann ich für Sie Tun? / Wünschen Sie was? / Was möchten Sie? / Kann ich Ihnen schon etwas zu trinken bringen?	☺ 안녕하세요? 무얼 도와드릴까요? / 부르셨어요? / 뭘 드시겠어요? / 먼저 마실 거리부터 가져다 드릴까요?	
😐 Einen Orangensaft/ein Mineralwasser, bitte.	😐 오렌지 주스/탄산수 하나 부탁합니다.	
😐 Eine Tasse Kaffee, bitte!	😐 커피 한 잔 부탁해요.	
☺ Hier bitte. Haben Sie schon gewählt?	☺ 여기 있습니다. (드실 것) 고르셨나요?	
😐 Ich *hätte* / *möchte* gern das Tagesmenü.	😐 오늘의 메뉴로 하겠습니다.	
😐 Mir bringen Sie bitte... /Für mich bitte ... / Ich kriege	😐 저한테는 … 주세요. / 저를 위해서는 …가 좋겠어요./ 나는 … 로 하겠습니다.	
😐 Einmal das Schweineschnitzel und zweimal Bratwurst mit Pommes!	😐 돈가스 하나와 소시지 구이와 감자튀김 2인 분요!	
☺ Das Schweineschnitzel ist leider alle.	☺ 안타깝게도 돈가스는 다 나갔습니다.	
☺ Ich kann Ihnen Eisbein auf Sauerkraut sehr empfehlen!	☺ 사우어크라웃에 족발이 아주 맛있어 권해드리고 싶습니다만.	
☺ Guten Appetit!	☺ 맛있게 드세요!	
☺ Haben Sie sonst noch einen Wunsch?	☺ 더 필요하신 것 없나요?	
😐 Können wir noch mehr Brot bekommen?	😐 빵 좀 더 먹을 수 있을까요?	
☺ Ja, gern.	☺ 네, 그럼요!	
☺ Möchten Sie ein Dessert/ eine Nachspeise?	☺ 후식/디저트 드시겠습니까?	
😐 Wir möchten bezahlen, bitte./ Zahlen, bitte! Die Rechnung bitte!	😐 계산하고 싶은데요. / 계산요! 계산서 주세요!	
☺ Hat es Ihnen geschmeckt?	☺ 맛있게 드셨어요? 입에 맞으셨나요?	
😐 Ja danke. es hat sehr gut geschmeckt.	😐 예, 고맙습니다. 아주 맛있었어요.	
☺ Zahlen Sie zusammen oder getrennt?	☺ 함께요, 아니면 따로 계산하시나요?	
😐 Zusammen. bitte!	😐 함께 합니다.	
😐 Wir zahlen getrennt.	😐 나누어서 계산하겠습니다.	
☺ Das macht zusammen ... / Dann bekomme ich ...	☺ 합쳐서 … 입니다. / 제가 받을 돈은 … 입니다.	
😐 Das stimmt so. / Der Rest ist für Sie.	😐 거스름돈은 됐습니다. / 나머지는 팁입니다.	
☺ Vielen Dank! Ich wünsche Ihnen noch einen schönen Tag.	☺ 감사합니다! 오늘 남은 시간도 잘 보내시길 바랍니다.	
😐 Tschüss!	😐 안녕히 계세요!	
☺ Auf Wiedersehen!	☺ 안녕히 가세요! 또 뵙기를!	

"Bier auf Wein, das lass sein. Wein auf Bier, das rat ich dir" 포도주 마신 다음에 맥주 마시는 일은 하지 않는 게 좋다. 맥주 마신 다음 포도주 마시는 일은 권할 만하다. (뒤끝만 생각하면 그럴지 몰라도 과학적으로는 근거가 없다고. 오랜 저 격언이긴 하지만 결국 양이 문제인데, 처음부터 포도주를 마시면 그만큼 마시는 양이 많아지기 때문에 더 해롭다고.)

독일어	우리말	영어

VI. 입을 거리-의류 die Kleidung, die Kleider(Pl.)

독일어	우리말	영어
der Anorak -s	방한용 재킷, 파카	*anorak, parka*
anziehen sich	옷을 입다	*dress, get dressed*
ausziehen sich	옷을 벗다	*take off one's clothes*
umziehen sich	옷을 갈아입다 ☞(참) 이사하다	*change clothes*
der Anzug -züge	남성복 정장 (양복)	*suit*
das Armband, -bänder	팔찌	*bracelet, armband*
die Armbanduhr	손목시계	*watch*
die Badekleidung, -en, die Badebekleidung	수영복	*bathing wear*
der BH = Büstenhalter, Busenhalter	브래지어	*bra, brassiere*
die Bluse, -n	블라우스	*blouse*
die Brille, -n	안경	*glasses*
Schutzbrille, -n	보호안경, 보안경, 고글	*goggles*
der Cardigan, -s	카디건	*cardigan*
die Damenbekleidung, -en	여성의류, 여성복	*ladieswear, women's apparel-clothing*
die Fliege, -n	나비넥타이	*bow-tie*
die Freizeitkleidung, -en	평상복, 캐주얼웨어, 레저웨어	*casual wear, leisurewear*
der Größe, -n	치수, 문수, 사이즈, 크기	*size*
der Gürtel	벨트, 띠(복수-die)	*belt*
die Hüftgürtel	거터, 거들(스타킹 고정 벨트)	*suspender belt*
schwarzer Gürtel	검은 띠	*black belt*
die Halskette, -n	목걸이	*necklace*
der Handschuh, -e	장갑	*glove-s*
die Handtasche, -n	손가방, 핸드백	*handbag, purse*
das Hemd, -en	셔츠, 와이셔츠	*shirt, chemise*
das Nachthemd, -en	잠옷, 나이트가운	*nightdress, nightgown*
ärmelloses Hemd	민소매 티	*tank top, wife beater*
die Herbstkleidung, -en	가을 옷	*autumn wear*
die Herrenbekleidung, -en	남성의류, 남성복	*menswear, men's clothing*
die Hose, -n	바지, 속바지, 팬츠	*trousers(Pl.), pants*
der Hosenrock -röcke	치마바지, 퀼로트	*pantskirt, culottes*
der Hosenträger	바지멜빵	*braces, suspender*
die Jeans(Pl.)	청바지	*jeans*
die Kinderbekleidung, -en	아동복	*children's clothing*
das Kostüm, -e, das Damenkostüm	여성복 정장, 무대의상, 가장복	*woman's suit, ladies' suit*
die Krawatte, -n	타이, 넥타이	*tie, necktie*
der Kunststoff, -e	합성소재, 인조, 플라스틱	*synthetic material, plastics*
☞(참) Naturstoff	천연, 자연소재	*natural material*
der Mantel, -n	외투, 코트, 재킷	*coat, jacket*
die Markenkleidung, -en	유명상표 옷, 브랜드 옷	*brand-name clothes*
die Mode, -n	패션, 유행	*fashion, vogue*
die Mütze, -n,	챙 없는 모자	*cap, bonnet, beanie*
die Haube, die Kappe	두건, 투구, 방울 달린 벙거지	
die Nachtwäsche, -n	잠옷	*nightwear, sleepwear*

독일어	우리말	영어
der Naturstoff, -e ☞(참) Kunststoff	천연, 자연소재 합성소재, 인조, 플라스틱	*natural material* *synthetic material, plastics*
der Pantoffel, -n	실내화, 슬리퍼	*slipper*
der Pulli, -s der Pullover	스웨터, 풀오버	*sweater, pullover*
der Regenmantel, -n = der Trenchcoat, -s	우비, 레인코트	*raincoat, trench coat*
der Ring, -e Ohrring	반지 귀걸이	*ring* *earring*
der Rock, Röcke	치마	*skirt*
die Sandale, -n	샌들	*sandal*
der Schal -s	목도리, 숄, 스카프	*shawl, scarf*
der (Regen)Schirm, -e Sonnenschirm	우산 양산, 파라솔	*umbrella* *sunshade, parasol*
der Schuh, -e Sportschuh Tennisschuh Turnschuh	신발 운동화 테니스화 체조화, 운동화	*shoe* *gym shoes* *tennis shoes* *gym shoes, sneaker*
die Socke, -n = kurzer Strumpf	양말	*sock*
die Sommerkleidung, -en	여름옷	*summer clothes*
die Sportkleidung, -en	운동복	*sportswear, sports clothing*
der Stiefel	장화, 부츠	*boot-s*
der Strumpf, Strümpfe kurzer Strumpf - die Socke der Strumpfhälter die Strumpfhose, -n	스타킹 양말 스타킹 대님 팬티스타킹	*stocking* *sock* *suspender, garter* *panty hose(Pl.)*
das T-Hemd, -en; T-shirt, -s	티셔츠	*T-shirt*
umziehen sich anziehen sich ausziehen sich	옷을 갈아입다 ☞(참) 이사하다 옷을 입다 옷을 벗다	*change clothes* *dress, get dressed* *take off one's clothes*
die Unterhose, -n	속바지, 팬츠	*underpants, panties*
die Unterwäsche	속옷, 내복	*underwear, underclothes*
die Weste, -n die Schwimmweste, -n	조끼 구명조끼, 구명재킷	*vest* *life jacket, life vest*
die Winterkleidung	겨울옷	*winter clothes*

독일어	우리말	영어

VII. 날씨와 기후

독일어	우리말	영어
die Aerologie - Meteorologie der Aerologe - Meteorologe	고층기상학 기상학 기상학자	*aerology - Meteorology* *aerologist*
der Blitz, -e der Blitzschlag, -schläge	번개, 벼락	*thunderbolt*
der Blizzard, -s	눈보라	*blizzard*
die Brise, -n ein leichter / sanfter Wind	산들바람	*breeze*
der Donner Es donnert.	천둥 천둥치다	*thunder*
der Frost, Fröste der Frostscahden -schäden der Frostschutz	서리, 결빙, 동해 동해 동해방지	*frost* *frost damage* *frost protection*
feucht nass - regnerisch trocken - wasserlos die Feuchtigkeit -, die Humidität	습한 축축한, 물기 있는 - 빗기 있는 건조한, 메마른 습도	*moist, humid* *wet* *dry* *humidity*
das Gewitter örtliche / vereinzelte Gewitter Ein Gewitter zieht auf.	천둥 번개 동반한 사나운 날씨 국지적 / 곳에 따라 사나운 날씨 사나운 날씨가 다가온다.	*thunderstorm* *isolated thunderstorm* *A thunderstorm is coming up.*
der Hagel Es hagelt.	우박 우박이 내리다.	*hail*
das Klima, Klimata/-s die Klimazone atlantisches Klima mildes/gemäßigtes Klima kontinentales Klima Mittelmeerklima ozeanisches Klima subtropisches Klima tropisches Klima der Klimawandel die Klimaerwärmung der Klimaflüchtling, -e das Klimagas der Klimagipfel die Klimakonferenz die Klimapolitik	기후 기후대 대서양 기후대 온대성 기후대 대륙성 기후 지중해성기후 해양성 기후 아열대 기후 열대 기후 기후변화 지구 온난화 기후 난민 온실가스 기후정상회담 기후변화 회의(협약) 기후정책	*climate* *climate zone* *Atlantic climate* *clement/moderate climate* *continental climate* *Mediterranean climate* *oceanic climate* *subtropical climate* *tropical climate* *climate change* *global warming* *climate refugee(s)* *greenhouse gas* *climate summit* *climate conference* *climate policy*
der Monsun, -e	장마, 장마철, 우기, 몬순	*monsoon*
der Nebel dichter Nebel frühmorgendlicher Nebel Ein Nebel stieg auf. Es nebelt.	안개 짙은 안개 이른 아침의 안개 안개가 피어올랐다. 안개가 끼다.	*fog, mist* *heavy fog* *early morning mist* *A mist arose.* *It's getting foggy.*
der Regen der Nieselregen der Regenbogen der Regenmantel/-schirm der Regenwald	비 이슬비, 가랑비 무지개 우비, 우산 우림, 열대우림	*rain* *drizzle* *rainbow* *raincoat, umbrella* *rain forest*

독일어	우리말	영어
der Regen	비	*rain*
die Regenzeit	우기	*monsoon season*
Es regnet.	비가 오다.	*It rains.*
der Regenschauer, Schauer, der	소나기, 소낙비, 장대비	*shower*
Regenfall: Regenguss	강우, 강우량; 내리 붇는 비, 폭우	*rain fall; downpour, shower*
der Niederschlag -schläge	강수(눈, 비, 우박, 안개, 이슬 가리지 않음)	*precipitation*
der Schnee	눈	*snow*
der Schneemann	눈사람	*snowman*
der ewige Schnee	만년설	*permanent snow*
Es schneit.	눈이 내리다.	*It snows.*
Schnee räumen	눈을 치우다	*clear the snow*
das Temperament, -e	온도, 기온	*temperament*
das Celsius	섭씨	*Celsius*
die Fahrenheit	화씨	*Fahrenheit*
frieren	얼다, 얼어붙다	*freeze*
kalt - die Kälte	추운, - 추위, 차가움	*cold, coldness*
vor Kälte zittern	추위에 떨다	*quake with cold*
mild	온화한	*mild*
warm	따뜻한	*warm*
heiß	더운, 뜨거운	*hot*
die Hitze	열기, 더위	*heat*
Die Temperaturen liegen zwischen 14 und 19 Grad.	온도는 14도에서 19도 사이다.	*Tempareatures range between 14 and 19 degrees.*
die Wetteraussichten(Pl.)	일기예보	*weather forecast*
der Wetterbericht, -	일기예보	*weather forecast*
die Wettervorhersage, -n	일기예보	*weather forecast*
die Wettervoraussage, -n	일기예보	*weather forecast*
die Wettervorschau	일기예보	*weather forecast*
der Wind, -e	바람	*wind*
Es weht Wind.	바람이 분다.	*The wind blows.*
die Brise	산들바람	*breeze*
der Föhn	푄, 높새바람	*chinook wind*
der Hurrikan, -e	태풍, 허리케인	*hurricane*
der Orkan	허리케인	*hurricane*
der Sturm	폭풍, 거센 바람	*gale*
der Taifun	태풍	*typhoon*
der Tornado	대폭풍우, 토네이도	*tornado*
Gegenwind	역풍	*contrary, adverse wind*
Frühlingswind	봄바람	*spring wind*
Herbstwind	가을바람	*autumn wind*
Ost-, West-, Süd-, Nordwind	동풍, 서풍, 남풍, 북풍	*east-, west-, south-, north wind*
Wirbelwind	회오리바람	*eddy wind*
Rückwind	뒤에서 부는 바람	*aft wind*
Seitenwind	옆에서 부는 바람	*cross wind*
die Windkraft	풍력	*wind power*
das Windrad -räder	풍차	*wind turbine*
der Zyklon, -e	사이클론, 대폭풍	*cyclone*
die Wolke, -n	구름	*cloud*
wolkig	구름 낀	*cloudy*
die Regenwolke	비구름	*nimbus*
Es ziehen die Wolken auf.	구름이 몰려든다. 낀다.	*Clouds appear.*

독일어	우리말	영어

VIII. 직업, 생계활동, 일 Beruf, Erwerbstätigkeit, Arbeit

sich bewerben bei einer Firma 어느 회사에 입사원서, 입학신청서를 내다, 학교에 원서를 내다
sich um eine Stelle bewerben 어느 자리에 응시하다, 지원하다
der Lebenslauf 이력서
angestellt sein 취업되었다
festangestellt sein 고정/정규직에 취업되었다 der/die Festangestellte 정규직원, 정식 채용인(형용사의 명사화)
jn. einstellen 고용하다, 채용하다 *hire*
jn. entlassen, feuern 해고하다 *fire*

die Akupunktur der Akupunkteur, -e/in	침술 침술사	*acupuncture* *acupuncturist*
der/die Angestellte(형용사어미변화) Bankangestellte	사무원, 사무 노동자 은행원	*employee* *bank employee/clerks*
der Anwalt, Anwälte/in, der Rechtsanwalt der Justiziar: ☞(참) Staatsanwalt, der Richter	법률가, 변호사 사내 변호인, 법률 고문, 고문변호사 ☞(참) 검사, 판사	*lawyer, attorney, advocate* *legal adviser* ☞(참) *prosecutor, judge*
die Apotheke der Apotheker/in = der Pharmazeut	약국 약사, 약제학자	*pharacy, drugstore* *druggist, pharmacist*
die Arbeit, -en Ganztagsarbeit Halbtagsarbeit Schwarzarbeit(er)	일, 일자리, 사업 정규직 일, 상근제 일자리, 종일제 일 한나절짜리 일, 파트타임 불법고용(노동자)	*work, job, business* *full-time job(work, employment)* *part time job* *illegal employment(black labor)*
der Arbeiter/in der Lohnarbeiter/in der Taglöhner, Tagelöhner der Arbeitgeber/in der Arbeitnehmer/in die Gewerkschaft, -e der Arbeitslose, ein Arbeitsloser das Arbeitslosengeld der Arbeitsplatz, -lätze die Arbeitsstelle, -n die Arbeitslosigkeit = Erwerbslosigkeit die Arbeitssuchenden umschulen, umlernen die Arbeitsvermittlung-sstelle das Stellenangebot der Arbeitsvertrag -träge der Zeitarbeitsvertrag = Zeitvertrag	노동자 임금노동자 날품팔이, 일용직 노동자 고용자, 기업주 피고용자, 근로자 노동조합 실업자(형용사 어미변화) 실업급여, 실업수당 일자리, 직장 일자리, 직장 실업(상태) 구직자(형용사어미변화-복수) 재교육하다, 다른 기술을 배우다 직업소개-소 구인, 일자리 제안 노동계약, 근로계약 기간제 고용 계약	*worker, labourer*(영) *labour* *day laour* *employer* *employee* *union, trade/labor union* *jobless person, person out of work* *dole, unemployment benefit* *job, workstation* *job, workstation* *unemployment* *job hunter/seeker* *retrain, reskill* *employment agency* *job offer* *employment contract* *temporary contract, temporary work contract*
der Archäologe/gin	고고학자	*archaeologist*
der Architekt, -en/in = Baumeister	건축가, 건축기사	*architect, artificer*
der Arzt, Ärzte/die Ärztin, -nen Arzt für Allgemeinmedizin Facharzt Hausarzt Arzt für Psychatrie der Chirurg, -e der Frauenarzt, Gynäkolog, -en der Internist/in, -en der Tierarzt Zahnarzt	의사/여의사 일반의 전문의 주치의 정신과 의사 외과의사 산부인과의사 내과의사 수의사 치과의사	*doctor, physician* *general practitioner* *specialist* *family doctor, physician* *psychiatrist* *surgeon* *gynecologist* *internist* *veterinarian* *dentist*

독일어	우리말	영어
der Assistent, -en/in	조수, 보조, 조교	*assistant*
der Astronaut, -en/in	우주비행사	*astronaut*
der Astronom, -en/in	천문학자	*astronomer*
der Astrophysiker/in	우주물리학자, 천체물리학자	*astrophysicist*
der Bäcker/in der Konditor, -en/in, der Feinbäcker	제빵사 제과사, 과자 제조업자	*baker* *confectioner*
der Barista, -s/i = der Barmann, -männer	바리스타(커피 전문가, 바 안에서 일하는 사람)	*barista, barman*
der Bauer/Bäuerin, -n	농부	*farmer, peasant*
der Baumeister/in	건축사, 건축기사	*archtect*
der Beamte(형용사어미변화), -en die Beamtin , -nen hoher Beamter öffentlicher Beamter untergeordneter Beamter	공무원 여성 공무원 고위직공무원 공공기관 근무자, 공무원 하위직 공무원	*official* *high official* *public functionary* *subordinate official*
befördern(befördert werden) die Beförderung, der Aufstieg	승진시키다(승진하다) 승진	*promote(get promotion)* *promotion*
sich bewerben die Bewerbung - Applikation	입사원서를 내다, 지원하다 입사원서 내기, 지원	*application*
der Bibliothekar, -e	도서관 사서	*librarian*
der Biologe, -en/gin der Biochemiker/in	생물학자 생화학자	*biologist* *biochemist*
der Blumenhändler/in der Blumenladen, -läden	꽃장수, 화훼가 꽃가게	*florist*
der Botaniker/in	식물학자	*botanist*
der Brauer/in die Brauerei, -en	양조자 양조업, 양조장	*brewer* *brewery, beer plant*
der Briefträger/in, der Postbote, -n	우편집배원	*mailman*
der Buchhalter/in	경리	*bookkeeper, accountant*
der Buchhänlder/in	책방주인, 서적상	*bookseller*
das Büro -s	사무실	*office*
der Chirurg, -e	외과의사	*surgeon*
die Demission, der Rücktritt, -e Ⓐ der Antritt	사직, 사퇴, 퇴위 Ⓐ 취임	*demission* Ⓐ *start, entrance upon*
der Dermatologe, -n/gin der Hautarzt, -ärzte	피부학자 피부과 의사	*dermatologist*
der Diätassistent, -en/in ☞(참) Ernährungswissenschaftler	영양사 ☞(참) 영양학자	*dietitian* ☞(참) *nutritionist*
der Diplomat, -en/in der Botschafter/in, die Botschaft, -en der Konsul, -n/in, das Konsulat, -e	외교관, 외교가 대사 대사관 영사 영사관	*diplomat, diplomatist* *ambassador* *embassy* *consul* *consular office*
der Doktor, -en/in, der Arzt, Mediziner der Therapeut, -tin	의사, 박사 의사 치료사, 임상의	*doctor, physician* *therapist*
der Dolmetscher/in der Übersetzer/in	통(번)역자, 통역가 번(통)역자, 번역가	*interpreter* *translator*

독일어	우리말	영어
das Einkommen Bruttoeinkommen Nettoeinkommen	소득, 수익, 세입 공제 없는 총 수익 세금, 보험 등 공제 후 순 소득	*income, earnings* *gross income* *net income*
das Einstellungsgespräch, das Interview, das Vorstellungsgespräch	(취업) 면접	*interview*
der Elektriker/in	전기 기사, 전기 기술자	*electrician*
der Fahrer/in LKW-Fahrer PKW-Fahrer Busfahrer Taxifahrer	운전기사 화물차, 트럭 운전기사 승용차 모는 사람 버스 운전기사 택시 운전기사	*driver* *trucker , truck driver* *(car) driver* *bus driver, busman* *taxi driver, cabby, cabman*
die Ferien(Pl.) die Freizeit, -en der Urlaub, -e	휴가/방학 여가(마음대로 할 수 있는 시간) 휴가여행	*vacation* *leisure* *holiday*
die Feuerwehr, -en der Feuerwehrmann, -männer/-leute	소방서 소방관, 소방대원	*fire department* *fireman*
der Filiale, -n; die Zweigstelle die Niederlassung	지점, 지사 사업소, 사무소(지점)	*branch store* *branch*
die Firma, –men = der Betrieb, die Unternehmung, das Unternehmen	회사, 기업 기업가	*company* *entrepreneur*
der Fischer fischen	어부 물고기를 잡다, 낚다	*fisher, fisherman* *fish*
das Foto, die Fotografie der Fotograf, -en/-in	사진 사진사, 카메라맨	*photo, photography* *photographer*
der Friseur, -e/in, Frisör die Friseuse, Frisösin, -nen der Friseursalon, -s	미용사 (여성) 미용사 미용실	*hairdresser, haircutter, barber* *(woman) hairdresser* *hair salon*
der Fußballspieler/in Profi-Fußbalspieler/in	축구선수 프로축구선수 (*footballer* - 영국에서는 축구선수, 미국은 미식축구선수)	*soccer player* *professional soccer player* *footballer*
der Gärtner/in	정원사, 원예가	*gardener*
das Gehalt, -hälter das Honora der Lohn, -Löhne	급여 보수, 사례(프리랜서에 대한) 임금(육체노동자)	*salary* *fee, professional fee* *wage*
der Geistliche(형용사어미변화) Missionar, -in Mönch Nonne Pater, Pfarrer, -in Prediger, -in Priester, -in Rabbi, Rabbinerin Seelsorger, -in Theologe, -gin Bischof, Bischöfin Kardinal der Papst	성직자 선교사 승려(탁발), 수도사 수녀, 비구니(여승) 신부(가톨릭) 목사 설교자, 목사, 사제 사제, 신부 라비(유대교 종교교사) 사제, 목사 신학자 주교 추기경 교황	*priest, cleric* *missionary* *monk* *nun* *padre* *minister, pastor, vicar* *preacher, evangelist* *priest* *rabbi* *chaplain, spritual director* *theologian, theologist* *bishop* *cardinal* *pope*

독일어	우리말	영어
der Geschäftsführer/in - CEO = Firmenboss, Generaldirektor, Vorstandsvorsitzender der Geschäftsmann, -männer /-leute / die Geschäftsfrau der Unternehmer, Kaufmann, Businessman	사장/가게-회사-지점의 대표, 회장, 대표이사 사업가, 상인, 실업가 여성 사업가, 상인 기업가, 실업가 사업가, 비지니스맨	*CEO chief executive officer* *businessman*
der Handwerker	장인, 기능공, 수공예가	*craftsman, artisan*
der Historiker/in der Geschichtsforscher, - wissenschafler	역사학자	*historian*
der Informatiker/in	정보 처리학자, 컴퓨터 과(공)학자	*computer scientist*
das Institut, -e	연구소, 학회, 협회	*institute*
die Intellektuellen(형용사어미변화)	지식인	*intellectuals*
die Internist, -en/in	내과의사	*internist*
der Job, -s ☞(참) Beruf, Arbeit	일(모두를 말하지만 보통 Beruf가 천직이라면 Job은 돈벌이. 하지만 구분은 점점 퇴색)	*job*
der Journalist, -en/in	언론인, 기자, 저널리스트	*journalist*
der Kassierer/in -	출납, (식당, 가게)계산 담당자	*cashier, teller*
der Kaufmann, -leute ☞(참) der Verkäufer/in	상인, 무역상, 상점주인 ☞(참) 판매원, 점원, 판매자	*businessman, merchant* ☞(참) *salesman, seller*
der Kellner/in; der Ober, die Bedienung Oberkellner	식당/레스토랑 웨이터/웨이트리스 남자 웨이터, (성 불문)웨이터 웨이터지배인, 급사장	*waiter* *headwaiter, chief waiter*
der Klempner/in	배관공	*plumber*
der Koch, Köche/die Köchin	요리사	*chef*
der Konditor, -en/in die Konditorei ☞(참) Bäcker/in	제과업자, 제과점주 제과점, 제과업 ☞(참) 제빵사	*confectioner* *pastry shop* ☞(참) *baker*
der Konsultant, -en/in	컨설턴트	*consultant*
der Kosmetologe, -n/gin	미용학자, 미용사	*cosmetologist*
der Krankenpfleger/in ☞(참) Altenpfleger	간호사, 병수발사 노인수발사, 노인돌보미, 노인요양보호사	*nurse* *geriatric nurse, carer, care giver*
der Kriminologe, -n/gin	범죄학자	*criminologist*
der Kundendienst, -e Kundenservice, Kundenbetreuung	고객서비스, 고객관리	*customer service*
die Kunst die bildende Kunst der Künstler/in ☞(참) Maler/in; Bildhauer/in das Kunstwerk	예술, 미술 시각예술, 미술 예술가, 미술가 ☞(참) 화가; 조각가 예술작품	*art* *visual art, fine art* *artist, performer* ☞(참) *painter; sculptor* *artwork, work of art*
der Kurator/in, Museumdirektor	큐레이터	*curator*
der Lebenslauf,-läufe	이력서	*curriculum vitae*
der Lehrer/in, Erzieher/in lehren Ⓐ lernen - Schüler/in ☞(참) Professor, Student/in - studieren	교사, 교육자 가르치다 Ⓐ 배우다 - 학생 ☞(참) 교수, 대학(원)생 - 대학공부(연구)하다	*teacher, educator* *teach* *learn - student* ☞(참) *professor, student - study*
der Lehrling, -e ☞(참) Praktikant, -en	도제, 견습생, 수습생 ☞(참) 실습생, 인턴	*apprentice* ☞(참) *intern*

독일어	우리말	영어
der Leiter/in - Abteilungsleiter =Leiter der Ab. Leiter der EDV Leiter der Einkaufsabteilung Leiter der Exportabteilung Leiter der Schule - der Schuldirektor, -en	대표, 장, 리더 부서의 장, 대표 데이터처리부서 (전산실) 대표 구매부장 수출담당부장 학교 교장	*director, head, leader* *manager, department chief* *data processing manager* *head of purchasing dep.* *export manager* *head of the school, principal*
der Maler ☞(참) der Künstler/in; Bildhauer	화가 ☞(참) 예술가, 미술가; 조각가	*painter* ☞(참) *artist; sculptor*
das Mannequin, -s	모델(의상), 마네킹 걸, 패션모델	*mannequin, model*
die Marketingabteilung = Vermarktungsabteilung	마케팅부서	*marketing department*
der Maurer Freimaurer	벽돌공, 석공 프리메이슨, 석공조합원	*bricklayer, mason* *freemason*
der Mechaniker Automechaniker Techniker	기계공, 정비공 자동차 정비사 수리공	*mechanic* *car mechanic* *repairman*
der Metzger = Fleischer	정육업자, 도축업자	*butcher*
der Minister/in der Ministerpräsident, -en/in = Premierminister Außenminister Bundesminister Innenminister Justizminister	장관 수상, 총리 외무장관 연방장관 내무장관 법무장관	*minister* *premier, Chief Minister, Minster - President* *foreign minister* *federal minister* *interior minister* *justice minister*
der Mitarbeiter/in; der Kollege, -n/-gin	직원, 사원, 동료	*staff, employee, colleague*
das Modell, -e	모델(미술, 사진)	*model*
der Moderator, -en/in	앵커, 진행자	*anchorman/woman*
der Müllfahrer, Müllmann	청소부	*dustman, garbage man*
der Musiker/in Klavierspieler = Pianist/in der Komponist, -en/in der Sänger/in der Popsänger/in	음악가, 연주자 피아노 연주자 작곡가 가수, 보컬리스트 팝가수	*musician* *pianist* *composer* *singer, vocalist* *pop singer*
der Ökologe, -n/gin	생태학자	*ecologist*
der Optiker/in	안경사, 안경제조자, 광학기사	*optician*
der Pädagoge, -n/gin	교육가, 교육학자	*pedagogue, educator*
der Pastor, -en der Priester der Kleriker der Pfaffe, -n, der Seelsorger der Pfarrer ☞(참) der Pfarre, Kirchengemeinde	성직자 목사 - 신부 성직자 신부, 목사 주임신부 ☞(참) 교구	*pastor* *minister* *parson, priest, cleric* *priest, cleric* *pastor, priest, minister* ☞ *parish, church community*
die Personalabteilung, -en Leiter der Personalabteilung	인사부서 인사부서 책임자	*HR Human Resources* *personal department* *personnel director/manager*
der Pilot, -en/in	조종사, 파일럿	*pilot*
der Politiker/in	정치가	*politician*
die Polizei, -en Polizeibeamter der Polizist, -en/in = Polizeibeamter/in	경찰, 경찰청 경찰관(형용사 어미변화) 경찰관	*police* *policeman* *police officer*

독일어	우리말	영어
der Praktikant, -en/in	실습생, 인턴	*intern, student apprentice*
der Professor, -en/in; Hochschullehrer	대학교수	*professor*
der Rechtsmediziner	법의학자, 검시관	*forensic medicine, legal -, autopsist*
der Redakteur, -e/in	편집자	*editor*
der Regisseur, -e/in*	감독, 연출자	*director*
*PD(producer)로 텔레비전/라디오의 경우 프로그램 제작자. 연극, 영화, 방송 등에서 제작의 모든 관리를 책임진다(der Produzent). 우리가 흔히 아는 PD와는 좀 다르다. 우리가 아는 PD는 Programdirektor (Program director), 즉 '프로그램 연출 책임자'에 가깝다(일본도 이 용어를 쓴다). 독일의 경우 보통 연극, 영화 등의 연출을 담당하는 사람을 가리켜 'Regisseur/in, -e 또는 die Regie'라 하며, 영어에서는 감독(director)으로 표현한다. 최근 방송계에서는 아예 제작자와 연출자를 합치거나, 연출 경력을 쌓은 뒤의 제작책임자 등으로 변화하는 경향이 보인다.		
die Rente - Pension - das Ruhegeld der Rentner/in, Pensionär, Ruheständler	연금, 퇴직금 (정년)퇴직자, 은퇴생활자	*pension, annuity, benefit* *retiree, pensioner, retired person*
der Richter ☞(참) der Staatsanwalt, der Anwalt, Rechtsanwalt; der Justiziar	판사 ☞(참) 검사 법률가-변호사; 사내 변호인, 법률 고문, 고문변호사	*judge* ☞(참) *prosecutor* *lawyer - attorney - advocate* *legal advisor, adviser*
der Schüler/in lernen ☞(참) Lehrer - lehren	학생 배우다, 공부하다 ☞(참) 교사 - 가르치다	*student* *learn, study* ☞(참) *teacher - teach*
der Schauspieler/in aufführen, darbieten, spielen	배우 공연, 연기하다	*actor* *enact, present, play*
der Schriftsteller/in = Autor, -en = der Verfasser ☞(참) Redakteur, -e Drehbuchautor, Szenarist Dramatiker schreiben, verfassen	작가, 저자 ☞(참) 편집자 시나리오작가, 영화 각본 작가 극작가 쓰다, 저작하다	*writer, author* ☞(참) *editor* *screenwriter, scenarist* *playwriter* *write, author*
die (Kranken)Schwester, -n Pflerger/in	간호사, 병수발사 수발사, (요양)보호사	*nurse* *carer, care giver*
der Sekretär, -e/in	비서	*secretary*
der Soldat, en/in ☞(참) das Militär, die Armee, das Heer, -e, die Truppe, -n	군인 ☞(참) 군, 군대, 육군, 부대	*soldier* ☞(참) *military*
der Sozialarbeiter	사회복지사	*social/welfare worker*
der Spielerberater/in, der Agent, -en/in	에이전트	*splayer's adviser* *agent*
der Sportler/in	운동가, 체육인, 스포츠맨	*sportsman*
der Sprecher/in = Ansager Radio Sprecher/in = Ansager Fernsehsprecher/in = Ansager ☞(참) Moderator/in	아나운서 라디오아나운서 텔레비전 아나운서 ☞(참) 앵커, 앵커맨, 뉴스진행자	*announcer* *radio announcer* *TV announcer* *anchorman/woman*
아나운서는 주로 (뉴스 보도, 사회, 실황 중계 등)전달 역할을 한다면, 앵커(맨/우먼)는 '앵커브리핑'처럼 해설과 논평을 곁들일 수 있다(=뉴스진행자)		
Staatsanwalt, -anwälte/-anwältin ☞(참) Richter, der (Rechts)Anwalt der Justiziar,	검사 ☞(참) 판사, 변호사 (기업)법무담당자, 고문변호사	*prosecutor* ☞(참) *judge, lawyer, attorney, -advocate* *legal adviser*
die Stelle, -n	(일)자리, (직장 내) 위치, 지위	*job, position*
das Stellenangbot die Stellenanzeige –n = die Stellenausschreibung, -en	구인자, 일자리 제공 구인광고	*job offer* *job advertisement*

독일어	우리말	영어
der Steuerberater/in der Steuerzahler/in	회계사, 세무사 납세자	*accountant* *taxpayer*
die Stewardess, -en die Flugbegleiterin, -nen	스튜어디스	*stewardess*
der Student, -en/in studieren	대학(원)생 연구-, 대학공부하다/대학에 다니다	*collegian, student* *study*
der Tänzer/in Ballettänzer Tanzkünstler/in ☞ (참) die Ballerina, der Ballerino	춤꾼, 무용수, 무용가 발레댄서 춤 예술가 발레리나–여자무용수, 발레리노-남	*dancer* *ballet dancer* *dance artist* *ballerina, ballerino*
die Teilzeitarbeit, -en der Gelegenheitsjob, -s	시간제 일, 임시직, 아르바이트	*part-time employment* *occational job, odd job*
der Therapeut, -en/in	치료사, 전문 건강관리사	*therapist, health care professi-onal*
der Tischler, Schreiner ☞ (참) der Zimmermann –leute	소목, 가구목수 ☞ (참) 대목, 건축목수	*carpenter*
der Transporteur, -e/in	운송업자	*transporter, carer*
der Trickzeichner Cartoonist, Comiczeichner	만화가	*cartoonist*
die Überstunde, -n die Überstunde machen / leisten, über-arbeiten	초과근무, 시간 외 근무, 잔업 초과근무하다, 잔업하다	*overtime, extra hour* *do overtime, work overtime*
der Urlaub, ☞ (참) die Ferien(Pl.), die Freizeit, -en Krankheitsurlaub Mutterschaftssurlaub Elternurlaub - Elternzeit, -en = Erziehungsurlaub bezahlter / unbezahlter Urlaub	휴가(여행) ☞ (참) 방학, 휴가 여가(마음대로 할 수 있는 겨를) 병가 출산휴가 육아휴가 유급/무급 휴가	*vacation, holiday* ☞ (참) *vacation,* *leisure, holiday, leave* *sick leave* *maternity leave* *parantal leave* *vacation with/without pay*
der Verkäufer/in ☞ (참) Kaufmann, Käufer/in	판매원, 점원, 판매자 ☞ (참) 상인, 구매자	*salesman, seller* ☞ (참) *merchant, buyer*
der Wächter/in	관리인, 경비원	*warden, guardian*
der Winzer	포도 재배자	*wine grower*
der Wissenschaftler/in	학자, 과학자	*scholar, scientist*
der Zahnarzt, -e/ärztin	치과의사	*dentist*
der Zimmermann, -leute ☞ (참) der Tischler, Schreiner	대목, 건축목수 ☞ (참) 소목, 가구목수	*carpenter*

독일어	우리말	영어

IX. 교육 Erziehung-Bildung

독일어	우리말	영어
das Abitur, -e die Matura, -en(오스트리아)	아비투어-고등학교 졸업자격시험	*a level, Abitur*
der Absolvent, -en/in	졸업생	*alumnus, graduate*
der Aufsatz -sätze	작문, 논술문	*essay, composition*
die Bibliothek, -en	도서관	*library*
die Bildung, -en	교육, 교양	*education, Bildung, culture*
das Conservatorium = Konservatorium, -rien Musikakademie, -n, Musikhochschule Hochschule für Musik	음악학교-음악아카데미 음악 아카데미, 음악 학교, 음악원 음대, 음악대학	*conservatoire* *academy of music* *college of music, conservatory*
das Curriculum = Kurrikulum, -kula der Lehrplan, -pläne	커리큘럼, 교과과정 강의 계획	*curriculum*
das Diplom, -e der Magister	(석사)학위(인문학 이외), 졸업장 석사학위(인문학)	*degree* *Master's degree*
der Doktor, -en der Doktorand/-in, -en/-innen der Doktorgrad / Doktortitel / Promotion die Dissertation, -en	박사, 의사 박사과정생 박사학위 박사학위논문	*doctor* *doctoral student* *doctorate* *thesis*
der Dozent/in, -en	강사	*docent*
erziehen die Erziehung, -en die Ausbildung, -en die Pädagogik, -en	교육하다, 양육하다 교육 (직업)교육, 훈련 교육학	*educate* *education* *training* *pedagogics*
die Examen(Pl.)	시험	*examinations*
der Fachbereich, -e	전공분야, 전공과목	*department*
die Fakultät, -en	학부, 단과대학	*department of university*
die Ferien(Pl.) Osterferien Semesterferien Sommerferien Weihnachtsferien Winterferien	방학 부활절 방학 방학 여름방학 성탄절방학 겨울방학	*vacation* *easter holidays* *semester break* *summer vacation* *Christmas holidays* *winter vacation*
die Kantine, -n	교내식당, 구내 매점	*canteen*
der Kindergarten, -gärten Kindergärtner / in	유치원 유치원 교사	*kindergarten, playschool* *kindergarten teacher*
das Konservatorium = Conservatorium, die Musikhochschule, die Hochschule für Musik, die Musikakademie	음악학교, 음대, 음악아카데미 라틴어 conservare는 무언가를 보전하여 지켜가는 의미의 동사. 이태리어 conservatorio는 그 시설, 독일어로는 Konservatorium-독일에서는 이 단어가 쓰이기도 하지만, 보통은 Hochschule für Musik이란 말이 많이 쓰인다. 스위스에는 두 가지에다 Musikakademie란 말까지 쓰인다. 오스트리아에서 음악가 및 음악교육자 육성은 여러 사립대학교(Privatuniversität)와 Konservatorium에서 이루어진다.	
die Krippe, Kinderkrippe, -n	아이방, 탁아소	*nursery*
das Lehrbuch -bücher	교과서	*coursebook, textbook*
der Lehrgang, -gänge = der Kurs	교과과정	*course (of study)*
der Lehrstuhl -stühle, die Professur, -en der Lehrstuhlinhaber -der Professor	교수직 교수	*professorship, chair* *professor*

독일어	우리말	영어
Mitschüler/in	반 친구, 학교 친구	*classmates, fellow students*
die Note, Schulnote, -n (숫자표시)(15점 만점)	성적표, 학교성적	*report card*
sehr gut(1) (13-15점)	수	*A*
gut(2)(10-12점)	우	*B*
befriedigend(3)(7-9점)	미	*C*
ausreichend(4)(4-6점)	양	*D*
mangelhaft(5)(1-3점)	가	*F*
ungenügend(6)(0점)	가	*F*

우리는 미국 식을 따라 성적이 5단계이지만, 독일은 6단계라서 직접 비교가 어렵다. 가장 큰 차이라면 가/F인데, 독일로 따지면 6과 5에 해당한다. 다만 독일에서 6(ungenügend)을 받은 과목이 있다면, 유급(nicht versetzen, sitzenbleiben)될 가능성이 크지만, 5인 경우라면 1, 2 학점의 다른 과목과 묶어서 상쇄할 수 있다(ausgleichen). 우리는 유급제도가 특수한 경우(대학, 특히 의대 종류)에만 남았고 고등학교까지는 수업일 수만 채우면 유급되지 않을 공산이 크다. 그래서 유급제도의 필요성에 대한 목소리도 꽤 들린다. 미국, 일본, 프랑스 등 대부분의 나라와 마찬가지로 유급제도를 유지하는 독일의 경우 베를린만 해도 2018년 약 4천 명의 유급생이 있다는데, 연구자들은 유급이 전혀 도움이 되지 않는다며 폐지의 목소리를 높이기도 한다. 한편 점수체계에 +, 0 -로 세분하기도 한다. 15점 만점인 경우 다음과 같다. 15점: 1+(voll sehr gut); 14점: 1(sehr gut), 13점: 1-(knapp sehr gut); 12점: 2+(voll gut) 11점: 2(gut) 10점: 2-(knapp gut) ~ 3점(voll mangelhaft) 2점: 5(mangelhaft) 1점: 5-(knapp mangelhaft) 0점: 6(ungenügend)

독일어	우리말	영어
das Praktikum, -ka	실습	*internship*
der Praktikant, -en/in	실습생	*intern*
die Prüfung, -en, das Examen, , der Test	시험	*exam*
bestehen die P.	(시험에)합격하다	*pass the exam*
bei der P. durchfallen	시험에 떨어지다, 불합격하다	*fail an exam.*
das Abitur, die Matura	고등학교 졸업 자격시험	*Higher School Certificate*
die Klausur	시험감독이 있는 시험	*test, exam*
Aufnahme-, Abschlussprüfung	입학, 졸업 시험	*entrance-, finals exam*
der Schein, -e(대학에서)	강의 수강 증명서	*certification of lecture*
die Schule, -n	학교	*school*
die öffentliche Schule, -n	공립학교(수식어가 붙지 않아도)	*public school*
die Privatschule, -n	사립학교	*private school*
Grundschule	초등학교	*elementary school*
Realschule	실업학교(인문계 김나지움에 가지 않을 경우 가는 실업학교)	*secondary and middle school*(10-16세)
das Gymnasium, -sien	김나지움(인문계 중고등 5-12학년)	*gymnasium, secondary school*
Hochschule	대학(교)	*university*
Fachhochschule	전문대학교(응용과학 중심의 대학)	*university of applied sciences*
die Akademie, -n	아카데미, 학원, 단과대학	*academy, college*
das Internat, -e	기숙학교	*boarding school*
die Schulklasse, -n	학급, 학년	*class*
der Klassenraum, das -zimmer	교실	*classroom*
der Nachhilfelehrer, der Privatlehrer	개인 교사, 과외교사	*private tutor*
der Schulanfang, -anfänge,	입학, 개학	*entrance into a schoolschoo-*
der Schulhof, -höfe	운동장, 교정	*lyard, playground*
die Schulpflicht	의무교육	*compulsory education*
das Schulfach, -fächer = Unterrichtsfach	학교 과목	*school subject*
der Lehrplan, -pläne	교과과정, 커리큘럼	*curriculum*
der Stundenplan	학과(과목) 시간표(어느 학년/반에 어느 과목)	*lesson plan*
die Stundentafel, -n	시간표(과목당 주간 강의 시간)	*timetable, schedule*
die Biochemie	생화학	*biochemistry*
die Biologie	생물	*biology*
die Chemie	화학	*chemistry*
das Deutsch,	독일어	*German*

독일어	우리말	영어
die Schule, -n	학교	*school*
die Fremdsprache - Englisch, Französisch, Lateinisch	외국어: 영어, 불어, 라틴어	*foreign language - German, French, Latin*
die Erdkunde - Geografie	지리, 지리학	*geography*
die Geschichte	역사	*history*
die Kunst	미술	*art*
die Mathe, Mathematik	수학	*math, mathematics*
die Musik	음악	*music*
die Ökonomie	경제	*economy*
die Physik	물리	*physics*
der Sport(-unterricht/-stunde)	체육(-수업/-시간)	*physical education*
die Volkswirtschaftslehre	경제학	*economics*
※ '국어'란 국가의 언어를 줄인 말로, Deutsch, Englisch와는 개념이 좀 다르다. 국가를 강조하던 시대의 유물로 결국 일제의 잔재 중 하나다. 독일에서 Nationalsprache, Landessprache라 하지 않고, 영어에서 national language라고 하지 않고 Deutsch, English를 쓰는 것처럼 한국어 Koreanisch라 하는 편이 더 어울려 보인다.		
das Semester	학기	*term*
das Seminar, -e	세미나(학생 발표 중심 수업)	*seminar, workshop*
der Student, -en/in	대학생	*student*
☞(참) studieren	☞(참) 연구하다, 대학공부하다	☞(참) *study,*
der Schüler/in ☞(참) lernen	(초중고)학생 ☞(참) 배우다	*studentt - learn*
die Turnhalle, Sporthalle, -n	실내 체육관	*gym, gymnasium*
der Unterricht, -e	수업	*classes*
die Unterrichtstunde, -n = Schulstunde	수업시간	*class*
unterrichten	강의하다, 수업하다, 가르치다	*teach, educate*
die Vorlesung, -en	강연, 강의	*lecture, course*
eine Vorlesung halten = vorlesen	낭독하다, 강의하다	*read out(aloud), lecture*
der Vortrag	강의, 연설 , 강연, 발표	*lecture, talk, speech*
einen Vortrag halten	강의, 연설, 강연, 발표 하다	*give a lecture, talk*
die Wissenschaft, -en	학문, 과학	*academics, science*
Humanwissenschaft	인문학, 인문과학	*the humanity, human science*
Naturwissenschaft	자연과학	*science, physical science*
der Wissenschaftler/in	학자, 과학자	*scholar, scientist*

X. 여가-취미와 문화 die Freizeit-das Hobby und die Kultur

독일어	우리말	영어
die Aufführung, -en	(무대 위)공연, 상영, 연주	*play, performance*
die Ausstellung, -en	전시회, 전람회, 박람회	*exhibition, show*
der Ausstellungsbesucher/in	전시회관람객	*visitor of the exhibition*
Kunstausstellung, -en	미술전시회	*art exhibition*
Blumenausstellung	화훼전시회/박람회	*flower show*
die Ausstellungseröffnung, -en	전시회 개관	*exhibition opening*
die Eintrittskarte, -n	입장권	*ticket*
☞(참) der Vorverkauf, -käufe	☞(참) 예매	☞(참) *advance sale/booking*
der Film, -e	영화	*film*
Actionfilm	액션영화	*actionfilm*
die Detektiveserie, Krimiserie	탐정/추리물 시리즈(연속극)	*detective / crime series*
Dokumentarfim	기록영화, 도큐먼트 필름	*documentary*
Erstaufführung, Premiere, Uraufführung	초연	*premiere*
die Hauptfigur, -en, -darsteller, Protagonist	주인공	*hero, main character/figure* *protagonist*
Nebendarsteller	조연	*supporing actor*
Kriminalfilm	범죄/추리영화	*crime film/movie*
Kurzfilm	단편영화	*short film*
Liebesfilm	애정영화, 사랑 영화	*love film/movie*
Lustspielfilm -die Filmkomödie	희극영화, 코미디 영화	*comedy film*
das Melodrama = Rührstück	멜로드라마-신파극/통속극	*melodrama*
Schauerfilm	공포영화, 스릴러	*thriller*
die Sciencefiction	공상과학(사이언스픽션), SF	*science fiction, SF*
Trickfilm - Zeichentrick	만화영화	*animation*
Spielfilm	오락영화	*feature film*
der Untertitel	자막	*subtitle*
der Western	서부영화	*western*
die Freizeit, -en	여가	*leisure, recreation*
das Hobby, -s	취미	*hobby*
= die Freizeitaktivität, -en Freizeitbeschäftigung, -en	여가활동	*leisure activity*
das Kino -s	영화관	*cinema, movie theater*
☞(참) das Theater = das Schauspielhaus	☞(참) 극장, 연극	☞(참) *theater, dramatics*
das Konzert, -e	음악회, 콘서트	*concert*
Freiluft-Konzert, Open-Air-Konzert	야외음악회	*open air concert*
die Kultur, -en	문화	*culture*
die Kulturindustrie, -n	문화산업	*culture industry*
das Kulturerbe, -n	문화유산	*culture heritage*
UNESCO Weltkulturerbe	유네스코 세계문화유산	*UNESCO World Cultural Heritage*
das Kulturprodukt, -e	문화상품	*cultural product*
die Kunst -Künste	미술(품), 예술, 솜씨	*(fine)art*
die Kunstausstellung	미술전시회	*art exhibition*
das Bild, -er	그림, 사진	*image, painting, picture*
bildende Kunst	조형예술, 시각 예술, 미술	*visual art, fine art*
die Bildhauerei	조각	*sculpture*
die Fotografie, -en	사진술, 사진	*photography*
der Fotograf/in, -en	사진작가	*photographer*

독일어	우리말	영어
die Kunst -Künste	미술(품), 예술, 솜씨	*(fine)art*
die Kunstausstellung	미술전시회	*art exhibition*
der Künslter/in	예술가, 미술가(설치미술 포함)	*artist, performer*
der Maler/in	화가, 회화가	*painter*
die Malerei. -en	회화, 그림	*painting*
der Kunststil. -e	예술 양식/사조	*artistic style*
der Abstraktionismus	추상파	*abstractionism*
die Avantgarde	아방가르드	*avant-garde*
der/das Barock	바로크	*Baroque*
der Expressionismus	표현주의	*expressionism*
die Gotik	고딕	*Gothic style*
der Hyperrealismus	하이퍼리얼리즘	*hyperrealism*
der Impressionismus	인상주의	*impressionism*
der Klassizismus	고전주의-의고주의	*classicism*
der Kubismus	입체주의, 큐비즘	*cubism*
der Realismus	사실주의-리얼리즘	*realism*
die Renaissance	르네상스	*Renaissance*
das Rokoko	로코코	*rococo*
die Romantik	낭만주의	*romanticism*
das Romanisches(Baustil)	로마네스크(건축양식)	*Romanesque*
der Surrealismus	초현실주의	*surrealism*
das Lesen, die Lektüre	독서	*reading*
der Leser/in	독자	*reader*
die Literatur-en	문학	*literature*
die Auflage -die Ausgabe, -n	발행부수	*number of copies*
die Autobiografie	자서전	*autobiography*
das Buch -Büche	책, 도서	*book*
das Comicbuch. -heftr	만화책	*comic book*
das Drama -Dramen	희곡, 드라마	*drama*
die Erzählung. -en	소설, 이야기, 서사물	*narrative, tale, novella*
das Exempla. -e	책, 잡지 등의 발행 권 수	*exemplar*
die Kurzgeschichte. -n	단편소설	*short story*
das Märchen. die Fabel, die Geschichte	동화, 이야기	*fable, fairy tale*
die Novelle. -n	소설(중편)	*novella*
die Poesie. die Dichtung. -en	시	*poetry*
☞(참) die Lyrik. das Gedicht. -e	☞(참) 서정시, 시	☞(참) *lyrics, verse, poem*
der Reiseführer/in	여행안내 책자, 여행가이드	*travel guidebook, guide*
der Roman. -e	장편소설	*Roman*
Detektivroman	탐정소설	*detective novel*
die Sciencefiction	공상과학소설	*science fiction*
das Taschenbuch. -bücher	문고본, 문고판 책, 포켓북	*paperback, pocketbook*
der Verlag. -e	출판사	*publisher*
das Wörterbuch -bücher	사전	*dictionary*
die Zeitschrift. -en	잡지	*magazine, journal*
die Zeitung. -en	신문	*newspaper*
die Malerei	회화	*painting*
malen	그리다(채색 포함)	*paint*
die abstrakte Malerei	추상화	*abstract painting*
= das abstraktes Gemälde		
das Aquarell. -e	수채화	*aquarelle*

독일어	우리말	영어
die Malerei	회화	*painting*
das Atelier -s	아틀리에, 스튜디오	*studio, atelier*
die Farbe -n / - die Linie	색 / 선	*color / line*
die Karikatur, -en	캐리커처	*caricature*
die (Maler)Leinwand	캔버스	*canvas*
das Ölbild/-gemälde, = die Ölmalerei	유화그림, 유화	*oil painting*
das Porträt -s, das Portrait	초상화	*portrait*
der Rahmen	액자	*frame*
die Stilllebenmalerei	정물화	*still life painting*
Stilllebenmaler	정물화가	*still life painter*
Blumenstilllebenmalerei	꽃-정물화	*floral still life painting*
☞(참) die Zeichnung -en	데생, 소묘,	*drawing, sketch*
zeichnen	데생/소묘하다(채색 없이)	*draw, sketch*
das Museum -Museen	박물관, 미술관, 전시관	*museum*
☞(참) die Ausstellung	전시회, 전시	*exhibition*
der Kurator/in, -en	큐레이터, 관리인	*curator*
das Musical -s = das Musiktheaterstück	뮤지컬, 음악연극	*musical*
die Reservierung	예약(모든 분야)	*reservation*
Bahnreservierung	기차예매	*train reservation*
Busreservierung	버스예매	*bus reservation*
Platz/Sitz-reservierung	자리/좌석 예매	*seat reservation*
Tischreservierung	테이블 예약	*table reservation*
Buchung	예약(호텔, 비행기 등)	*reservation*
die Sammlung, -en	수집	*collection*
Briefmarkensammlung	우표 수집	*stamp collection*
CD-sammlung	CD 수집	*CD collection*
Comicsammlung	만화 수집	*comic collection*
Kunstsammlung	미술품 수집, 미술 소장품, 미술관	*art collection*
Sammlung von Anekdoten	일화 수집(모음)	*collection of ancdotes*
Sammlung von Münzen	동전 수집	*collection of coins*
sammeln	수집하다	*collect*
der Sammler/in	수집가	*collector*
der Sport -s	스포츠	*sport*
das/die Aerobic(보통 관사 없이)	에어로빅	*aerobics*
der Alpinismus = das Bergsteigen, = der Bergsport	등산	*alpinism, climbing, mountaineering*
die Athletik, Leichtathletik	육상경기	*athletics*
der Basketball -bälle	농구	*basketball*
das Bodybuilding	보디빌딩	*bodybuilding*
das Boxen	권투	*boxing*
das Bowling ☞(참)der Kegel	볼링(10핀) ☞(참) 케겔(9핀)=구주회	*bowling* ☞(참) *Skittle*
der Fußball -bälle	축구	*soccer*
das Golf	골프	*golf*
die Gymnastik, das Turnen	체조, 체육	*gymnastics, gym*
der Handball -bälle	핸드볼	*handball*
das Jogging, der Dauerlau	조깅, 장거리 경주	*jogging, long-distance race*
das Judo	유도	*judo*
die Kampfkunst	무술	*martial art*
der Kegel	케겔(9핀)=구주회☞(참)볼링(10핀)	*Skittle* ☞(참) *bowling*
der Radsport	자전거 스포츠, 사이클링	*cycling, bicycle racing*

독일어	우리말	영어
der Sport -s	스포츠	*sport*
das Reiten, der Reitsport	승마	*equestrian sports*
das Ringen	레슬링	*wrestling*
das Schwimmen	수영	*swimming*
das Skat, skaten	스케이트, 스케이트 타다	*skat, play skat*
der Eiskunstlauf -läufe	피겨스케이트	*figure skating*
Eisschnelllauf	스피드 스케이트	*speed skating*
der Tourismus	관광여행, 관광	*tourism*
der Tourist/in, -en	관광객	*tourist*
der Ausflug -flüge	소풍, 하이킹	*excursion, trip*
die Auskunft, Information	안내-정보	*information*
die Auslandsreise	해외여행, 외국여행	*journey abroad*
die Bildungsreise / Studien-	교양여행 / 수학여행	*educational trip*
der Billigflug	값싼 비행기 표, 저가 항공편	*cheap flight*
die Broschüre = der/das Prospekt	안내책자, 팸플릿, 브로셔	*brochure, pamphlet, prospectus*
die Busverbindung, -en	버스연결	*bus connection*
der Camper/in = Zelter	캠핑객	*camper*
das Camping - das Kampieren, -Zelten	캠핑, 캠핑하기	*camping*
die Einsteigezeit	타는 시간, 탑승시간	*boarding time*
die Entspannung	긴장해소, 기분전환	*relaxation, recreation*
die Fahrradtour, -reise,	자전거여행	*bike trip, bicycle tour*
die Fahrradausflug	자전거소풍	*bike trip*
die Flugausauskunft -künfte	비행(기) 정보	*flight information*
die Führung	가이드, 인솔자가 설명하며 인도	*guided tour*
das Gepäck	짐, 수하물	*baggage, luggage*
die Hafenrundfahrt	항구 일주	*harbor tour*
die Halbpension	두 끼 포함한 숙박	*half pension*
☞(참) Vollpension	☞(참) 세 끼 식사 포함한 숙박	☞(참) *full pension*
die Jugendherberge, -en	유스호스텔	*youth hostel*
der Kopfer	트렁크	*case(suitcase), trunk*
die Kreuzfahrt/Seereise	크루즈여행, 바다여행	*cruise*
das Last-Minute-Ticket	대기자 티켓(공항에서 대기하다 사정 생긴 예약자 있을 때 타는)	*standby ticket*
der Mietwagen	임대 차	*rental car*
die Pauschalreise, -urlaub	패키지여행	*package tour*
die Pension, -en	숙소-여관, 하숙	*boarding/guest - house,*
die Reise / reisen	여행 / 여행하다	*tour / travel*
Gruppenreise	단체여행	*group tour*
der Reisebericht, -e	여행기	*travelogue, travel book*
das Reisebüro -s	여행사	*tourist agency*
Online-Reisebüro	온라인(인터넷) 여행사	*online travel agency*
der Reisebus	관광버스	*tourist bus, tour bus*
der Reiseführer/in	여행가이드	*tour guide*
der Reiseplan -pläne	여행계획	*traveling plan*
die Reiseroute	여행경로	*itinerary*
der Rucksacktourist/in = Rucksackreisender(형용사어미변화)	배낭여행객	*backpacker*
die Saison / außer Saison	성수기 / 비수기	*season / out of season*
die Sehenswürdigkeit, -en	볼거리	*tourist attraction, sight*
der Skitourismus -ist	스키관광, 스키관광객	*ski tourism/tourist*

독일어	우리말	영어
der Tourismus	관광여행, 관광	*tourism*
der Skiort	스키장	*skiing resort*
das Sonnenbad -bäder	일광욕	*sunbath*
das Strandbad	해수욕, 해수욕장	*lido, beach/seaside resort*
der Trip -die Etappe	짧은 여행, 당일치기 소풍/여행	*trip*
das Umsteigen	갈아타기	*change(train, bus)*
die Umstellung	시차적응, 환전	*adjusting to the time difference, exchange*
der Zeitzonenkater	시차증	*jet lag, jet syndrome*
die Unterhaltung	오락	*entertainment*
der Weltraumtourismus	우주여행/우주관광	*space tourism*
der Zeitunterschied -differenz	시차	*time difference*
der Zoll	세관	*customs*
der Vorverkauf -käufe	예매(판매)	*advance sale/booking*
☞(참) die Eintrittskarte, -n	티켓, 입장권	☞(참) *ticket*
der Zuschauer	관객, 관람객, 구경꾼, 청중	*audience*
Kinobesucher	영화관람객	*cineast*

제3부 | 음악용어 모음

제3부 | 음악용어 모음

음악에서 제법 자주 쓰이는 용어들을 모아서 발음과 뜻, 그리고 더 많이 알려지기도 한 외국어(영어, 이탈리아어, 프랑스어)가 있는 경우 함께 놓았다. 아직 제대로 독일어 공부할 기회가 없던 음악학도나 취미로 음악을 하는 이들을 위한 것이다.

첫줄: 비교적 자주 쓰는 독일어 음악 용어와 가능한 발음(표기법이 아닌 발음 위주) 단어 뒤 –s 또는 –es, -(e)s는 남성과 중성 단어의 2격 어미에 붙은 어미고, 그 다음에 나오는 말은 복수형태다. 그 자리에 '-'만 나오면 단수와 복수 형태가 똑같다는 말이다. 그 뒤로 이어지는 말이 있으면 '-'의 앞까지는 똑같고, 그 뒤만 변하여 복수형태가 된다는 뜻이다. 본디 발음과 되도록 가깝게 표기하기 위해 표준 외국어 표기법을 무시하였고, 심지어 우리말 표기 방식마저 포기했다. 모음 없이 나오는 것(ㅅ, ㅆ, ㄹ 등)은 /스/와 /쓰/와 /르/로 발음하지 말고 그저 바침에 있는 자음 발음하듯 머금으며 넘어가도록 하자(읽, 없, 값, 밟 등, 우리말에도 이미 머금으며 발음할 음가들이 있다.). 그리고 /ㅎ/도 받침처럼 붙여 썼는데, /ㅎ/발음을 머금으며 끝내자. 받침에 들어가는 보기 드문 자음들도 마찬가지다. 뒤에 모음이 있었다면 제 발음을 내겠지만, 그렇지 못하기에 그저 머금으면서 다음 발음으로 넘어가자. 예) /압아ㄹ트/는 /압아어트/ 또는 /압아르트/와 비슷하게 발음할 수 있지만, /ㄹ/을 머금을 수 있다면 가장 원음에 가까워진다. der Achtel도 /아흐텔/도 가깝지만, /ㅎ/발음을 제대로 머금을 수만 있다면 /앟텔/이 더 가깝다. 모음 수와 음절 수가 같기 때문이다. 아울러 길게 발음해야 하는 경우 /~/를 추가했다. 이 부분은 앞 발음을 길게 발음하자. 발음에서 /-/로 표시한 부분은 끊어 읽는 곳이다. 한 단어라도 둘 이상이 합쳐진 단어일 때 제대로 끊어 읽지 않으면 "아버지 가방에 들어가"처럼 전혀 엉뚱한 발음이 될 수 있다. 다만 하나, 악첸트 표시까지 해야 하는데, 간략한 용어집의 수준을 넘는 작업이라 일단 포기했다. 대체로 앞에 오지만 외국어에서 온 단어들은 다르다. 궁금할 때마다 네이버를 비롯하여 웹 사전에서 발음을 들어보며 연습하자.

둘째 줄: 우리말

셋째 줄: 영어(Eng.), 이탈리아어(Itl.), 프랑스어(Frz.) - 따로 표기가 없으면 영어. 첫줄이 이탈리아어와 같은 외래어일 때에는 그에 대한 독일어 표현을 넣었다.

넷째 줄: 일반적으로 쓰이는 의미, 다른 단어와 함께 쓰이는 예, 그 밖에 어원 등 단어에 대한 설명. Ⓐ는 반대말을 나타냄.

여기서 줄이 길어져 이어진 것은 세지 않는다. 글자체로 어느 정도 확인할 수 있다.

-A-

die Abart
(Frz.) -en [압-아ㄹ트]
변종, 이종, 퇴화
variation, varity(Eng.)

die Abkürzung
–en [압-큐어충]
생략법-기보 및 독보의 편의를 위해 줄여 나타낸 것, 줄임(단축)
abbreviation(Eng.), abbreviation(Frz.), abbreviatura(Itl.)
* 지름길(동사 = abkürzen 압퀴ㄹ첸-줄이다, 단축하다.)

der Ablauf
–läufe [압-라읖]
흐름, 진행
process, sequence

ableiten
[압-라이텐]
끌어내다, 유도하다
derive(Eng.)
abgeleitete Töne(압-게-라이테테 퇴네: 파생음)

abnehmend
[압-네~멘ㅌ]
점차 조용히, 소리를 줄여가며(an der Lautstärke abnehmend)

die absolute Tondauer
[압졸루테 톤-다우어]
절대 음길이
absolute tone duration(Eng.)
absolut(절대), der Ton(톤: 음, 소리) + die Dauer(다우어: 길이)

abwärtsgehen
[압배ㄹ츠-게엔]
하강하다, 내려가다
Ⓐ aufwärtsgehen(아웊-배ㄹ츠-게엔: 상승하다)

accelerando
(Itl.) [아첼레란토]
빠르게, 점점 빠르게, 아첼레란도
= schneller werdend(슈넬러 베르덴ㅌ: 점점 더 빠르게)

accompagnato
(Itl.) [아콤파냐토]
레치타티보 세코와 반대로 완전 기보된 반주가 있는 레치타티보 아콤파냐토

das Achtel
-s, - [아흐텔/앟텔]
8분음표
eight note, quaver(Eng.), croche(Frz.), croma(Itl.)
* eins, zwei, drei, vier 등 숫자의 서수 erst, zweit, dritt, viert 등의 뒤에 '-(te)l'이 붙으면 분수(제2부-I-1 수사의 분수 참조)

adagio
[아다죠/아다지오]
느리게, 느린 악장
= langsam(랑잠: 느리게)

das A-Dur
[아-두어]
가장조
A major(Eng.)
* Dur는 장조 A, B, C…는 가, 나, 다…
(Ais-Dur 올림 가장조 *A sharp major*, As-Dur 내림 가장조 *A flat major*) 아스

Aeolische Tonart
[애올리셰 톤아ㄹ트]
에올리아 선법
Aeolian mode(Eng.), mode eolien(Frz.), modo eolio(Itl.)
* 교회선법 der Modus der Kirche 의 하나
der Ton(톤: 음, 소리) + die Art(아ㄹ트: 방식, 종류)

affrettando
(Itl./Eng./ger.) [아프레탄도]
서둘러(= eilend 아일렌ㅌ), 점점 빠르게(= beschleunigend 베슐로이니겐ㅌ)

affrettoso
(Itl.) [아프레토소]
급하게(= hastig 하ㅅ티히)

agitato
(Itl.) [아지타토]
흥분하여(= aufgeregt 아웊게렉ㅌ), 가슴 두근거리게(= unruhig 운루잏)

Agnus Dei
(Lat.) [아그누스 데이]
아그누스 데이, 아뉴스 데이-가톨릭 영성체 전에 부르는 노래. "하느님의 어린 양"으로 시작. 개신교에서는 성찬의식 중에서 부름. 예수를 지칭하는 말(요한에서 비롯)

die Agogik
[아고긱]
속도법-연주 때 엄격한 템포와 리듬에 미묘한 변화를 주어 색채감을 풍부하게 하는 방법(아첼레란도, 템포, 루바토 등)
agogic(Eng.), agogique(Frz.), agogica(Itl.)
* der agogische Akzent 아고기셰 악첸트(강세), agogische Veränderung 아고기셰 페어앤더룽(변화)

Agrement
(Frz.) [아그레망]
꾸밈음
보통은 외교사절 임명에 대해 접수국에서 하는 동의를 말함

das Air(Ayr, Ayre, Aria)
[itl., Frz.] [에어]
가곡, 아리아(가곡의 변형. 간단한 기악곡도 포함) 이탈리아 aria에서 비롯.

das Ais-Dur
[아이스-두어]
올림 가장조
A sharp major
Ⓐ As-Dur 내림 가장조 *A flat major*

der Akkord
[아코ㄹ트, 아코얼]
화음(= Harmonie 하-모니)
chord(Eng.), accord(Frz.), accordo(Itl.)

die Akkordbezeichnung
[아코ㄹ트-베-차잉눙]
화음기호
composite chord system

das Akkordeon
[아코ㄹ데온]
아코디온
accordion

a-tempo
(Frz./Eng.) [아-템포]
아 템포, 본래 빠르기로 (돌아가라) zum Tempo(zurück) 춤 템포(추뤽)

die Akkordlehre
[아코어트-레~레]
화성학+B144
theory of harmony
der Akkord(아코ㄹ트: 화음) + die Lehre(레~레: 이론, 학문)

die Akkordverbindung
[아코얼-페어-빈둥] = Akkordfolge [아코얼-폴게]
화음연결
harmonic progression(Eng.)
der Akkord(아코ㄹ트: 화음) + die Verbindung(페어-빈둥 = verbinden: 페어빈덴 - 잇다, 연결하다 - 의 '-ung'동명사)

der Akzent
-(e)s, -e [악첸트]
1. 악센트, 강세, 음의 세기 2. 앞꾸밈음을 뜻하는 옛 표기
accent(Eng.)(Frz.), accento(Itl.)

allargando
(Itl.) [알라르간도]
알라르간도 = 크레셴도하면서 점차 느리게, 점점 천천히 폭 넓게 연주하기
= langsamer und breiter werdend 랑자머 운ㅌ 브라이터 베ㄹ덴ㅌ

allegretto
(Itl.) [알레그레토]
알레그레토, 약간 빠르게, 알레그로보다 늦게
= ein wenig bewegt 아인 베니히 베벡트(= langsamer als allegro 랑자머 알스 알레그로 - 알레그로보다 느리게)

allegro
(Itl.) [알레그로]
활발하게(= bewegt 베벡트), 신나게(= lustig 루스티히), 빠르게 (= schnell 슈넬)

die Allemande
(Frz.) [알레망드]
느린 2박자 춤곡

die Alliteration
[알리테라치온]
두운(= der Stabreim 슈탑라임) – 머리음, 시작 부분의 라임
alliteration(Eng.), alliteration(Frz.), alliterazione(Itl.)

der Alt
[알트]
알토 - 1. 중간음(= die Mittelstimme 미텔슈티메) 2. 여성저음(= die tiefe Frauenstimme 티페 프라우엔-슈티메)

die Alteration
[알터라치온]
알테라치오: 바꿈, 음가 변화, 샤프나 플랫으로 음 바꾸기. 화음 내에서 음에 반음 변화를 줄 것(das chromatische Verändern von Tönen innerhalb eines Akkords 다스 크로마티셰 페어앤던 폰 퇴넨 이너할 아이네스 아코ㄹ츠)
alteration(Frz.), alterazione(Itl.)

die Alt-Oboe
[알트-오보에]
알토 오보에, 잉글리시 호른(오보에보다 완전 5도 낮은 음)
English horn(Eng.), Corno inglese(Itl.) Cor anglais[Frz.] [코랑글레]

der Ambitus(Lat.)
[암비투스]
음역, 즉 음의 범위(영역)
ambit, range(Eng.)

das a-Moll
[아-몰]
가단조
(ais-Moll 올림 가단조 *A sharp minor*, as-Moll 내림 가단조 *A flat minor*)
Ⓐ *A-Dur 가장조*

der Anapäst
[아나패스트]
아나패스트, 약약강격, 단단장격(약음-약음-강음; 단음-단음-장음)
anapaest, anapest(Eng.)

das Andante
[안단테]
안단테 - 느리게(= langsam 랑잠), 차분히(= ruhig 루이ㅎ); 알레그레토와 아다지오의 중간 속도
andante(Itl., Eng.)

die Aneinanderreihung
[안-아이난더-라이웅]
나란히 배치, 정열
stringing together
aneinander(안-아이난더: 잇달아, 나란히, 함께) + die Reihung(라이웅/라이훙 = reihen 라이엔/라이헨 - 배열하다 - 의 '-ung'동명사)

der Anfang
-s, Anfänge [안팡/(복수)안팽에]
시작, 서두
begin, start
anfangen(안팡엔: 시작하다)의 명사형

anfangs
[안팡스]
처음에(anfangen의 부사형)

die Angabe
[안가베]
표시, 지시, 정보 Angabe der Taktart 박자표
time signature

der Anhang
[안항]
코다 (die Koda) - 곡의 끝에 붙여지는 부분 - 부가곡, 에필로그, 클라이맥스
Coda(Eng.)(Frz.)(Itl.)
* 일반적으로는 부록, 즉 책의 맨 뒤에 색인 같은 추가부

animato
(Itl.) [아니마토]
생기 있게, 활발하게(= belebt 베렙트)

die Anknüpfung
–en [안-크뉘풍/안-크뉘풍엔]
연결
connection
anknüpfen(안-크뉘펜: 연결하다)의 동명사

der Anlaut
[안-라웉]
머리음, 시작음, 두움
initial sound

der Anlautreim
[안-라웉-라임]
두운(= Stabreim 슈탑-라임)
alliteration
der Anlaut(안-라웉: 시작, 머리) + der Reim(라임: 운)

der Anschlag
[안-슐락]
터치, 탄주법
touch

die Anzahl der Schlagen je Minute
[안찰 데어 슐라겐 예 미누테]
분 당 터치 수
die Anzahl (안찰: 수) + der Schlag(슐락: 치기, 터치, 때리기) + je(예: 당-per) + die Minute(미누테: 분)

die Arie
[아리에]
아리아, 솔로로 부르는 가곡(오페라, 칸타타, 오라토리오 같은 큰 작품의 일부로 쓰일 때가 많다.)
aria(Eng.)(Itl.), air(Frz.)

die Ariette
(Frz.) [아리에테]
작은 아리아
arietta(Itl.)

armonioso
[아르모니오소]
화음을 이루는, 귀에 듣기 좋은(= wohl klingend 볼 클링엔트)

die Artikulation
[아ㄹ티쿨라치온]
아티큘레이션 - 스타카토처럼 발음에서 음절을 끊어 또박또박 발음하기.
articulation(Eng., Frz.)

das As-Dur
[아스-두어]
내림 가장조(As는 내림, Assa, Ases는 겹내림)
A flat major
Ⓐ Ais-Dur 올림 가장조 *A sharp major*

die Atonalität
[아-토날리탵]
무조, 조성을 벗어남
atonality(Eng.), atnolaite(Frz.), atonalita(Itl.)
* -tät는 명사형 어미. 어간의 성질을 나타내며 항상 여성명사. a-가 앞에 붙어 부정을 의미하는 경우 많다.

der Aufbau der Melodie
[아웊바우 데어 멜로디]
멜로디(선율, 가락) 구성
composition of melody
aufbauen(아웊-바우엔 구축하다, 구성하다)의 명사가 der Aufbau

die Auflösung
[아웊-뢰~중]
해결, 해소
resolution(Eng.), resolution(Frz.), risoluzione(Itl.)
auflösen(아웊-뢰~젠: 고체를 액체로 녹이다, 해소-해결하다)의 '-ung'동명사(영어의 –ing)

das Auflösungszeichen
[아웊-뢰~중ㅅ-차이헨]

해결, 해소의 기호
die Auflösung(아윺-뢰~중: 해결, 해소) + das Zeichen(차이헨: 기호, 표시)

die Aufnahme
[아윺-나~메]
녹음, 받아들임, 수용, 흡수, 입학-가입-입회
recording(Eng.), enregistrement(Frz.), registrazione(Itl.)
aufnehmen 아윺-네~멘: 받아들이다, 수용, 흡수하다의 명사형

aufnehmen
[아윺-네-멘]
녹음하다, 받아들이다, 취하다, 흡수하다
record

der Aufstrich
–es, -e [아윺-슈리ㅎ]
연주에서 활을 올려 켜는 것-상궁,
up-bow(Eng.), pousse(Frz.), arco in su(Itl.)
그 밖에 (선) 위로 긋는 획, 빵에 바르는 것
auf(아윺: 위) + der Strich(슈릭: 선, 획 *line, dash, bow*)

der Auftakt
-(e)s, -e [아윺-탁트]
상박, 도입 소절, 악센트 없는 첫 음절
anacrus(Itl.)
auf(아윺: 위) + Takt(탁ㅌ: 박자)

auftreten -trat auf-hat aufgetreten
[아윺-트레텐]
등장하다, 무대에 나가다, 공연하다
appear(on stage), perform
auf(아윺: 위) + treten(트레~텐: 내딛다, 들어서다, 걷다)

aufwärtsgehen -das Aufwärtsgehen
[아윺-배ㄹ츠-게~엔]
상행하다-상행
(동사원형을 그대로 명사로 쓰는 동명사-중성. -ung형 동명사는 늘 여성)
aufwärts(아윺-배ㄹ츠: 위로, 위쪽) + gehen(게~엔: 가다)

die Augmentation
[아욱멘타치온]
주제 확장
augmentation(Eng.)(Frz.), augmentazione(Itl.)
'-tion'으로 끝나는 명사는 대부분 라틴어에서 유래. 그래서 영어를 비롯해 다른 언어에도 비슷한 단어가 있는 경우가 많다. 성은 여성)
Ⓐ diminution 디미누치온(축소)

der Ausdruck
-(e)s, -drücke [아우스-드룩/아우스-드뤼케]
표현
expression(Eng.)(Frz.), espressione(Itl.)
ausdrücken(아우스-드뤼켄: 표현하다)의 명사형

ausführen
[아우스-퓨~렌]
실행하다, 기호에 따라 연주하다
take out, perform
동명사는 Ausführung(아우스-퓌~룽) 퓌/퓨(중간)

die Ausgangstonart
–en [아우스강ㅆ-톤-아ㄹ트]
시작부의 조
der Ausgang(아우스강: 시작, 출구) + Tonart(톤-아ㄹ트: 조성, 어조 = Ton(톤: 음) + Art(아ㄹ트/아릍: 종류, 성질)

die Aussprache
[아우ㅅ-슈프라헤]
발음 deutliche Aussprache. 또렷한 발음
pronunciation
aussprechen(아우스-슈레헨: 발음하다, 말로 나타내다 = aus 아우스-밖으로 + sprechen 슈레헨-말하다)의 명사형

–B–

die Bagatelle
-n [바가텔레]
짧은 기악곡, 사소한 일
bagatelle(Frz.)

der Balken
-s, - [발켄]
8분음표를 이어주는 붙임줄, 꼬리, (건축)들보, 보, 빔
hook

die Ballade
-n [발라데/발라덴]
발라드, 문학에서는 담시(이야기 시)
ballade(Frz.), ballad(Eng.)

die Barkarole
-n [바-카롤레/바-카롤렌]
바르카롤, (곤돌레)뱃노래(das Gondellied 곤델리트)
barcarole(Eng.), barcarolle(Frz.), baracrola(Itl.)

der Bariton
-s, -e [바리~톤]
바리톤(베이스 Bass와 테너 Tenor 사이의 중간의 남자 목소리 = die mittlere Männerstmme 디 미틀러레 매너-슈티메)
baritone(Eng.), baryton(Frz.), baritono(Itl.)

der Bass
-es, -e [바스]
베이스, 남성 저음(=die tiefe Männerstimme 디 티페 매너-슈티메), 저음 남성 가수/악기-콘트라베이스
bass, base(Eng.), basse(Frz.), basso(Itl.)

die Bassflöte
-n [바스-플뢰테]
베이스 플루트
base flute(Eng.)

die Bassgeige
-n [바스-가이게/-가이겐]
콘트라베이스(der Kontrabass 콘트라바스)
double bass(Eng.)

die Bassklarinette
-n [바스-클라리네테/-클라리네텐]
베이스 클라리넷
bass clarinet(Eng.)

der Basso ostinato
[바소 오스티나토]
바소 오스티나토-끈질긴, 집요한 바스(der Bass continuo 바스 콘티누오 B.C. b.c. bc)
basso = bass
basso ostinato(Itl.)

der Bassschlüssel
-s, - [바스-슐리셀]
낮은음자리표, F음자리표
bass clef(Eng.), chiave di basso(Itl.)
der Schlüssel(슐리셀)은 본래 열쇠, 걸쇠 등의 뜻. 피아노에서는 건반
Ⓐ *Violin Schlüssel, G-Schlüssel 높은음자리표('사'음)*

das B-Dur
[베-두어]
내림 나장조
(= H-Dur 하-두어 - 나장조 *B major*, His-Dur - 올림 나장조 *B sharp major*)
영어의 b는 나음이지만, 독일어 b는 내림 나음이다.

das Becken
-s, - [베켄]
심벌즈, 일상적으로는 양푼, 대야, 수조 등
Piatti, Clinelli(Itl.), Cymbals(Eng.)

die Begleitstimme
-n [베글라잍-슈티메]
반주음, 보조음, 반주부
supporting voice
begleiten(베-글라이텐: 동반하다)의 어근 + die Stimme(슈티메: 음, 목소리)

die Begleitung
[베-글라이퉁]
반주(= das Akkompagnement 아콤파뉴망)
accompaniment(Eng.), accompagnement(Frz.), accompagnamento(Itl.), acompanamiento(sp.)
begleiten(베-글라이텐: 동행, 동반, 반주하다)의 '-ung'동명사

behauchen
[베-하우헨]
기식음(bh, ph, dh, kh 등)의 센(강한) 발음을 하다, 입김을 불다
aspirate(Eng.)
behaucht(베-하우흩 = behauchen 베-하우헨의 과거분사) - 독일어 동사의 과거분사는 부사나 형용사로 쓸 수 있다. 형용사로 쓸 때에는 어미변화도 형용사와 똑같이 한다.

das Beiwort
-s, -wörter [바이-보ㄹ트, 바이-뵈ㄹ터]
꾸밈음, 수식어, 형용사
apithet(Eng.)
bei(바이: 동반) + Wort(보ㄹ트: 말, 단어)

die Bekräftigung
-en [베-크랲티궁/-티궁엔]
강화, 강조, 뒷받침(= Verstärkung 페어-슈태ㄹ쿵)
supporting(Eng.)
bekräftigen(베-크랲티겐: 뒷받침하다, 강하게 하다, 세게 만들다)의 동명사

Berceuse
(Eng. Frz.) [베르쇠즈]
자장가(= Wiegenlied 비겐-리트-요람노래, Schlaflied 슐랖-리트-자장가, Gute-Nahct-Lied 구테-낳트-리트)
lullaby(Eng.), ninnananna(Itl.)

beschleunigen
[베-슐로이니겐]
빠르게 하다, 가속화하다
accelerate, speed up(Eng.)

betont
[베톤트]
스포르차토, 스포르찬도 - 힘주어, 강조하여 연주하란 지시
sforzando, sforzato(Itl.) sfp, sf, sfz, stressed(Eng.)
betonen(베토~넨 : 강조하다)의 과거분사 - 부사/형용사

betonen
[베토~넨]
강조하다, 악센트를 주다
accent, emphasize, stress, intonation

Betonung
[베토~눙]
강조, 악센트, 악센트 주기(Akzentuierung 악첸투이어룽)
emphasis(Eng.)
betonen(베토넨)의 동명사

bezifferter Bass
[베-치퍼ㄹ터 바스]
숫자 붙은 저음, 통주 저음
figured bass(Eng.), basse chiffree(Frz.), basso cifrato(numerato, figurato)(Itl.)
beziffern(베-치퍼른/베-치펀 : 숫자를 매기다)의 과거분사로 형용사(어미) + der Bass(저음, 베이스, 저음부)

das Blasinstrument
-s, -e [블라스-인스트루멘테]
관악기
wind instrument(Eng.), instrument a vent(Frz.), strumento a fiato(Itl.)
목관-Holzbläser(홀츠-블래저), 금관-Blechbläser(블렠-블래저)
blasen(블라~젠: 불다)의 어근 + das Instrument(인스트루멘트: 악기, 기구, 도구)

die Blockflöte
[블록-플뢰테]
리코더, 블록플루트(= Schnabelplöte 슈나벨플뤼테-주둥이/부리-플루트)
recorder(Eng.), flute a bec, flute douce(Frz.), flauto diritto flauto dolce(Itl.)
der Block(블록: 나무, 블록, 덩어리) + die Flöte(플뢰테: 피리, 플루트)

das b-Moll
[베-몰]
내림 나단조
B flat minor(h-Moll 하-몰-나단조 B minor, his-Moll 올림 나단조 *B sharp minor*)

böhmisch
[뵈~미시]
보헤미안, 체코의
bohemian(Eng.), cechy
der Böhme 뵈~메-체코 서부지역 출신 남자 = 보헤미안, 짚시
지명 +-(i)sch : 지명의 형용사화. 대문자로 쓰면 그곳 언어 Korea, koreanisch 한국의 das Koreanisch 한국어

die Bogenform
–en [보~겐-포엄]
활모양, 궁형, 아치형
Da-Capo-Form, arch form, bow form(Eng.)
der Bogen(보~겐: 활, 현) + die Form(포엄: 모양, 꼴, 형)

die Bourrée
(Frz.) [부레에]
부레- 프랑스의 오베르뉴 지방에서 시작된 3박자 춤곡으로 경쾌하다. 나중에 궁정에 들어가 빠른 2박자계의 춤곡으로 변화. 17~18세기에 유행.

die Burleske
–n [부얼레스케/-레스켄]
광대극, 익살극, 뮤지컬 코미디, 뮤지컬 소극(=das komische Musikstück 다스 코미셰 무직-슈튁)
burlesque(Eng.)

–C–

calando
(Itl.) [카란도]
칼란도, 점점 느리고 여리게(= nachlassend 나흐라센트)

cantabile
(Itl.), (Eng.) [칸타빌레](= kantabel 칸타벨)
노래하듯이(= singend 징엔ㅌ), 풍부한 표정으로. 피아노 칠 때 특정 음악 주제 하나를 반주보다 더 강조하여 연주라는 뜻으로도 확장.
cantante(Itl.), singing(Eng.)

das Capriccio
(Itl.) [카프리치오](= das Kapriccio)
광상곡, 환상곡(= eigenwilliges / kapriziöses Stück 아이겐-빌리게스 / 카프리치외제스 슈튁)
capriccio(Eng.), caprice(Frz.)

capriccioso
(Itl.) [카프리치오소]
카프리치오소-자유롭게 혹은 기분이 들뜨게 환상적으로 연주하란 지시!(= launig 라우닣, eigenwillig 아이겐빌맇)

Cassation
(Lat., Eng.) [카사치온](= die Kasation 카사치온)
카사치온 또는 카사치오네- 18세기 세레나데 조의 기악곡
casazione(Itl.), cassation(Frz.)

das C-Dur
[체-두어]
다장조
C major(Eng.)
(Ces-Dur 내림 다장조 *C flat major*, Cis-Dur 올림 다장조 *C sharp major*; das Cis-Moll 치스-몰 올림 다단조 *C sharp minor*, ces-Moll 내림 다단조 *C flat minor*)

das Cembalo
-s, -s/Cembali [쳄발로/(복수)쳄발리]
쳄발로, 하프시코드
harpsichord(Eng.), claviecin(Frz.), cembalo, Clavicembalo(Itl.)

der Chor
-s, Chöre [코어/쾨레]
합창, 합창곡, 합창단(= die Gesangsgruppe 게장스-그루페 der Gesang 노래 + die Gruppe 단체, 그룹)
chorus(Eng.), choeur(Frz.), coro(Itl.)

der Chormeister
-s, - [코어-마이스터]
합창단 지휘자(= der Chorleiter 코어-라이터 der Dirgent 디르겐트)
Choirmaster, choir director(Eng.)
* 동사에 -er을 덧붙여 동사의 활동을 하는 사람을 나타내는 명사 = 남성, 여성은 -in추가. 남성의 경우 단수와 복수가 같은 모양이지만, 여성형에서는 -nen추가 : der Arbeiter –in, -innen 노동

자, Lehrer –in, -innen 교사, Musiker –in, -innen 음악가, der Schüler, die Schülerin, -nen 여학생)

der Chorsatz

-es, -sätze [코어-자츠/코어-재체]

합창곡으로 편성하기 - 노래 곡을 합창을 위해 여러 성부로 나누어 편성하는 것

choral movement(Eng.)

die Chromatik

[크로마틱]

반음계법, 색채론

chormaticism(Eng.), chromatisme(Frz.), cromatismo(Itl.)

* -tik으로 끝나는 단어들 - 학문, 이론, 법칙 등을 나타내며 성은 항상 여성: Informatik 전산(정보)학, Grammatik 문법이론/체계, Germanistik 독일학

das chromatische Intervall

-s, -e [크로마티셰 인터~발]

반음계 음정

chromatic interval(Eng.), intertvall chromatique(Frz.), intervallo cromatico(Itl.)

das Interval은 음악에서 음정을 뜻하지만, 보통 '중간', '사이', '간격'의 뜻으로 쓰임)

das Cis

[치스]

올림 다음 - C(다)음을 반음 올린 것

C-sharp(Eng.), Ut-diese(Frz.), Do diesis(Itl.)

(Cis-Dur - 올림 다장조 *C sharp major*, cis-Moll 올림 다단조 *C sharp minor*)

das Cis-Dur

[치수-두어]

올림 다장조

C sharp major(Eng.)

das cis-Moll

[치스-몰]

올림 다단조(ces-Moll 내림 다단조 *C flat minor*)

C sharp minor(Eng.)

das c-Moll

[체-몰]

다단조

C minor

(Ces-Dur 내림 다장조 *C flat major*, Cis-Dur 올림 다장조 *C sharp major*; das cis-Moll 치스-몰 올림 다단조 *C sharp minor*, ces-Moll 내림 다단조 *C flat minor*)

comodo

(Itl./Eng.) [코모도]

편안하게(= bequem 베크벰), 편안한 속도로(= in angenehmen Tempo 인 안게네멘 템포)

die Computermusik

[컴퓨터 무직]

컴퓨터 음악

computer music(Eng.)

(독일어에서 외래어를 받아들일 때엔 가능한 원형을 살리기에 [콤푸터]가 아니라 [콤퓨터]. Champignon - 샴피뇽 - 식용 버섯)

con brio

(Itl.) [콘 브리오]

생기 있게(=mit Lebhaftigkeit/Feuer 밑 렙-합티히-카이트/포이어), 힘차게, 정열적으로

with spirit(Eng.)

con espressione

(Itl.) [콘 에스프레시오네]

표정, 감정을 넣어(= mit Ausdruck 밑 아우스드룩)

with feeling(Eng.)

con fuoco

(Itl.) [콘 푸오코]

열정, 정열적으로(= mit Feuer 밑 포이어) mit = with + das Feuer 불, 정열

con moto

(Itl.) [콘 모토]

힘차게, 율동 넣어(= mit Bewegung 밑 베베궁)

fierly, impetuously(Eng.)

Courante

(Frz.) [쿠랑뜨]

쿠랑트, 이탈리아식-크란트 - 이탈리아에서 발생 - 17세기 프랑스에서 발달한 춤곡

das Credo

-, -s(Lat.) [크레도](das Kredo = ich glaube 이히 글라우베 = 믿습니다)

크레도, 사도신경, 신앙, 교의

crescendo

(Itl.) [크레셴도]

점점 세게(stärker werdend 슈태르커 베르덴ㅌ: 점점 더 세지는; an Lautstärke zunehmend 안 라울-슈태르케 추네멘ㅌ: 소리/음 세기 점점 세게/크게)

der C-Schlüssel

-s, - [체-슐리셀]

C(다)음자리표

C clef(Eng.), clef d'ut(Frz.), chaive di do(Itl.)

– D –

Da Capo al Fine, D.C. al Fine

(Itl.) [다카포 알피네]

처음부터 끝까지(= von Anfang bis Ende 폰 안팡 비스 엔데) – 처음으로 돌아갔다 Fine에서 종료하란 지시

der Daktylus
-, -tylen [닥티루스/닥튀렌]
시의 리듬에서 강약약, 양-억-억, 장-단-단격
(Ⓐ der Anapäst 아나패스트 : 약약강, 단단장, 억억양= 약과 강은 소리의 세기, 단과 장은 소리의 짧고 깊, 억과 양은 눌러 내는 소리와 펼쳐 내는 소리)

die Darstellung
-, -en [다-슈텔룽/-룽겐]
묘사, 표현(= der Ausdruck 아우스드룩)
expression, representation(Eng.)(Frz.), expressione, rappresentazione(Itl.)
* darstellen(다-슈텔렌: 묘사하다, 표현하다)의 동명사

das D-Dur
[데-두어]
라장조
D major(Eng.)
(Des-Dur 내림 라장조 *D flat major*, Dis-Dur 올림 라장조 *D sharp major*)

decrescendo, decresc.
(Itl.) [데크레셴도]
데크레셴도, (소리)점점 약하게(schwächer werdend 슈배혀 베르덴ㅌ; an Lautstärke abnehmend 안 라웉-슈태르케 압네멘ㅌ -소리 세기 점점 줄여)
decreasing(Eng.)

die Dehnung
-en [데~눙]
연장, 길게 늘이기
stretching, lengthening(Eng.)
dehnen(데~넨: 늘이다, 연장하다)의 동명사

die Deklamation
-en [데크라마치온]
데클라마치온-낭독법, 낭독조(노래에서 가사를 음악보다 우선시); 낭독, 암송
declamation(Eng.)

das Des
[데스]
내림 라장조, 내림 라음
D flat(Eng.), Re-bemol(Frz.), Re bemolle(Itl.)
(Des-Dur 내림 라장조 *D flat major*, des-Moll 내림 라단조 *D flat minor*)

die Dezime
-, -n [데치메/데치멘]
10도(음정)
tenth(Eng.), dixieme(Frz.), decima(Itl.)

diatonisch
[디아-토니시]
온음계, 전음계, 다이어토닉(Ⓐ chromatisch 크로마티시)
diatonic, diatonic scale(Eng.)

das Diminuendo - diminuendo
(Itl.) [디미누엔도]
점점 여리게(allmählich leiser werdend 알매~리히 라이저 베르덴트 - 차츰 소리가 줄어드는; an Lautstärke vermindernd 안 라웉슈태르케 페어민더른트 - 소리의 세기가 줄어드는)
= Decrescendo

diminution
(Eng., Frz.) [디미누션-디미뉘숑]
축소(= Verkürzung 페어-퀴르충-길이 짧게, Verkleinerung 페어-클라이너룽-크기 작게)
diminuzione(Itl.)
Ⓐ Augmentation 아욱멘타치온 - 확장

der Dirigent
-en, -en [디리겐트/-겐텐]
지휘자(der Leiter eines Orchesters oder Chors 라이터 아이네스 오-케스터스 오더 코어스 - 오케스트라나 합창단의 인솔자)
conductor(Eng.), chef d'orchestre(Frz.), direttore(Itl.)
dirigieren - 지휘하다

das Dis, dis
[디스]
올림 라음(장조 = Dis-Dur)
D sharp major(Eng.)
(Dis-Dur 올림 라장조 *D sharp major*, dis-Moll 올림 라단조 *D sharp minor*)

das dis-Moll
[디스 몰]
올림 라단조
D sharp minor(Eng.)

die Dissonanz
-en [디소난츠/디소난첸]
불협화음, 부조화
dissonance(Eng.)

dissonieren
[디소니어렌]
불협화음을 내다,
die Dissonanz[디소난츠]의 동사

das Divertimento
(Itl.) -s, -ti [디베르티멘토]
희유곡-놀이곡(Unterhaltungsmusik 운터할퉁스-무짂; 운터할퉁: 오락/놀이 + 음악), 디베르티멘토 - 17~18세기 프랑스의 궁중 오락곡 또는 푸가의 자유 삽입곡; 프랑스 오페라에 삽입된 발레곡
divertissement(Frz.)(Itl.)

das d-Moll
[데-몰]
라 단조
D minor
(des-Moll 내림 라단조 *D flat minor*; dis-Moll 올림 라단조 *D sharp minor*)

die Dominante
-n [도미난테/도미난텐]
도미난테 - 딸림음(음계의 제 5음 - 솔), 딸림화음
dominant(Eng.), Dominante(Frz.)
(주요 3화음 = 도미난테 + 도펠도미난테 + 토니카)
* Tonika 토니카 : 으뜸화음 - 음계의 제 1음 tonic chord;
* Doppeldominante 도펠-도미난테 - 버금딸림화음 *double dominant chord(Eng.)*

die Dominant-vorbereitung
[도미난트-포어-베라이퉁]
딸림음 준비

das Doppel-B
-s, -s [도펠-베]
겹내림 bb
double flat(Eng.), double bemol(Frz.), doppio bemolle(Itl.)

das Doppelkreuz
-es, -e [도펠-크로이츠]
겹올림
double sharp, double cross(Eng.), double dieses(Frz.), doppo diesis(Itl.)
doppel(도펠: 겹) + Kreuz(다스 크로이츠: 십자가, 십자가 모양, 음악에서는 샤프 *sharp*)

der Doppelschlag
-(e)s, -schläge [도펠-슐락/-슐래게]
돈꾸밈음 - 본디 음을 중심으로 위아래로 보통 4음(=위로 2도, 아래로 2도; 가끔 5음)을 돌려 꾸미는 꾸밈음.
악보에서 '∽'로 표시)
turn(Eng.), double(Frz.), gruppetto(Itl.)
doppel(도펠: 겹, 이중) + der Schlag(슐락: schlagen 슐라겐: 치다, 때리다)의 명사)

der dorische Modus
-, Modi [도리셰 모두스/모디]
교회선법 중 도리아 선법(= dorische Oktavgattung 도리셰 옥탑-가퉁, dorischer Kirchton 도리셔 키르히-톤)
Dorian mode(Eng.), mode dorien(Frz.), modo dorico(Itl.)

die dreigestrichene Oktave
[드라이-게-슈트리헤네 옥타베]
3도음(옥타브)
three-line octave(Eng.)

der Dreiklang
-(e)s, -klänge [드라이-클랑/-클랭에]
3화음
traid(Eng.), accord, trois sons(Frz.), triade(Itl.)
(Dur-Dreiklang 장3화음 major triad, Tonika-Dreiklang 으뜸화음 tonic triad)
* drei(드라이: 3, 셋) + der Klang(클랑: 음, 소리)

die Duodezime
-, -n [두오-네치메/-메치멘]
12도, 12도 음정
twelfth(Eng.), douzieme(Frz.), duodecima(Itl.)

die Duole
[두올레]
두-잇단음표
duplet(Eng.), duolet(Frz.), duina(Itl.)

die Durchführung
-en [두룩-퓌~룽/-퓌~룽엔]
전개부 - 주제나 소재를 여러 측면에서 발전시켜 전개하는 부분
development(Eng.), developpement(Frz.), svogimento(Itl.)
durchführen(두룩-퓌~렌: 전개, 실행, 수행, 관철하다)의 동명사

der Durchgangsakkord
-s, -e [두룩강스-아코ㄹ트/-아코ㄹ데]
경과화음 - 화음을 구성하는 지남음
transitory chord(Eng.)
der Durchgang(두룩강) - durchgehen(두룩게엔: 지나다, 통과하다)의 동명사 + der Akkord(아코ㄹㅌ: 화음)

das durchcomponierte Lied
-(e)s, -er [두룩-콤포니어테 리트/리더]
통작가곡 - 절마다 선율이 다른 가곡(Strophenlied 슈트로펜리-트 - 유절가곡: 절마다 선율이 같은 가곡)
through-composed song(Eng.)
durch(두룩: 관통, 일관, 내리) + komponieren(콤포니어렌: 작곡하다)

durchlaufend
[두룩-라우펜트]
계속해서, 이어서
continuos(Eng.)
durch(내리, 죽, 관통해) + laufend(라우펜ㅌ - laufen<라우펜: '달리다, 가다'의 현재분사)
영어에서 현재분사를 만드는 접미어는 '-ing'이지만, 독일어에서는 '-d'다.

die Durtonleiter
[두어-톤-라이터]
장음계
major scale(Eng.), gamme majeure(Frz.), scala maggiore(Itl.)
das Dur(두어: 장조) + die Tonleiter(톤-라이터: 음계)

die Dynamik
-en [뒤나믹/뒤나미켄]
셈여림표, 강약표
dynamic marks(Eng.)
pp - pianissimo(피아니시모) - 매우 여리게
mp - mezzopiano(메조-피아노) - 조금 여리게
mf - mezzo forte(메조-포르테) - 조금 세게
f - forte(포르테) - 세게

ff - fortissimo(포르티시모) - 매우 세게
cresc - crescendo(크레셴도) - 점점 세게
decresc - decrescendo(디크레셴도) - 점점 여리게
sf - sforzando(스포ㄹ찬도) - 특히/아주 세게
fp - forte piano(포르테-피아노) - 세게 다음 곧 여리게)

–E–

das Ebenmass
-es, -e [에벤-마스/에벤-마세]
균형, 대칭(= Symmetrie 지메트리/시메트리), 조화(die Harmonie 하-모니)
symmetry
eben(에벤: 평평한, 평탄한, 고른) + das Mass(마스: 척도, 단위, 정도, 규격)

das Echo
-s, -s [에효/에효스]
반향, 에코, 메아리
echo

das E-Dur
[에-두어]
마장조
E major
(Eis-Dur 올림 마장조 *E sharp major*
Es-Dur 내림 마장조 *E flat major*)

die eingestrichene Oktave
-, -n [아인-게-슈트리헤네 옥타베/옥타벤]
일점음, 일점 옥타브
one - lined octave(Eng.)
einstreichen(아인-슈트라이헨: 고루 바르다)의 의 과거분사 + die Oktave(옥타베)

die Einleitung
–en [아인-라이퉁/아인-라이퉁엔]
도입부
introduction(Eng.)(Frz.), introduzione(Itl.)
einleiten(아인-라이텐: 이끌다, 인도하다, 개시하다)의 동명사

der Einsatz
-es, -sätze [아인-자츠/아인-재체]
시작, 첫머리
attack, entry(Eng.)
einsetzen(아인-제첸: 투입하다, 시작하다)의 명사형

die Elegie
-, -ien [엘레기~/엘레기-엔]
비가 - 이별, 죽음, 상실에 대한 비통함, 한탄(Klage über Trennung, Tod, Verlust 클라게 위버 트레눙, 톧, 페어-루슽)
elegy(Eng.), elegia(Itl.)

die Elektronische Musik
-en [엘렉트로니셰 무짘/무지켄]
전자 음악
electronic music(Eng.)

das e-Moll
[에-몰]
마단조
E minor
(eis-Moll 올림 마단조 *E sharp minor*, es-Moll 내림 마단조 *E flat minor*)

das Ende
-s, -en [엔데/엔덴]
종지, 결말, 마감
end
enden(엔덴: 끝나다, 끝내다)의 명사형

die Endsilbe
–n [엔ㅌ-질베/엔ㅌ-질벤]
끝음절
final syllabel
End(enden에서 –en 생략) + die Silbe(질베: 음절)

die Engführung
–en [엥-퓌~룽/엥-퓌~룽엔]
스트레토 - 성부 겹치기로 긴박감 자아내기(푸가)
stretto(Itl.), strette(Frz.),
engführen의 동명사. eng(엥: 좁은, 빽빽하게) + führen(퓌~렌: 인도, 지휘, 인솔, 운영하다)

das Englischhorn
-(e)s, -hörner [엥리쉬-호언/엥리쉬-회어너]
잉글리쉬 호른, 알토 오보에
english - horn(Eng.)
englisch(엥리쉬: 영어의, 영국의) + das Horn(호언: 호른, 뿔)

enharmonisch
[엔-하모니쉬]
이명동음 - 기보 표시는 달라도 건반에서는 똑같은 음 또는 그 관계
enharmonic(Eng.), enharmonique(Frz.), enharmonico(Itl.)

die Erhöhung
–en [에어-회~웅/에어-회~웅엔]
(반음)높임
sharpening(Eng.)
erhöhen(에어-회~엔: 높이다, 올리다)의 동명사

erklingen
[에어-클링엔]
울리다, 소리를 내다
sound, ring out

die Erweiterung
–en [에어-바이터룽/에어바이터룽엔]
확장, 확대(erweitern(에어바이턴: 넓히다, 확장하다)의 동명사)
extension(Eng.)

der Erzähler

-s, - [에어챌러]

화자, 서술자, 내레이터 erzählen하는 사람

narrator(Eng.), recitant(Frz.), storico, testo(Itl.)

erzählen(에어챌렌: 이야기하다)의 명사 - 이야기하는 사람

erzählen

[에어챌랜]

이야기하다, 서술하다

narrate(Eng.)

die Erzählung(에어챌룽: 동명사) - 이야기

die Erzählung

-en [에어챌룽/에어챌룽엔]

이야기, 이야기하기, 내레이션

narration(Eng.), historicus(Itl.)

das Es

[에스]

내림마 음(E♭)

E - flat(Eng.), bemol(Frz.), bemolle(Itl.)

das Es-Dur

[에스 두어]

내림 마장조

E flat major

das es-Moll

[에스-몰]

내림 마단조

E flat minor

die Exposition

–en [엑스-포지치온/엑스-포지치오넨]

제시부

exposition(Eng.)

– F –

das Fagott

-(e)s, -e 파곳/[파고테]

파곳, 바순

bassoon(Eng.), basson(Frz.), fagotto(Itl.)

die Fahne

-, -n [파~네/파~넨](축소형 Fähnchen 팬헨)

음표의 꼬리

flag(Eng.), crochet(Frz.), coda uncinata(Itl.)

보통은 '깃발'의 의미

die Fantasie

-, -ien [판타~지-/판타~지엔]

판타지아, 환상곡

fantasy(Eng.), fantasie(Frz.), fantasia(Itl.)

fasslich

[파ㅆ리히]

이해하기 쉬운

easy to understand

das F-Dur

[에프-두어]

바장조

F major

(Fes-Dur 내림 바장조 *F flat major*, Fis-Dur 올림 바장조 *F sharp major*)

die Fermate

-, -n [페ㄹ마테/페ㄹ마텐]

늘임표, 정지 기호, 페르마타

pause, fermata(Eng.), point d'orgue(Frz.), fermata(Itl.)

das Fernwerk

-(e)s, -e [페른-베륵/페른-베르케]

에코오르간

echo organ(Eng.), clavier d'echo(Frz.), organo eco(Itl.)

fern(페른: 먼; 오르겔의 다른 장치와 멀리 떨어져 있다는 의미-교회나 콘서트 홀에서) + das Werk(베륵: 오르겔 제작에서 작동 원리 혹은 기술적 장치 그룹의 세부 명칭. 보통은 일, 제작, 작품, 창작, 공장)

der Festmarsch

-es, märsche [페스트-마ㄹ쉬/페스트-매ㄹ셰]

축제 행진곡

das Fest(페스트: 축제) + der Marsch(마ㄹ쉬: 행진, 행진곡)

die Figur

-, -en [피구어/피구렌]

음형

figure(Eng.), figura(Itl.)

일반적 의미 = 몸매, 자태, 형태, 모습, 그림, 상

die Figuration

-en [피구라치온/피구라치오넨]

피규레이션-음의 전개, 음형(die Figur) 짓기

figuration(Eng.)

Finalis

(Lat.) [피날리스]

피날리스, 마침음 - 교회선법에서 으뜸음에 해당

das Fis

[피스]

올림 바음, F장조

F sharp

das Fis-Dur

[피스-두어]

올림 바장조

F sharp major

das fis-Moll
[피스-몰]
올림 바단조
F sharp minor

die Flöte
-, -n [플뢰테/플뢰텐]
플루트, 피리
flute(Eng.), flute(Frz.), flauto(Itl.)
동사형: flöten(플뢰텐: 피리 불다, 피리 소리를 내다)

der Flügel
-s, - [플뤼겔]
그랜드피아노, 현이 수평인 피아노(= Klavier mit waagrechten Saiten 클라비어 밑 바-게레히텐 자이텐)
grand piano(Eng.)
일반적 의미-날개. 동사형 - flügeln(플뤼겔른: 날갯짓을 하다, 활개를 치다)

das f-Moll
[에프-몰]
바단조
F minor

das fes-Moll
[페스-몰]
내림 바단조
F flat minor

das fis-Moll
[피스-몰]
올림 바단조
F sharp minor

der formale Halbschluss
-es, -schlüsse [포어말레 핢-슐루스 / 핢-슐뤼세]
형식적 반마침
formal half cadence
halb(핢: 절반, 반) + der Schluss(슐루ㅆ: 마침, 종결)
동사형: schliessen(슐리~센 - 닫다, 마치다, 끝내다)의 명사

die Formenkunde
–n [포ㄹ멘-쿤데/포ㄹ멘-쿤덴]
(음악)형식론(= die Formenlehre 포ㄹ멘-레~레)
die Form(포엄: 형식, 꼴, 모양) + die Kunde(쿤데: 이론, 학문, 지식, 알림, 통지) 남성명사 der Kunde는 고객, 단골

forte
(Itl.) [포르테]
강하게(= stark 슈타ㄹㅋ), 크게 = f
forte, loud(Eng.)

forte piano
[포르테피아노] = fp
포르테피아노-세게 다음에 곧 여리게(= stark und sofort leise 슈타ㄹㅋ 운ㅌ 조포ㄹㅌ 라이제)

fortissimo
[포르티시모] ff
매우 세게(= sehr stark 제어 슈타ㄹㅋ)

das Fünfliniensystem -s, -e 퓐ㅍ-리니엔-시스템/퓐ㅍ-리니엔-시스테메
5선 기보법
five-lined staff
fünf(퓐ㅍ: 5, 다섯) + die Linie(리니에: 선, 라인) + das System(시스템, 체계, 법칙)

die Fünftonleiter
[퓐ㅍ-톤-라이터]
오음음계(= die Pentatonik 펜타토닠)
pentatonic scale(Eng.), gamme pentatonique(Frz.), petatonica(Itl.)
fünf(퓐ㅍ: 5, 다섯) + die Tonleiter(톤-라이터: 음계)

das Fugato
-ti[푸가토/푸가티]
푸가풍, 푸가토 - 푸가 양식으로 시작되는 곡의 일부
fugato(Itl.)

fughetta
(Itl.) [푸게타]
푸게타, 작은 푸가(간략화한 푸가)
short fugue

furiosso
(Itl.) [푸리오소]
맹렬한(= stürmisch 슈튀ㄹ미쉬), 거친(= wild 빌ㅌ)
furieux(Frz.)

–G–

die Gambe
-n [감베/감벤]
감베, 감바 - 발로 받치고 켜는 비올라
viola da gamba(Itl.)

die ganze Note
-n [간체 노테/노텐]
온음표(= die ganze Taktnote 간체 탁ㅌ노테)
whole note, semibreve(Eng.), ronde(Frz.), semibreve(Itl.)
ganz(간츠: 전체, 전부, 온) + die Note(노테: 음표, 악보, 점수, 평점)

der Ganzschluss
-es, -schlüsse [간츠-슐르ㅆ/간츠-슐뤼세]
완전한 종결, 완전종지, 궁극적 종결(= authentischer Schluss 아우텐티셔 슐루ㅆ)
final cadence, full cadence
ganz(간츠: 전체, 전부, 온) + der Schluss(슐르ㅆ: 종료, 끝, 종지, 종결 - schließen 슐리~센의 명사형)

der Ganzton
-s, -töne [간츠-톤/간츠-퇴네]
온음
whole tone(Eng.), ton plein(Frz.), tono interno(Itl.)
ganz(간츠: 전체, 전부, 온) + der Ton(톤: 음, 소리)

der Gaumenton
-(e)s, -töne [가우멘-톤/-퇴네]
구개음(der Palatal 팔라탈)
palatal(Eng.)
der Gaumen(입안, 구강, 구개) + der Ton(톤: 음, 소리)

die Gavotte
-n [가보테/가보텐]
가보트-17세기 프랑스 전통 춤(곡)
gavotte(Eng.)(Frz.), gavotta(Itl.)

das G-Dur
[게-두어]
사장조
G major
Ⓐ G-Moll 사단조

das Ges-Dur
내림 사장조
G flat major
Ⓐ ges-Moll 내림 사단조(ges.)

das Gis-Dur
올림 사장조
G sharp major
Ⓐ gis-Moll 올림 사단조

die Gegenbewegung
–en [게겐-베베궁/게겐-베베궁엔]
반진행, 반대진행, 반행, 역행
contrary motion(Eng.), mouvement contaire(Frz.), moto contrario(Itl.)
gegen(게겐: 반, 역) + Bewegung(베베궁-움직임. bewegen 베베겐-움직이다, 활동-율동하다-의 동명사)

die Gegenmelodie
–n [게겐-멜로디~/-멜로디엔]
반대멜로디, 대비선율
gegen(반대, 역) + die Melodie(멜로디~: 선율, 멜로디)

der Gegensatz
-es, -sätze [게겐-자츠/게겐-재체]
대비주제(= das Gegenthema 게겐-테마)
counter-subject(Eng.)
일반 의미로는 '반대, 역, 모순, 대립, 대조' 등의 뜻

der Gegenstandton
-s, -töne [게겐-슈탄ㅌ-톤/-퇴네]
대상음-공간음(*bulky tone*)처럼 공간적 자리와 연결시킨 음.
object-sound(Eng.), son d'objet(Frz.)
der Gegenstand(게겐-슈탄ㅌ: 대상, 목표) + der Ton(톤: 소리, 음)

die Gegenstimme
–n [게겐-슈티메/-슈티멘]
대응성부
counterpart
gegen(게겐: 대하여, 상대로, 맞서) + die Stimme(슈티메: 소리, 음성, 성음). 보통 의미로는 (투표, 선거, 토론 등에서) 반대표, 반대 목소리

das Gegenstück
-(e)s, -e [게겐-슈튁/슈튀케]
대응부
counterpart
gegen(게겐: 대하여, 상대로, 맞서) + das Stück(슈튁: 조각, 부분, 단편, 낱개, 작품)

die Gegenüberstellung
–en [게게뉘버/게겐위버-슈텔룽/-슈텔룽엔]
대구, 대치
confrontation, comparison(Eng.)
gegenüber(게게뉘버/게겐위버: 건너편, 맞은편) + Stellung(슈텔룽-stellen 슈텔렌-세우다, 세워놓다, 설치하다-의 동명사)

das Gehör
-(e)s, - [게회어]
청각, 청력, 오디션
audition, hearing(Eng.), audition, ouie(Frz.), udizione(Itl.)

die Geige
-n [가이게/가이겐]
바이올린(= die Violine 비올리네)
violin(Eng.), violon, violino(Itl.)
geigen(동사): 바이올린을 연주하다/켜다(= Geigen spielen 가이겐 슈필렌)

der Geigenbogen
-s, -bögen [가이겐-보~겐/뵈~겐]
바이올린의 활
violin bow(Eng.)
die Geige(가이게: 바이올린) + 'n'(연결장치) + der Bogen(보~겐: 활, 아치)

der gerade Takt
-(e)s, -e [게라데 탁ㅌ/-탁테]
짝수박자(= der zweizählige Takt 츠바이-쵈리게 탁ㅌ)
duple time/mter(Eng.), temps binaire(Frz.), battuta binaria(Itl.)
gerade(게라데): 바른, 곧은, 반듯한; (시간)막, 바로, 때마침, 하필, (음악, 수학)짝수

das Geräusch
-es, -e [게로이쉬]
소음, 잡음, 비약음
noise(Eng.), bruit(Frz.), rumore(Itl.)

das Ges
[게스] - G♭
내림 사음
G flat(Eng.), sol bemol(Frz.), sol bemolle(Itl.)

das Ges-Dur
[게스-두어]
내림 사장조
G flat major

das ges-Moll
내림 사단조
G flat minor

die Geschwindigkeit
–en [게슈빈디히-카이트 /-카이텐]
속도, 빠르기
speed(Eng.)

die Gigue
[지크]
지그(춤) - 17-18세기 빠르고 경쾌한 춤
gigue(Frz., Eng.)

giocoso
(Itl.) [죠코소]
재밌게, 익살맞게(= lustig 루스티히, scherzhaft 셰ㄹ츠-핤트)

das Gis
[기스]
올림 사음
g-scharp(Eng.), sol diese(Frz.), sol diesis(Itl.)

das Gis-Dur
[기스-두어]
올림 사장조
G sharp major

das gis-Moll
[기스-몰]
내림 사장조
G sharp minor

die Gitarre
-n [기타레/기타렌]
기타
guitar(Eng.), guitare(Frz.), chitarra(Itl.)

der Gitarrenspieler
-s, - [기타렌-슈필러]
기타연주자
guitarplayer

das Gleichlaufen
[글라잏-라우펜]
병행, (동일 음정의) 나란한 진행(= Parallebewegung 파랄렐-베베궁)
parallel motion(Eng.), mouvement prallèle(Frz.), movimento prarallelo(Itl.)
gleich(글라잏: 똑같이, 동일하게) + laufen(라우펜: 달리다, 진행하다)

gleichmässig
[글라잏-매싱]
일정하게, 일관되게(ebenmässig 에벤-매싱)
gleich(글라잏: 똑같이, 동일하게) + der Maß(-mässig 마스/매싱: 정도, 범위, 규격)
proportional, constant(Eng.)

gleichzeitig
[글라잏-차이팅]
동시에, 일치하게
gleich(글라잏: 똑같이, 동일하게) + die Zeit(-부사/형용사형 접미어 zeitig: 차이티히: 시간의)
simultaneously, contemporary

die Glocke
-n [글록케/글로켄]
종
bell(Eng.), cloche(Frz.), campana(Itl.)

das Gloria
(Lat.), -s, -s [글로리아/]
영광, 영화, (종교)글로리아, (미사곡)대영광송(= das Lobgesang 롭-게장) mit Glanz und Gloria(밑 글란츠 운ㅌ 글로리아)화려하게, 장당당하게
glory

die Glorie
-n [글로리/글로리엔]
영광, 영예, 영화
glory, praise, fame

das G-Moll
[게-몰]
사단조

das ges-Moll
[게스-몰]
내림 사단조
G flat minor

das gis-Moll
[기스-몰]
올림 사단조
G sharp minor

der Grad
-(e)s, -e [그랕/그라데]
음계(= die Tonstufe 톤-슈투페), 보통 쓰이는 의미: 눈금, 도, 정도, 등급, 위계, 학위
degree(Eng.), degre(Frz.), grado(Itl.)

das Grave
-s [그라베/그라베스]
무겁게(= schwer 슈베어), 느리고 장중하게(langsam und feierlich 랑잠 운ㅌ 파이어ㄹ리ㅎ)
grave(Eng.)

graziös
[그라치외스]
우아하게(= anmutig 안무티히), 우미한, 전아한
graceful(Eng.), grazioso(Itl.), gracieux(Frz.)

das gregorianische Choral
-s, Choräle [그레고리아니셰 코랄/코랠레]
그레고리오 성가
Gregorian chant(Eng.), chant gregorien(Frz.), canto tregoriano(Itl.)
der Choral: 성가, 찬송, 찬미가

die grosse Trommel
-n [그로세 트로멜/트로멜른]
큰북(= Basstrommel 바스트로멜)
bass drum(Eng.), grosse caisse(Frz.), gran cassa(Itl.)
die Trommel: 북, 드럼. 동사형 - trommeln 트로멜른: 북치다, 북 연주하다

der Grundton
-s, -töne [그룬-톤/퇴네]
으뜸음, 바탕음, 기음, 근음, 원음
keynote, fundamental tone(Eng.), sonfondamental(Frz.), suonofondametale(Itl.)
der Grund(그룬ㅌ: 바탕, 토대, 기본) + der Ton(톤: 소리, 음)

der G-Schlüssel
-s, - [게-슐뤼셀]
사(G)음자리표, 높은음자리표, 바이올린표
G clef(Eng.), clef de sol(Frz.), chiave di sol(Itl.)
der Schlüssel(슐뤼셀) 피아노 건반이지만, 보통 열쇠, 걸쇠 등의

-H-

die halbe Note
-n [할베 노테/노텐]
2분음표(= halbe Taktnote 할베 탁트-노테)
half-note, minim(Eng.), blance(Frz.), bianca(Itl.)
halb(핣: 반, 절반, 1/2) + die Note(노테: 음표 = Tonzeichen 톤-차이헨; 보통 점수, 학점, 평점의 뜻)

die halbe Pause
-n [할베 파우제/파우젠]
2분쉼표(= Zweitel-pause 츠바이텔-파우제)
half rest(Eng.), demipause(Frz.), pausa di minima(Itl.)
halb(핣: 반, 절반, 1/2) + die Pause(파우제: 휴식, 쉼)

der Halbschluss
-es, -lüsse [핣-슐루ㅆ/-슐뤼세]
반마침
half-cadence(Eng.), demi-cadence(Frz.)
halb(핣: 반, 절반, 1/2) + der Schluss(슐루ㅆ: 마침, 종결 - 동사형 schliessen 슐리~센)
der harmonische Halbschluss(하ㄹ모니셰 핣-슐루ㅆ) 화성 반마침

der Halbton
-s, -töne [할프-톤/-퇴네]
반음
semitone(Eng.), demi-ton(Frz.), semitono(Itl.), hemitonium(Lat.)

der Hals
-es, Hälse [할스/핼제]
1. 음표기둥(= der Stiel 슈티-ㄹ)
Stem tail(Eng.), queue(Frz.), gambo(Itl.)
2. 악기의 목
Neck(Eng.), manche(Frz.), manico(Itl.)
보통은 '목'을 뜻함.

die Harfe
-n [하ㄹ페/하ㄹ펜]
하프
harp(Eng.), harpe(Frz.), arpa
동사형 harfen(하ㄹ펜: 하프를 치다/연주하다 = die Harp spielen 디 하ㄹ프 슈필렌)

die Harmonie
-nien [하아모니~/하아모니엔]
화성
Harmony(Eng.), Harmonie(Frz.), armonia(Itl.)
보통은 '조화, 일치, 융화'로 많이 쓴다.

harmoniefremde Töne
[하ㄹ모니-프렘데 퇴네]
비화성음
nonharmonic tone(Eng.), suoni estranei all' armonca
Harmonie + fremd(프렘ㅌ: 낯선) + Töne(der Ton톤의 복수형)

die Harmonielehre
-n [하ㄹ모니-레~레/-레~렌]
화성학
theory of harmony(Eng.), ecole de I'harmonie(Frz.), Iezione dell'armonia(Itl.)
die Lehre(레~레: 이론, 학, 교훈, 가르침. 동사형 - lehren 레~렌)

die Harmonik
[하ㄹ모닠]
화성법, 화성학, 화음론.
harmonics

die harmonische Molltonleiter
-n [하아모니셰 몰톤-라이터/-라이턴]

화성단음계
harmonic mionor scale(Eng.), gamme mineur harmonique(Frz.), scala minore armonica(Itl.)
das Moll(몰: 단조) + der Ton(톤: 음, 소리) + die Leiter(사다리, 계) = die Molltonleiter 단음계(Ⓐ Durtonleiter 두어/두ㄹ-톤-라이터: 장음계)

der harmonische Halbschluss
-es, -schlüsse [하아모니셰 핢-슐루스/-슐뤼세]
화성 반마침
harmonic half-cadence(Eng.)

die Hauptdreiklänge
(복수) [하웊ㅌ-드라이-클랭에]
주요3화음(으뜸음, 딸림음, 버금딸림음)
main triads-primary triads-fundamental chords(Eng.)
der Haupt(하웊ㅌ: 머리, 주, 우두머리) + die Klänge(클랭에: 음, 소리-der Klang의 복수. 동사형: klingen-클링엔-소리 나다, 울리다)
Ⓐ Nebendreiklänge 저금삼화음, 부차 3화음 *secondary triads*

das Hauptthema
–men [하웊ㅌ-테마/-테멘]
주주제, 중심주제(= Hauptsatz 하웊ㅌ-잧)
principal subject(Eng.), sujet principal(Frz.)
der Haupt(하웊ㅌ: 머리, 주, 우두머리) + das Thema(테마: 주제, 주선율; 보통: 주제, 논제, 화제, 소재)

das H-Dur
[하-두어]
나장조(병행조는 올림 사단조 gis-Moll, 속음-제5음 = 올림 바장조 Fis-Dur) B-Dur
B major

die Hebung
–en [헤~붕/헤~붕엔]
강음, 악센트 주기
stress, stresed syllable(Eng.)
heben(헤~벤: 올리다, 높이다)의 동명사(Ⓐ Senkung 젱쿵: 내림, 여림)

der Hemiolenrhythmus
-, -thmen [헤미올렌-륕무스/-륕멘]
헤미올라 리듬(hemiolios: 1과 1/2 = 1.5, 또는 비율로 3:2)

der Hexameter
-s, - [헥사-메터]
헥사메터, 6보격 또는 6운각 시구(Hex 헥스: 그리스어로 6, 여섯)
hexameter

die Hilfslinie
–n 힓ㅅ-[리니에/-리니엔]
덧줄, 가선, 보조선
ledger line-added line(Eng.), ligne ajoutee(Frz.), rogo aggiunto(Itl.)
hilfs(힓ㅅ: 보조, 도움) + die Linie(리니에: 선, 라인)

die hinzugefügte Sexte
[힌추-게퓍테 젝스테]
부가6도, 첨가된 6도
added sixth(Eng.), sixte ajoutee(Frz.)
hinzugefügt(힌추-게퓍트: hinzufügen 힌추-퓌~겐-덧붙이다, 첨가하다-의 과거분사. 수동적 의미를 담은 형용사/부사 역할. 형용사 땐 형용사처럼 어미변화) + die Sexte(젝ㅅ테: 6도 음정)

das h-Moll
[하-몰]
나단조 (B-Moll)
B minor

der Hörer
-s, - [회러]
청취자, 수화기
listner, receiver(Eng.)
hören(회~렌: 듣다)의 주체 명사 -하는 사람/장치의 뜻인 접미어 '-er' 붙인 것. 남성명사. 복수형은 단수형과 같은 모양.

die Homophonie
–n [호모-포니-/-포니엔]
동음, 호모포니-한 성부가 주선율을 맡으면, 다른 성부가 화성 반주하는 형식.
homophony(Eng.)
homo(호모: 동일성, 단일성을 나타내는 접두어) + Phonie(포니: 음, 소리)
Ⓐ Polyphonie(폴리-포니: 다성음악, 대위법을 따른 음악)

das Horn
-(s)s, Hörner [호언/회ㄹ너]
혼, 호른
horn(Eng.), cor(Frz.), corno(Itl.)
일반적으로 뿔을 의미

hypo
-(Lat.) [휘포]
버금, 딸림, 부, 차, 아래 등을 의미하는 접두어
(Ⓐ hyper- 휘퍼)

–I–

die Imitation
-en [이미타치온/-치오넨]
모방, 흉내, 모조-모방(품)(= Nachahmung 나ㅎ아뭉)
imitation(Eng.)(Frz.), imiatizione(Itl.)
imitieren(이미티어렌: 모방하다, 흉내내다)의 명사형
(Ⓐ das Original 오리기날: 진품, 원형, 원본)

der Impressionismus
–men [임프레시오니-스무ㅅ/-스멘]
인상주의
impressionism(Eng.), impressionnisme(Frz.), impressionismo(Itl.)
'-ismus'로 끝나는 명사는 음악에서 주로 사조(~주의)를 의미:

Romantismus(로만티스무스: 낭만주의), Realismus(레알리스무스: 사실주의)

die Improvisation

–en [임프로비-자치온/-치오넨]

즉흥곡(시) - 순간의 느낌에서 만들어진 음악작품(= aus der Stimmung des Augenblicks entstandenes Musikstück 아우스 데어 슈티뭉 데스 아우겐블릭스 엔ㅌ슈탄데네스 무직슈튁)

improvisation(Eng.), Impromptu(엥프롱뛰,Frz.)

improvisieren

(임프로비지어렌)

즉흥 연주, 연설을 하다, 즉흥시를 짓다, 즉흥 연주하다. 보통 영어 '*ad lib* 애드립', '*improvisation* 임프로비제이션'을 많이 쓴다.

die Instrumentalmusik

–en [인스트루멘탈-무직/-무지켄]

기악곡(= das Instrumentalstük 인스트루멘탈-슈튁)

instrumental music(Eng.), musique instrumentale(Frz.), musica strumentale(Itl.)

das Instrument(인ㅅ트루멘ㅌ: 악기, 도구, 기구) + die Musik(무직: 음악, 곡)

die Instrumentation

-en [인스트루멘타치온/치오넨]

악기법, 관현악법, 기악편성(= Instrumentierung 인스트루멘티어룽, Orchestration 오ㄹ케슈트라치온, Orchestruierung 오ㄹ케스투리어룽)

orchestration(Eng.), strumentazione(Itl.)

die Instrumentenkunde

–n [인스트루멘텐-쿤데/-쿤덴]

악기학 - 악기에 대한 이론과 학문

organology(Eng.)

das Instrument(인스트루멘ㅌ: 악기, 도구, 기구) + en(연결장치) + die Kunde(지식, 학, 과학)

das Interludium

-s, -dien [인터루디움/디엔]

간주(곡)(= Zwischenspiel ㅊ비셴-슈필)

interlude(Eng.), Intermezzo(Itl.)

die Interpretation

-en [인터프레타치온/-치오넨]

해석

interpretaion(Eng.)(Frz.), interpretazione

interpretieren(인터프레티어렌: 해석하다)의 동명사

das Intervall

-s, -e [인터~발/인터~발레]

음정

interval(Eng.), intervalle(Frz.), intervallo(Itl.)

보통은 '간격, 사이, 구간' 등을 의미

die Intervallgröße

–n [인터발-그뢰세/그뢰센]

음정 크기, 음정 단위

아리스토크세노스의 음악론에서 음의 길이와 음과 음 사이의 길이를 단위로 설명했는데, 여기서는 음과 음 사이의 길이를 말한다.

das Intervall(인터발) + die Größe(그뢰세: groß 그로스 - 큰, 커다란, 넓은, 어른 나이의 - 의 명사형: 크기, 단위

der Intervallsprung

-(e)s, Sprünge [인터발-슈프룽/슈프륑에]

음정 도약, 음정 비약

das Intervall(인터발) + der Sprung(슈프룽: -ung 형태지만 동명사가 아니라 springen - 슈프링엔: 뛰어오르다, 도약/비약하다 - 의 명사형)

die Intonation

(Eng.)(Frz.) -en [인토나치온/치오넨]

1. 억양, 음조 - 인토네이션
2. 피치의 정확도 - 음 조정, 조율
3. 서곡, 오르간 전주곡

intonatio(Lat.)

intonieren

[인토니어렌]

억양(Intonation)을 붙이다, 음(소리) 내다, 영창하다

cantillate, intonate, intone(Eng.)

die Invention

-en [인벤치온/-치오넨]

즉흥곡, 창작곡, 인벤션

invention(Eng.)(Frz.), invenzione(Itl.), inventio

inventieren(인벤티어렌: 고안하다, 발명하다, 생각해내다)의 명사형. 보통 발명의 의미로 많이 씀.

Ionischer Modus

-di [이오니셔 모두스/이오니셰 모디]

이오니아 선법 - 교회선법(Kirchenmodus)에 포함

Ionian mode(Eng.), mode ionien(Frz.), modo ionico(Itl.)

der Modus(모두스: 양식, 수단, 방식, 화법)

– J –

der Jambus

-ben [얌부스/얌벤]

시의 리듬(= Versrhythmus 페르스리트무스) 또는 운율(der Reim 라임)에서 단장격, 약강격, 억양격; 짧거나 약한 박자 다음 길거나 강한 박자

Ⓐ Trochäus 트로캐우스: 장단격, 강약, 양억격

iamb, iambus / trochee

der Jazz

- [재스 또는 야츠(독일어식 발음)]

재즈

jazz

die Jazzmusik

[재-스무직/야츠-무직]

재즈음악
jazz

Jazz spielen
[재스/야츠 슈필렌]
재즈를 연주하다

der Jodel, jodeln
–s/Jödel [요델/요델스/요델], [요델른]
요들, 요들을 부르다
yodel, yodle

der Jodler
–s, - [요들러]
요들송, 요들송 가수
yodeler, yodeller

die Johannespassion
-en[요하네스-파시온/파시오넨]
요한 수난곡 - "요한의 복음서" 제18-19장의 예수 그리스도 수난의 이야기를 노래로 만든 것.
St. John Passion

jubelnd
[유벨른ㅌ]
환호성을 지르며(= sich laut freuend 지히 라울 프로이엔트: 소리쳐 기뻐하며)
jubilating
jubeln(유벨른: 환성을 지르다)의 현재분사형

–K–

kadenzieren
[카덴치어렌]
카덴차 처리하다, 억양을 붙이다
cadencing

die Kammermusik
-en[카머-무직/무지켄]
실내(음)악
chamber music(Eng.), musique de chambre(Frz.), musica da camera(Itl.)

der Kammerton
-s, -töne [카머-톤/-퇴네]
카머톤(바로크 기악곡에 사용된 음고, (참) 코르톤-합창곡, 코르넷톤-금관악기), 기준음고
chamber pitch(Eng.), ton de chambre(Frz.)
die Kammer(카머: 방, 작은 방) + der Ton(톤: 음, 소리)

der Kanon
-s [카~논/카~논스]
카논, 돌림노래
canon(Eng.)(Frz.), canone(Itl.)
보통은 '정전, 표준, 규범' 따위의 뜻으로 쓰임.

die Kantate
–n [칸타~테/칸타~텐]
칸타타, 교성곡 - 관현악 반주에 독창과 중창과 합창 등으로 이루어진 성악곡
cantata(Eng.)(Itl.), cantata(Frz.)

die Kavatine
-n [카바티네/-티넨]
카바티나(레찌타티브 없는 짧은 형식의 아리아-18, 19세기 오페라며 오라토리오에 쓰임)
cavatina(Itl.)

Kehlkopf
-(e)s, Köpfe 케엘-콮/-쾨페
후두
larnx(Eng.)
die Kehle(케엘레: 목, 경부) + der Kopf(콮: 머리, 두부)

der Kehlton
-(e)s, -Töne 케엘-톤/-퇴네
후두음
die Kehle(케엘레: 목, 경부) + die Töne(퇴네: der Ton - 톤: 음, 소리 - 의 복수형)

der Klang
-(e)s, Klänge 클랑/클랭에
음악, 선율, 멜로디
musical tone(Eng.), son musical(Frz.)
der Klang(클랑: kliengen - 클링엔: 소리가 나다, 울리다-의 명사형). 보통은 소리, 울림, 음향, 반향, 따위의 뜻.

die Klangfarbe
–n [클랑-파ㄹ베/-파ㄹ벤]
음색, 음빛깔(= die Tonfarbe 톤-파ㄹ베)
timbre, tone-color(Eng.), timbre(Frz.), tombro(Itl.)
der Klang(클랑: 음, 선율) + die Farbe(파ㄹ베: 색, 빛깔)

der Klanghintergrund
-es, -gründe [클랑-힌터그룬ㅌ/-그륀데]
배경음, 소리배경
background sound
der Klang(클랑: 음, 선율) + der Hintergrund(힌터그룬ㅌ: 배경)

die Klassik
[클라싴]
고전주의, 고전, 고전음악
classicism, classical period/music

der Klassiker
-s - [클라시커]
최고 예술가, 거장, 고전파 작가
classic, classicist, classical author

klassisch
[클라시쉬]
고전적, 고전주의 음악의 *classical*

das klassische Werk
[클라시셰 베엌]
클래식 작품(음악, 문학 등에 두루 쓰임)

klatschen / Klatschen
[클라첸]
박수치다, 손뼉 치다 / 손뼉치기
clap, applaude
der Klatsch는 박수갈채가 아니라 '잡담하다'의 뜻의 klatschen의 명사 - '가십성 요설, 잡담'

die Klaviatur
–en [클라비아-투어/-투렌]
건반
keyboard(Eng.), clavier(Frz.), tatiera(Itl.)

das Klavichord
-es, -e [클라비-코-ㄹ트/-코어데]
클라비코드 - 피아노의 전신(= Vorläufer des Klaviers 포어-로이퍼 데스 클라비어ㅅ)
clavichord(Eng.), Clavicorde(Frz.), clavicordo(Itl.)

das Klavier
-s, -e [클라비어/클라비어레]
피아노
piano(Eng.) clavier(Frz.)
Klavier spielen(클라비어 슈필렌: 피아노연주하다)

der Klavierspieler
-s, [클라비어 슈필러]
피아노 연주자 Klavier spielen하는 사람
pianist

Klaviertasten
(pl.) [클라비어-타스텐]
피아노 건반
piano keys

die kleine Trommel
-n [클라이네 트로멜/-른]
작은북
snare drum(Eng.), caisse claire(Frz.), tamburo piccolo/militare(Itl.)

der Knittelvers
–e [크니텔-페어스/페어제]
한 줄에 양음(악센트 있는 음)이 네 개인 평범함 시, 엉터리 시
doggerel(Eng.)

komplementäre Rhythmen
-men [콤프레멘태레 뤼멘]
보족 리듬, 상보리듬 - 서로 보완해주는 리듬(die sich einander ergänzenden Rhythmen 디 지히 아이난더 에어갠첸덴 뤼트멘)

der Komponist
-en, -en [콤포니스트/-스텐]
작곡가 die Komponistin 콤포니스틴: 여류 작곡가 komponieren하는 사람
composer
'-ist'가 붙어 행위자 명사가 된 경우 성은 남성, 2격 및 복수에선 언제나 -en어미가 붙은 약변화. 여성형은 '-istin', 복수는 '-istinnen'.

komponieren
[콤포니어렌]
작곡하다
compose

der Konsonant
-en, -en [콘소난트/-난텐]
자음
consonant(Eng.), consonne(Frz.), consonante(Itl.)

die Konsonanz
-en [콘소난츠/-난첸]
협화음 Ⓐ Dissonanz 불협화음 *dissonance*
consonance(Eng.)(Frz.), consonanza(Itl.)

der Kontrabass
-sses, bässe [콘트라-바스/콘트라-배세]
콘트라베이스(= Bassgeige 바스가이게)
contrabass, double bass(Eng.), contrebasse(Frz.), contrabbasso(Itl.)

das Kontrafagott
-(e)s, -e [콘트라-파곹/파고테]
콘트라파곳
double bassoon(Eng.), contre basson(Frz.), contrafagotto(Itl.)

die Kontra-Oktave
-n [콘트라-옥타베/옥타벤]
아래 1점음 - 가온 다음보타 2옥타브 낮은 음들
contra-octave(Eng.). contre octave(Frz.)
아래 2점음 : Subkontra-Oktave 숩-콘트라-옥타베

der Kontrapunkt
-(e)s, -e [콘트라-풍트/-풍테]
대위선율, 대위법
counterpoint(Eng.). contrepoint(Frz.), contrapunto(Itl.)
kontra(콘트라: 반, 역) + der Punkt(풍ㅋ트: 점, 항목)

das Kontrastthema
-s, -men [콘트라슽-테마/-테멘]
= das Kontrasubjekt –e 콘트라-줍옉ㅌ/-줍옉테
대주제 - 푸가에서 주제 제시 후에 그에 대한 대꾸가 이루어지는 동안 제1성부에서 그 대꾸에 대한 대선율을 연주하는 파트.
counter-subject(Eng.), contre-sujet(Frz.), contro-soggetto(Itl.)

der Kopf
-(e)s, Köpfe [콮/쾨페]
머리(음표 머리 부)
head(Eng.)

kraftvoll
[크랖트폴]
힘 있게, 힘차게
powerful, strong

der Krebsgang
-s, -gänge [크렙스강/갱에]
게걸음 진행, 역행 - 선율 진행에서 어떤 선율을그대로 뒤집어서 따라 진행
crab motion(Eng.), ál'écrevisse(Frz.), alla riversa al rovescio(Itl.)
der Krebs(크렙스: 게) + der Gang(강: gehen - 게엔: 가다 - 의 명사형, 걸음, 걷기)

die Krebsreihe
–n [크렙스-라이에/라이헨]
게걸음진행이 되는 부분
der Krebs(크렙스: 게) + die Reihe(라이에: 줄, 열, 계, 열, 선, 순서)

die Kunstfertigkeit
–en [쿤슽-퍼ㄹ티히-카이트/-카이텐]
예술적 완성도, 숙련도
skill, craftsmannship(Eng.)
die Kunst(쿤슽: 예술, 미술, 솜씨) + die Fertigkeit(퍼ㄹ티히카이트: 재주, 숙련, 재능. fertig 퍼ㄹ티히/페ㄹ티히 - 마감, 준비완료 - 의 추상명사)
*'-keit, -heit' - 추상명사화 어미. 언제나 여성. 복수형은 '-en'이지만, 추상명사인 관계로 복수로 쓰이는 일은 드물다.

das Kunstlied
–es, -er [쿤슽-리ㅌ/-리더]
예술가곡 - 아트 송; 포크 송 등 일반 가요와 구별하기 위한 용어 (가곡, 연가곡).
Art song(Eng.)
die Kunst(쿤슽/쿤스트: 미술, 예술) + das Lied(리ㅌ/리트): 노래, 시

Kyrie
(eleison)(grec.) [키리에](엘레이손)
"키리에 엘레이손" - "주여 불쌍히 여기소서!"

–L–

die Lage
-n [라게/라겐]
자리, 위치, 자세, 상태, 포지션
position(Eng.)(Frz.), posizione(Itl.)

der Lagenwechsel
-s, - [라겐-벡셀]
자리-바꿈, 자세교체(변동)
position - change
die Lage(라게: 자리, 위치) + der Wechsel(벡셀: 변화, 교환, 교체; wechseln의 명사)

langsam
[랑잠]
느린, 더딘, 느리게, 천천히
slowly(Eng.), lento(Itl.)
Ⓐ schnell 슈넬: 빠른, 빠르게

largo
(Itl.) [라르고]
매우 늦은 속도로(= sehr langsam 제어 랑잠), 아주 느리게

der Lauf
-(e)s, Läufe [라윺/로이페]
경과구, 패시지(= der Gang)
run(Eng.), passage(Eng.)(Frz.), passagio(Itl.)
laufen(라우펜: 달리다, 진행하다, 뛰다)의 명사형

laut
[라웉]
1. 시끄러운, 소리가 큰/큰 소리로(Ⓐ leise 라이제 - 낮은 소리로)
Ⓐ ruhig 루잏 - 조용, 고요한
2. 전치사 -에 따르면, -의 말에 의하면

der Laut
-e [라웉/라우테]
소리, 음향, 음, 목소리(die Stimme 슈티메) *sound*

die Laute
-n [라우테/라우텐]
류트 - 악기
lute(family)(Eng.), luth(Frz.), liuto(Itl.)

lauten
[라우텐]
-소리로 들리다, (이야기) 내용이 -이다
sound
laut(라웉: 시끄런~소리), lauten(라우텐: 소리로 들린다) 그 명사형은 der Laut(라웉: 소리, 음성, 음향)

die Lautschrift
–en [라웉-슈맆ㅌ/-슈맆텐]
음표문자, 음성표기(법)
phonetic alphabet, -transcription(Eng.)
der Laut(라웉: 소리, 음향) + die Schrift(슈맆ㅌ: 문자, 글자, 문서, 활자)

der Lautsprecher
-s, - [라웉-슈프레허]
스피커, 확성기
(loud)speaker(Eng.)
der Laut(라웉: 소리, 음향) + der Sprecher(슈프레허: 사람으로는 연사, 말하는 사람, 대변자, 말하는 장치)

die Lautstärke
–n [라웉-슈태ㄹ케/슈태ㄹ켄]
소리의 강도, 음량
volume(Eng.)

die Stärke(슈태ㄹ케/슈태르케: stark(강한, 힘센의 명사형)강도, 강함, 장점, 세력)

legato

(Itl.) [레가토]

레가토 - 음과 음 사이 끊이지 않게 이어서 매끄럽게
Ⓐ staccato 스타카토

legato-spielen

[레가토-슈필렌]

레가토로 연주하기(연주법)

slur

leicht

[라이힡]

가볍고 경쾌하게, 가벼운, 가볍게, 쉬운

light(Eng.)

der Leitton

-(e)s, Töne [라잇-톤/라잇-퇴네]

이끔음

leading tone, -note(Eng.), sensible(Frz.), sensible(Itl.)

leiten(라이텐: 이끌다, 안내, 인도, 지도, 지배하다) + der Ton(톤: 소리, 음)

lento

(Itl.) [렌토]

느리게(= langsam 랑잠)

das Lied

-(e)s, -er [리-트/리~더]

가곡, 노래, 시가, 발라드

song, tune(Eng.)

linear

[리네아ㄹ]

선형의, 선의

linear(Eng.)

die Linearität

-en [리네아리-탵/리네아리-태텐]

음의 선형성 - 음절 규칙과의 관계에서 둘 이상의 음들 사이의 관계. 수직성(Vertikalität 페ㄹ티칼리탵 - 동시에 울리는 인터벌, 화음 등)과 반대로 멜로디나 모티브에 딸린 음들의 이어짐, 곧 선율의 진행 또는 나란히 이어 나오는 인터벌과 화음진행들의 연결을 나타낸다.
*'-tät': 명사형 어미. 성은 언제나 여성

der lineare Kontrapunkt

-(e)s, -en [리네아레 콘트라-풍트/-풍테]

선적 대위법

linear counterpoint

die Lippe

-n [리페/리펜]

입술

lip

loure

(Frz.) [루르]

루르

16, 17세기에 백파이프를 나타낸 말 또는 17세기 춤곡.

die lydische Tonart

-en 리디셰 톤-아ㄹ트/톤-아ㄹ텐(톤아르텐)

리디아선법

lydian mode(Eng.), mode lydien(Frz.), modo lidio(Itl.)

der Ton(톤: 소리, 음) + die Art(아-트/아르트: 양식, 방법, 종류)

–M–

madrigal

(Eng.)[마드리갈]

14, 16세기 이탈리아의 시 또는 그 시에 붙인 악곡(라틴어가 아닌 이탈리아어로 된 노래로 목가적 서정시)

madrigale(Itl.)

maestoso

(Itl.) [마에스토소]

장엄하게(= majestätisch 마예스태티시), 당당히(= erhaben 에어하벤)

die Mandoline

-n [만돌리네/리넨]

만돌린

mandoline(Eng.), mandoline(Frz.), Madolino(Itl.)

der Marsch

-es, Märsche [마ㄹ쉬/매ㄹ셰(매르셰)]

행진곡, 행진, 행군

march(Eng.), marche(Frz.), marcia(Itl.)

die Mazurka

-s [마주ㄹ카/마주ㄹ카스]

마주르카

masurka

die Mediante

-n [메디안테/메디안텐]

가온음, 미디안트

mediant(Eng.), mediante(Frz.), mediante(Itl.)

die Melodie

-n [멜로디/멜로디엔]

멜로디

melody(Eng.)

die melodische Molltonleiter

[멜로디셰 몰-톤-라이터]

가락단음계 - 오를 때는 자연단음계 제6, 제7음을 반음 올리고, 내려올 땐 그대로

melodic minor scale(Eng.), gamme mieure melodique(Frz.), scala minore melodica(Itl.)

meno
(Itl.) [메노]
더 작게, 적게(= weniger 베니거)
항상 다른 말과 결합해서 비교를 나타냄(보기: meno mosso 덜 빠르게)

meno mosso
(Itl.)[메노 모소]
덜 빠르게, 빠르기를 조금 더 늦춰, 너무 빠르지 않게

das Menuett
-(e)s, -e [메누엩/메누에테]
미뉴에트: 17세기 프랑스 궁정 원무
minuet(Eng.), menuet(Frz.), minuetto(Itl.)

die Messe
-n [메세/메센]
미사, 통상문의 노래, 미사곡. 그 밖에 박람회
mass(Eng.), messe(Frz.), missa(Itl.),

mesto
(Itl.) [메스토]
슬픈(= traurig 트라우리ㅎ), 우울한

die Metrik
-en [메트릭/메트리켄]
박절법(= die Taktlehre 탁트-레~레), 시학, 운율학
metrics(Eng.)

das Metronom
-s, -e [메트로놈/-노메]
메트로놈(= das Taktmesser 탁트메서: 박자 재는 기구)
metronome(Eng.), metronome(Frz.), meronomo(Itl.)

das Metrum
-s, -tren [메트룸/메트렌]
박절, 운율, 박자의 의미도
metre

mezzo
(Itl.) [메조]
절반(= halb 핤), 중간

mezzoforte
(Itl.) [메조포르테]
메조포르테-중간 정도 세기로(= halbstark 핤슈타엌/핤슈탈ㅋ)

Mezzosopran
(Itl.) [메조소프란]
메조소프라노: 중간 여성 목소리(= die mittlere Frauenstimme 미틀러레 프라우엔슈티메), 즉 알토와 소프라노 사이(중간)

der Militärmarsch
-es, Märsche [밀리태어-마~쉬]
군대 행진곡
military march

der Missklang
-(e)s, -känge [미스-클랑/-클랭에]
불협화음, 부조화, 불일치
discordant note, dissonance
miss- (부정 접두어) +Klang(소리, 화음)

miteinander
[밑-아이난더]
나란히, 함께
together, with each other

die Mitschwingung
[밑-슈빙웅]
공명
Resonanz; resonance(Eng.)
mit(밑: 함께, 더불어) + Schwingung(슈빙웅: schwingen 슈빙엔-떨리다, 진동하다, 울리다-의 동명사)

die Mittelstimme
-n [미텔-슈티메/-슈티멘]
화성학의 내성, 성악의 중간음(메조소프라노, 바리톤)
middle voices
mittel(미텔: 중간, 중앙, 평균) + die Stimme(슈티메: 목소리)
* das Mittel(미텔)과 알파벳 대소문자 차이만 있고 똑같지만, 의미는 서로 전혀 다름 : 수단, 방법

der Mixolydische Kirchton
–töne [믹소-리디셔 키르히-톤/-퇴네]
믹솔리디아 선법-고대 그리스의 옥타브에 속하는 것으로 도리아 선법을 5도 올린 것.
mixolydian mode

moderato
[모데라토]
보통 빠르기, 적당한(= mäßig 매시ㅎ)-알레그로와 안단테 중간

die Modulation
-en [모둘라치온/치오넨]
조바꿈
modulation(Eng.), modulatione(Itl.),
modulieren(모둘리어렌: 조율, 조정, 조절, 변주하다)의 명사. 명사화 어미('-tion')는 항상 여성. 복수는 -en 형태.

modulieren
[모둘리어렌]
조바꿈하다, 변주하다, 조율-조절-조정하다
modulate

der Modus
Modi [모두스/모디]
모두스, 선법, 보통은 방법, 수단, 양식 등의 의미
mode(Eng.), modo(Itl.)
* '-us'로 끝나는 라틴계 단어의 복수형은 '-i'

die Molltonleiter
–n [몰-톤-라이터/-라이턴]

단음계
minor scale(Eng.), gamme mineure(Frz.), scala minore(Itl.)

das Monochord
-(e)s, -e [모노-코ㄹ트(코얼)/-코ㄹ데(코르데)]
한 줄로 된 현, 일현금, 모노코드, 일현의 음향 측정 장치
monochord(Eng.), monocorde(Frz.), monocordo
mono(하나) + chord(현, 화음)

morendo
(Itl.) [모렌도]
점점 여리고 느리게(= leiser und langsamer werdend 라이저 운ㅌ 랑자머 베르덴ㅌ) - 사라지듯이

die Motette
-n [모테테/모테텐]
모테트, 종교적 다성 합창(= der vielstimmige religiöse Chor 필슈티미게 렐리기외제 코어)
motet(Eng.)(Frz.), mottetto(Itl.), motetus

das Motiv
-s, -e [모팊/모티베]
동기, 모티브, 주제, 제재, 악상
motive(Eng.), otif(Frz.), motivo(Itl.)

mundartlich
[문트-아릍리ㅎ/문트아르트리ㅎ]
사투리, 방언의(= dialektisch 디알렉티시)
dialectal
die Mundart = die Dialekt 사투리, 방언
Ⓐ die Hochsprache 표준말

mussete
(Frz.) [뮈제뜨]
백파이프(= der Dudelsack 두델작, die Sackpfeife 잨파이페)
bagpipe(Eng.), cornemuse(Frz.), cornamusa(Itl.)

–N–

nacheinander
[나ㅎ-아이난더]
차례로, 순서대로(앞뒤로 차례로 - 옆으로 나란히 nebeneinander 네벤-아이난더)
one after the other

der Nachsatz
-es, Sätze [나ㅎ자츠/나ㅎ재체]
뒤 악절, 후 악절. 문장에서는 후치(문), 귀결문, 결론
after phrase, second prase(Eng.)

der Nachschlag
-(e)s, -schläge [나ㅎ-슐락/나ㅎ슐래게]
뒤꾸밈음(nachschlagen(나ㅎ슐라겐: 사전 따위를 찾아보다, 참고하다, 뒤를 치다, 꾸미다)의 명사형)
after note(Eng.), note de complement(Frz.)

die neapolitanische Schule
-n [네아폴리타니셰 슐레/슐렌]
나폴리 학파
Neapolitan School

die Nebendominante
–n [네벤-도미난테/-난텐]
세컨더리 도미넌트, 벡셀 도미난테, 제2차 속7화음(재즈화성)
secondary dominant(Eng.), accord d'emprunt(Frz.)
neben(네벤: 옆, 부차) + die Dominante(도미난테: 속음-제5음, 보통 지배적 속성, 특징)

Nebendreiklänge
(pl.) [네벤-드라이-클랭에]
버금 3화음, 부차 삼화음(2, 3, 6, 7도 위의 3화음)
secondary triads(Eng.), triadi secondarie(Itl.)
Ⓐ Hauptklänge 주요 삼화음 *primary(main, fundamental) trias*

der Nebenton
-(e)s, -töne [네벤-톤/-퇴네]
버금음, 제2음정, 제2강음
secondary motes
Ⓐ Hauptton 으뜸음, 주음, 음계 제1음 *keynote, primay stress, fundamental tone*

Nebentonart
–en [네벤-톤-아ㄹ트(아르트)/아ㄹ텐(아르텐)]
버금조(= Seitentonarten 자이텐-톤-아ㄹ텐)
toni relativi(Itl.)

die None
-n [노네/노넨]
9도 음정
ninth(Eng.), neuvieme(Frz.), nona(Itl.)

der Nonen-akkord
-(e)s, -e [노넨-아코ㄹ트(아코얼)/아코ㄹ데(아코르데)]
9도 화음 Nonakkord
chord of the ninth(Eng.), accord de neuvieme(Frz.), accord di nona(Itl.)

die Notation
-en [노타치온/노타치오넨]
기보법, 표시-표기법(= Notenschrift 노텐슈맆ㅌ)
notation(Eng.)(Frz.), notazione(Itl.)

die Note
-n [노테/노텐]
음표, 악보.
note of music(Eng.)
ganze note(간체 노테: 온음 *whole note*); halbe note(할베 노테: 반음 *half note*)
보통 단수로 성적(평점, 점수)의 뜻.

die Notenschrift
–en [노텐-슈맆트/-슈맆텐]
기보법, 악보법 = die Notation(노타치온)
notation(Eng.)(Frz.), notazione(Itl.)

das Notenbeispiel
-(e)s, -e [노텐-바이슈필/-슈필레]
악보의 예, 보기
die Note(노테) + 'n'(연결장치) + das Beispiel(바이슈필: 보기, 예, 실례, 모범 *example*)

der Notenwert
-(e)s, -e [노텐-베ㄹ트(베르트)/-베ㄹ테(베르테)]
음가, 시가-1박을 단위로 하는 음표나 쉼표의 길이
time value(Eng.), valeur de la note(Frz.), valore della nota(Itl.)
die Note(노테) + 'n'(연결장치) + der Wert(베ㄹ트/베어트: 값, 가치)

notturno
(Itl.) [노투르노]
노투르노
녹턴-야상곡(= Nachtstück 나ㅎ트-슈튂, nachtliches Musikstück 나ㅎ트리헤스 무짘-슈튂)
nocturne(Eng.)(Frz.)

–O–

die Oberstimme
–n [오~버-슈티메/-슈티멘]
상성(높은 소리), 가장 높은 소리
upper voice(Eng.)
ober(오~버: 부사/형용사로 위의, 높은, 상부) + die Stimme(소리, 음)

die Obertonreihe
–n [오~버-톤-라이에/라이엔]
배음렬
harmonic series(Eng.), serie d'harmonique(Frz.), serie dei suoni armonic(Itl.)
ober(오~버: 부사/형용사로 위의, 높은, 상부) + der Ton(음, 소리) + die Reihe(라이에: 열, 줄, 계열, 시리즈, 순서.)

die Oktave
–n [옥타~베/옥타~벤]
옥타브-완전 8도 음정
octave(Eng.)(Frz.), ottava(Itl.)

der Oktavsprung
-(e)s, -sprünge [옥타프-슈프룽/-슈프륑에]
옥타브 옮김, 옥타브 뜀 *octave change*
die Oktave(e 생략-옥탑) + der Sprung(슈프룽 springen 슈프링엔-뛰다, 도약, 비약하다-의 명사 꼴)

das Oktavzeichen
[옥탚-차이헨]
옥타브 표시, 기호
die Oktave(e 생략-옥탑) + das Zeichen(차이헨: 표시, 기호, 부호, 신호, 표)

das Oratorium
-s, -en [오라토리움/-토리엔]
오라토리오, 성담곡-성서를 비롯해 종교와 도덕을 바탕으로 한 가사로 만든 서사곡.
oratorio(Eng.)(Frz.)

die Orgel
-n [오ㄹ겔/오ㄹ겔른]
오르간-파이프오르간, 리드 오르간(기명악기)
organ(Eng.), orgue(Frz.), organo(Itl.)

der Orgelpunkt
-(e)s, -e 오ㄹ겔-풍트/-풍테
오르간 지속음, 페달음-다른 성부 화음 변화와 관계없이 지속되는 저음 = 지속음 또는 보속음
organ point, pedal point(Eng.), pedale(Frz.), pedale(Itl.)

die Ornamentik
[오ㄹ나멘틱]
장식술, 꾸밈(= Verzierung 페어치어룽)
ornamentation(Eng.), ornementation(Frz.), ornamentazione(Itl.)
das Ornament(오ㄹ나멘트: 장식, 무늬) + -tik(학문, 이론, 법칙, 기술 등을 나타내는 접미어. 성은 항상 여성. 't'가 겹쳐 하나 탈락한 꼴)

die Ouvertüre
–n [오우버-튀레/-튀렌]
서곡(오페라, 오라토리오, 모음곡 등에 대한 이끔 곡 -여는 곡 = das Eröffnungsstück 에어푀눙ㅅ-슈튂)
overture(Eng.), ouverture(Frz.)

–P–

die Paralleltonart
–en [파랄렐-톤-아ㄹ트(아얻)/-톤-아ㄹ텐(아르텐)]
병행조(보기: C장조와 a단조)
relative key(Eng.), ton relatif(Frz.), tono relativo(Itl.)
parallel(파랄렐: 나란한, 평행한) + die Art(아ㄹ트: 조성, 양식, 종류, 성질, 방법)

der Parameter
[파라메터]
파라미터, 매개변수-음의 높이나 길이, 색, 크기 등이 이 변수에 해당. 보통은 회로나 기계 동작에서 조작이 가능한 요소, 표의 축
parameter(Eng.)

die Partitur
-en [파ㄹ티투어(파르티투어)/-투렌]

총보, 스코어
score(Eng.), partition(Frz.), partitura(Itl.), partitio, partitura, cancellata(Lat.)

passacaglia
(Itl.) [파사칼리아]
파사칼리아-17-8세기 스페인/이탈리아 등에서 유행한 무곡(참고: 샤콘노 Chaconne) *passecaille(Frz.)*

passepied
(Frz.) [파스피에]
파스피에-17-8세기 프랑스 궁정에서 유행한 빠른 무곡

die Passion
-en [파시온/파시오넨]
그리스도의 수난사(곡)(= Leidensgeschichte Christi 라이덴스게쉬히테 크리스티), 보통 격정, 정열, 번뇌 등의 뜻
passsion(Eng.), passione(Itl.), passio(Frz.)

passionato
(Itl.) [파시오나토]
열정적, 열광적으로(= leidenschaftlich 라이덴샤프트리ㅎ)
passionate(Eng.), passione(Frz.)
die Leidenschaft(라이덴샾트: 정열, 열정)

die Pauke
-n [파우케/파우켄]
팀파니, 꽹가리
Kettledrums(Eng.), timbales(Frz.), timpani(Itl.)

die Pause
-n [파우제/파우젠]
쉼표, 휴식
rest(Eng.), puase(Frz.), pausa(Itl.)
* 영어의 pause(포즈: 중지, 휴지)는 Fermate(페ㄹ마테: 박자 운동의 정지)

der Pausenstrich
-(e)s, -e [파우젠-슈트ㄹ히/-슈트리헤]
쉼표(기호)-쉼표를 나타내는 표시
die Pause(파우제: 쉼, 휴식) + 'n'(연결장치) + der Strich(슈트ㄹ히/슡ㄹㅎ: 선, 대시)

das Pedal
-s, -e [페달/페달레]
페달
pedal(Eng.), pedale(Frz.), padale(Itl.)

die Pedalwirkung
–en [페달-비ㄹ쿵/-비ㄹ쿵엔]
(피아노)페달효과(das Pedal 페달 + die Wirkung 비ㄹ쿵/비어쿵: wirken 비어켄/비ㄹ켄-작용하다, 영향을 미치다-의 동명사)

pentatonisch
[펜타-토니쉬]
펜타토닉-5음 음계로
pentatonic(Eng.), pentatonique(Frz.), pentatonica(Itl.)

perdendosi
(Itl.) [페르덴도시]
페르덴도시-점점 느리게 그리고 여리게, 사라지듯이(= sich verlierend 지히 페어리렌ㅌ)

die Periode
-n [페리오데/-오덴]
악절, 악단, 큰악절
period(Eng.), periode(Frz.)
그밖에 주기(생리), 시기, 시대 등.

die Phrasierung
-en [프라지어룽/-지어룽엔]
프레이징-악구 구분법
phrasing(Eng.), phrase(Frz.), frseggio(Itl.)
die Phrase(프라제: 악구/악절)의 동사 phrasieren(프라지어렌: 악절, 악구로 나누다). 그리고 다시 그것의 '-ung' 동명사

die phrygische Tonart
-en [프리기셰 톤아ㄹ트/아ㄹ텐(아어텐)]
프리지아 선법 - Doria, Lydia, Mixo-lydia와 함께 교회선법을 이룸.
phrygian mode(Eng.), mode phrygien(Frz.), modo frigido(Itl.)

pianissimo
(Itl.) [피아니시모]
매우 여리게(= sehr leise 제어 라이제), pp.

piano
(Eng.) (Itl.)[피아노]
피아노(악기), (악보)여리게(= leise 라이제), p.
mp(메조피아노: 조금 여리게)와 pp(피아니시모: 매우 여리게) 사이

piu
(Itl.) [피우]
피우: 한층, 더, 더욱(= mehr 메어)
more

piu mosso
(Itl.) [피우 모소]
더 빠르게, 더 활발하게(= bewegter 베벡터)

piu vivo
(Itl.) [피우 비보]
더욱 활기 있게(= lebhafter 렙핲터)

poco
(Itl.) [포코]
조금

poco a poco
(Itl.) [포코 아 포코]
조금씩, 차츰(= allmählich 알매리ㅎ)

die Polka
-s [폴카/폴카스]
폴카: 19세기 체코 프라하에서 유행한 무곡

die Polonäse
-Polonaise [폴로내제]
폴로네즈 - 폴란드 민속무용으로 남녀가 짝을 지어 원을 그리며 추는 춤
polonaise(Frz.), polacca(Itl.)

die Polyphonie
[폴리-포니]
폴리포니 - 다성음악, 대위법으로 쓴 곡
polyphony(Eng.), polyphonie(Frz.), polifonia(Itl.)
'poly-'는 많은, 다수, 다른 등을 의미하는 접두어
Ⓐ Homophonie 호모포니

die Polyrhythmik
(grc.) [폴리-륕믹]
폴리리듬 - 복합리듬
polyrhythm, crossrhythm(Eng.), polyrhythme(Frz.), poliritmia(Itl.)

die Posaune
-n [포자우네/포자우넨]
트롬본
trombone(Eng.)(Frz.)

das Postludium
(lat./Eng.) [포슽-루디움]
포스트류드, 후주곡(= Nachspiel 나ㅎ슈필/낳슈피일)
postlude(Eng.)(Frz.), postludio(Itl.)

Präludium
(Lat.) [프래-루디움]
프래루듐 - 전주곡(= der Vorspiel 포어슈필)
prelude(Eng./Frz.), preludio(Itl.), praeludium

der Pralltriller
[프랄-트릴러, 프랋릴러]
프랄트릴러, 상방회음 - 18세기 꾸밈음 - 반트릴러라고도 함.

prestissimo
(Itl.) [프레스티시모]
아주 빠른 속도로(= sehr schnell 제어 슈넬), 가능한 한 가장 빠르게 = 프레스토보다 더 빠르게

presto
(Itl.) [프레스토]
프레스토 - 빠르게(= schnell 슈넬)

die Prime
-n [프리메/프리멘]
제1음, 주도음, 일도(완전1도, 중1도 등)
prime(Eng.), premiere(Frz.), prima(Itl.)
일상적으로 prima!(프리마!: 최고다, 멋지다)

der Prospekt
-(e)s, -e [프로스펙트/-펙테]
프로스펙트 - 파이프오르간의 전면관(= die äußere Umkleidung der Orgel 오이서레 움클라이둥 데어 오ㄹ겔).
그 밖에 안내서, 설명서, 팸플릿 등의 뜻.

das Pult
[풀트]
풀트 - 보면대, 파트보. 보통은 교탁, 강단
music-stand(Eng.), puplet(Frz.), leggio(Itl.)

–Q–

die Qualität
-en [크발리탵/크발리태텐]
퀄리티 - 음의 셈-여림.
qaulity(Eng.), qaulite(Frz.)
보통 '양'(Quantität 크반티탵)의 상대 개념인 질, 품질, 성질

die Quantität
-en [크반티탵/크반티태텐]
퀀티티 - 음의 장단.
qauntity(Eng.), qauntite(Frz.), qauntita(Itl.)
보통은 양, 분량, 중량으로 die Qualität(크발리탵: 질)의 상대개념

die Quantisierung
[크반티지어룽]
음의 장-단 맞추기, 측정 가능한 단위로 나누기; 오디오나 MIDI-데이터의 리듬 손질하기(다듬어 고치기) quantisieren의 동명사
quantization
(물리에서는 양자화의 의미로)

die Quarte
[크바ㄹ테(크바-테)]
음계에서 4번째 음,
fourth(Eng.), quarte(Frz.), quarta(Itl.)
quart(크바ㄹ트: 단위, 1/4을 의미, 영어의 quarter)

die Quartole
[크바ㄹ톨레]
네-잇단음표(3등분 또는 6등분할 음표를 4등분한 것)
quadruplet(Eng.), quartolet(Frz.), quarrina(Itl.)

die Quinte
-n [크빈테/-텐]
제5음, 5도 음정, 딸림음, 제5현, 바이올린의 E현
fifth(Eng.), quinte(Frz.), quinta(Itl.)
quint는 라틴어로 5를 의미

der Quintenzirkel
[크빈텐-치ㄹ켈(치어켈)]
5도권
circle of fifth(Eng.), cycle des quintes(Frz.), circlo delle quinte(Itl.)
der Zirkel(치ㄹ켈/치르켈: 원, 권, 패, 집단, 서클)

die Quintole
[크빈톨레]
5잇단음표
quintuplet(Eng.), quintolet(Frz.), quintina(Itl.)

–R–

rallentando
(Itl.) [랄렌탄도]
점점 느리게(= langsamer werdend 랑자머 베르덴ㅌ)

die Regel
-n [레겔/레겔른]
규칙, 원칙
rule, norm

das Reglement
-(e)s, -s [레글레망/-망스]
규정, 통제
rules, regulation
reglementieren(레글레멘티어렌/-티-렌: 규정-규제하다, 규칙에 따라 단속하다)의 명사

der Reim
-s, -e [라임/라이메]
운, 각운(다리-운), 미운(꼬리-운) - 둘 다 단어 끝(다리/꼬리)을 똑같이 맞추어서 운을 만드는 걸 말함. 보통 시나 시구를 뜻하기도
rhyme(Eng.), rime(Frz.), erima(Itl.)

die Reprise
-n [레프리제/-리젠]
재현부(= Wiederholungsteil 비더홀룽스-타일), 반복, 레프리제
reprise(Frz.), ripresa(Itl.)

die Resonanz
-en [레조난츠/-난첸]
공명, 반향(= der Widerhall 비더할), 공감
resonance(Eng.), resonance(Frz.)

der Resonanzkasten
-s, -kästen [레조난츠-카스텐/-캐스텐]
공명통
resonance box(Eng.), caisse resonante(Frz.), cassetta di risonanza(Itl.)
die Resonanz(레조난츠: 공명) + der Kasten(카스텐: 상자, 궤, 박스, 방주)

die Rezitation
-en [레치타치온/레치타치오넨]
낭독, 낭송(= der Vortrag 포어트락), 낭음
recitation, reciting(Eng.)

das Rezitativ
-s, -e [레치타티프/레치타티페]
레치타티보 - 낭창, 서창(= Sprechgesang 슈프레히-게장: 말하듯 하는 노래)
recitativo(Itl.), recitatif(Frz.), recitative(Eng.)

die Rhapsodie
-n [랍소디에/랍소디엔]
광시곡 - 랩소디 - 다양한 부분들이 자유롭게 어우러진 기악곡 - 민족, 서사적 성격.
rhapsody(Eng.), rapsodie(Frz.), rapsodia(Itl.)

die Rhythmik
-en[륏믹 / 륏미켄]
리듬법 - 리듬이 생겨나 발전하여 전개되는 양식에 대한 이론체계
rhythmics(Eng.), rythmique(Frz.), ritmico(Itl.)

ritardando
-das Ritardando [리타ㄹ단도]
점점 느리게(= langsamer werdend 랑자머 베르덴ㅌ), 리타르단도

ritenuto
(Itl.) [리테누토](riten)
즉각 속도를 늦춰

das Rohrblatt
-blätter [로~어-블랱/로~어-블래터]
리드(= die Zunge 충에: 리드, 혀)
reed(Eng.), anche(Frz.), ancia(Itl.)
das Rohr(로~어: 관, 파이프, 갈대) + das Blatt(블랕: 꽃잎, 종이, 잎사귀)

die Romanze
-n [로만체/로만첸]
로맨스 - 사랑의 노래(= das Liebeslied 리베ㅅ-리ㅌ), 서정적 기악곡(= lyrisches Instrumentalstück 리리셰ㅅ 인스트루멘탈-슈튂)
romance(Eng.)(Frz.), romanza(Itl.)

das Rondo
-s, -s [론도/론도스]
론도
rondo

der Ruhepunkt
-(e)s, -e [루에-풍트/-풍테]
조용한, 고요한 부분
die Ruhe(루에: 휴식, 안정, 고요) + der Punkt(풍트: 점, 지점)

–S–

der Sänger
-s, - [쟁어]
남성 가수, 노래하는 사람(동사 singen 징엔: 노래하다)
singer
여성형: Sängerin(쟁어린)

das Sanctus
(Lat.) [상ㅋ투스]
상투스-성스러움. 거룩함의 뜻에서 "거룩하시도다"로 시작하는 성찬식 찬송가-감사노래 다음에 부른다.
Sanctus

die Sarabande
-n [사라반데/-반덴]
사라반드-17, 18세기에 유럽에서 유행한 무곡. 멕시코가 기원인 것으로 짐작. 16세기 초 스페인에서 처음 선보임.
saraband(Eng.), sarabanda(Itl.)

der Satz
-es, Sätze [자츠/잿체]
1. (소나타, 교향곡 등)악장
movement(Eng.), partie, mouvement(Frz.), tempo, movimento(Itl.)
2. 악절(Hauptsatz 하웁트ㅌ-자츠: 중심악절)
phrase(Eng.), phrase(Frz.), frase(Itl.)
3. 보통 글의 문장, 배구, 테니스 등의 세트 set

das Saxophon
-s, -e [삭소폰/-포네]
색스폰
saxophone(Eng.)(Frz.), saxofono(Itl.)

scharf
[샤ㄹ프(샤~프)]
제 음보다 높은(샤프), 반음 높은 음, 올림표
sharp(Eng.) Ⓐ As 내림표, 반음 낮은 음 *flat*
보통: 날카로운, 예리한, 매운, 독한, 강한

das Schema
-s, -s [셰마/셰마스]
도식, 도해, 개요, 계획, 틀
pattern, scheme

schematisch
[셰마티쉬]
도식적인-주어진 틀에 따라 모양이 정해지는(틀에 박힌)
schematic, mechanical
Schema(셰마)의 부사/형용사

scherzando
(Itl.) [스케르찬도]
명랑하게, 해학적으로(= scherzhaft 셰르츠핤트)

das Scherzando
-di [스케르찬도/-찬디]
명랑한 악절
scherzando

das Scherzo
-s, -s [스케르초/스케르초ㅅ]
해학곡(3/4박자의 명랑하고 빠른 곡 = lustiger und schneller Satz im 3/4-Takt 루스티거 운ㅌ 슈넬러 자츠 임 드라이-피어텔 탁트)

der Schlager
-s, - [슐라거]
대중가요(흔히 Popsong 과 Hitsong으로 대중가요, 인기 가요라고 한다. 좀 더 구체적으로 보자면 독일 나름의 대중가요를 말한다. 우리나 일본에서 트로트와 비교할 수 있는, 누구나 알고 쉽게 따라 부를 수 있는 독일 특유의 가락으로 이루어진 가요다. 이를테면 그룹 징기스칸의 "징기스칸" 같은 노래. 그대로 '슐라거'라 불러도 좋지 않을지.)
hit-, pop(ular)song(Eng.), chanson(Frz.) 샹송, *canzone(Itl.)* 칸초네
schlagen(슐라겐: 치다, 패다, 때리다)의 명사형은 der Schlag(슐락: 타격, 때림)

das Schlaginstrument
-(e)s, -e [슐락-인스트루멘ㅌ/-멘테]
타악기 - 치거나 때려서 연주하는 악기
percussion instrument(Eng.), instrument apercussion(Frz.), srtumento a percussione(Itl.)
Schlag(schlagen치다, 때리다의 명사) + das Instrument(인스트루멘ㅌ: 악기, 도구, 기계, 수단)

der Schleifer
-s, - [슐라이퍼]
슐라이퍼-17-8세기 기악에서 자주 쓴 꾸밈음. 렌틀러라고도 함, 독일 옛 춤(곡)
보통 '보석 세공사, 연삭줄, 마찰음'의 뜻

der Schlüssel
-s, - [슐리셀]
음자리표.
clef(Eng.), cle, clef(Frz.), chiave(Itl.)
보통 열쇠, 실마리의 뜻

der Schluss
-es, -lüsse [슐룼/슐리세]
마침(꼴)(= die Kadenz: 카덴츠)
cadence, close(Eng.), cadence(Frz.), cadenza(Itl.)
schließen(슐리-센: 닫다, 끝내다, 잠그다, 결론짓다, 추론하다)의 명사

die Schlussbestätigung
–en [슐룼-베-슈태티궁]
종결승인, 확인
der Schluß(슐룼: 끝, 마감, 종말) + Bestätigung(bestätigen 베-슈태티겐-승인, 인정, 확인하다-의 동명사)

der Schlusssatz
-es, -sätze [슐룼-잪/재체]
끝악장, 마지막 악장, 종결장
final movement
der Schluss(슐룼: 끝, 마감, 종결) + der Satz(잦: 악절, 악장)

der Schlusston
-(e)s, -töne [슐룼-톤/-퇴네]
끝음, 마침음, 종결음
der Schluß(슐룼: 끝, 마감, 종결) + der Ton(톤: 음, 소리)

die Schlusswendung
–en [슐륫-벤둥/-벤둥엔]
마침꼴(= die Schlussform 슐륫-포엄)
cadence, close(Eng.), cadence(Frz.), cadenza(Itl.)

schnell
[슈넬]
빠르게, 빨리
quick, rapid

die Schnelligkeit
–en [슈넬리ㅎ-카이트/-카이텐]
빠르기, 속도
quickness, rapidity
형용사(schnell 슈넬-빠른) + '-keit/-heit' 추상명사화 - 성은 여성.

die Schwankung
-en [슈방쿵/-쿵엔]
변화, 베리에이션(die Variation 바리아치온)
variation(Eng.)
schwanken(슈방켄-흔들리다, 변하다, 불안정하다)의 동명사

schwer
[슈베어]
무겁게, 무거운, 어렵게, 어려운
heavy, hard
Ⓐ leicht 라이힡: 가벼운, 쉬운

Secco-Rezitativ
[세코-레치타팊]
빠른 레치타티보 - 레치타티보, 곧 서창에서 가락이 줄고 말이 빨라진 것. 그래서 메마른, 건조한(secco) 서창이라고도 한다. 주로 줄거리 전개 부분을 맡았다.

das Sechzehntel (note)
-s, - [제ㅎ첸텔]
16분음표
sixteenth-note, semiquaver(Eng.), double-croche(Frz.), semicroma(Itl.)
분자는 기본 수(여기서는 ein이 생략된 것), 분모는 서수에 '-tel'을 붙여 분수를 만듦. 애초 1/16의 뜻

die Seiten-Bewegung
-en [자이텐-베베궁/-베베궁엔]
옆 방향 진행, 사진행(비스듬한 진행) - 두 개 성부 가운데 하나가 위나 아래로 진행하고, 하나는 그대로 유지하며 전개하는 진행.
oblique motion(Eng.), mouvement oblique(Frz.), moto obliquo(Itl.)
die Seite(자이테: 측면, 옆, 페이지, 편) + bewegen(베베겐: 움직이다)의 동명사

der Seitensatz
-(e)s, -sätze [자이텐 자츠/-재체]
부주제(= das Seitenthema 자이텐-테~마, Nebenthema 네~벤-테~마)
accesory theme, second theme(Eng.), theme secondaire(Frz.), secondo tema(Itl.)
die Seite(자이테: 측면, 옆, 페이지, 편) + der Satz(자츠/잦: 악절, 악장)

der Sekundakkord
-(e)s, -e [세쿤ㄷ-아코얼(아코ㄹ트)/-코ㄹ데(코어데)]
2화음 (neben, Seiten, Sekund 모두 부, 제2, 버금의 의미)
chord of the second, third inversion(Eng.), accord de seconde(Frz.)

der Selbstlaut
-(e)s, -e [젤슽-라웉/-라우테]
모음(= das Vokal 포칼, Ⓐ der Konsonant 콘소난트: 자음)
vocal, consonant
selbst(젤슽: 스스로, 저절로) + lauten(라우텐: 소리 나다) = 혼자 소리를 만들 수 있는 것. 또는 + der Laut(라웉: 소리, 음향) = 스스로 나는 소리 = 모음 없이 자음 하나만으로는 제 소리가 나지 못한다.

die Senkung
-en [젱쿵/젱쿵엔]
억음, 약음부 - 악첸트, 곧 강세가 없는 음절
senken(젱켄: 내리다, 낮추다)의 동명사 Ⓐ Erhebung
unstressed syllable(Eng.)

die Septime
-n [셉티메/-티멘]
제7도, 7도 음정
seventh(Eng.), septieme(Frz.), settima(Itl.)

die Septimole
-n [셉티몰레/-몰렌]
7잇단음표 - 3등분 또는 4등분할 음표를 7등분한 것(= die Septole 셉톨레)
septuplett(Eng.), septolet(Frz.), settimina(Itl.)

die Sequenz
-en [제크벤츠/벤첸]
세퀜티아, 반복진행 - 짤막한 악절 음형 바꿈 없이 아래, 위 2도 또는 3도로 높이만 바꿔 되풀이하는 것. 선율반복과 화음반복
sequence(Eng.)

die Sequenzgruppe
–n [제크벤츠-그루페/-그루펜]
반복 진행되는 그룹

die Serenade
-n [세레나데/-나덴]
저녁노래(= die Abendmusik 아벤ㅌ무짘) 세레나데
serenade(Eng.), serenata(Itl.)

die serielle Musik
[제리엘레 무짘]
계열화 악곡, (불어)뮈직 세리엘르 - 음의 높이를 비롯한 모든 파라미터를 계열화하여 구성한 악곡
serial music(Eng.), musique serielle(Frz.), musica seriale(Itl.)

serioso
(Itl.) [세리오소]
엄숙하게(= ernst 에른슽), 차분하게
serious

die Sexte
-n [젝스테/-텐]
6도; *sixth(Eng.), sixte(Frz.), sesta(Itl.)*

sforzato
(Itl.) [스포르차토]
강세를 넣어-세게(= stark betont 슈타ㄹ크 베톤ㅌ) 스포르챠토, 스포르찬도 sf, sfz, fz.
sforzando

die Silbe
-n [질베/질벤]
음절 - 음운론상의 최소 단위인 음소가 하나 이상 모여 하나의 소리가 되는 단위(자음은 모음이 있어야만 음절이 되지만, 모음의 경우 하나만으로도 음절을 이룰 수 있다.)
syllable

sinfonia
(Itl.) [신포니아]
교향곡(= die Symphonie 심포니~), 심포니는 대규모 오케스트라에서 연주되는 소나타(= die Symphonie ist eine in grossen Ausmassen auf das Orchester übertragene Sonate. 디 심포니 이슽 아이네 인 그로센 아우스마센 아웊 다스 오ㄹ케스터ㄹ 위버트라게네 소나테)
Symphony(Eng.), symphonie(Frz.)

singen
[징엔] *sing*
노래하다(불규칙 시제 변화: singen-sang-gesungen)

die Skala
-len [스칼라/스칼렌]
음계(= die Tonleiter 톤-라이터)
scale(Eng.), gamme(Frz.), scala(Itl.)

smorzando
(Itl.) [스모르찬도]
서서히 여리게 하면서 동시에 느리게, 사라져가듯(verlöschend 페어-뢰센ㅌ)

solo
[솔로]
홀로, 혼자서, 솔로로, 독창/독주의(= einzel 아인첼)

das Solo
[솔로]
독창(곡), 독주(곡)(= 노래 - der Sologesang 솔로게장)
solo

sonatenhaft
[소나텐-핲트]
소나타처럼, 소나타 같은
* 명사에 '-haft'가 붙어 앞 명사의 성질, 양상을 나타내는 꾸밈어가 된다(보기: die Tugend 투겐ㅌ-덕, tugendhaft 투겐ㅌ핲트: 덕있는, 행실이 바른; der Held 헬: 영웅: heldenhaft 헬덴핲ㅌ: 영웅다운, 영웅적)

die Sonatine
-n [소나티네/-티넨]
소나티나 - 작은 소나타, 즉 규모가 작은 소나타(2-4악장의 기악곡)
sonatina(Eng.)(Itl.), sonatine(Frz.)

der Sopran
-s, -e [소프란/소프라네]
소프라노 - 여성 목소리 가운데 가장 높은 성역(die hohe Frauenstimme 디 호에 프라우엔-슈티메: 높은 여성목소리)
soprano(Itl.), soprano(Eng.), discantus, suprema vox

der Sopran-Schlüssel
-s, -[소프란 슓리셀]
소프라노표
soprano clef(Eng.), clef de soprano(Frz.), chiave di soprano(Itl.)

sostenuto, sost., sosten.
(Itl.) [소스테누토]
소스테누토, 소스테넨도 - 음 길이를 충분히 끌어 유지하며
sustatined(Eng.)

der Spätromantiker
-s, -[슈퍁-로만티커]
후기 낭만파, -주의자(spät 슈퍁: 늦은, 지각의, 후기의 + der Romantiker 로만티커: 낭만파, 낭만주의자)

spannungslos
[슈파눙ㅅ-로스]
긴장 없이, 무리 없이
Spannung 슈파눙: 긴장 + 's'(연결장치) + los(~ 없이)
* 명사+ '-los'는 '~없이'(보기: der Sinn 진: 의미, 감각; sinnlos 진로스 무의미한)

Spiegeldirigieren
[슈피~겔-디리기~렌]
오른 손의 박자를 왼손이 그대로 따르는 지휘
der Spiegel(슈피겔: 거울) + dirigieren(디리기어렌: 지휘하다)

spielen
[슈필렌]
연주하다, 놀이하다, 경기하다, 도박하다
play
das Spiel(슈피일: 명사형: 연주, 놀이, 경기, 도박)

der Sprechgesang
-(e)s, -sänge [슈레ㅎ-게장/-게쟁에]
이야기하는 노래 - 레치타티보, 서창
recitativo(Itl.), recitatif(Frz.), recitative(Eng.)
sprechen(슈레헨: 이야기-, 말하다) + der Gesang(게장: 노래)

der Sprung
-(e)s, Sprünge [슈프룽/슈프륑에]

도약, 비약

springen(슈프링엔: 도약하다, 비약하다)의 명사

der Stabreim
(e)s, -e [슈탑-라임/-라이메]

두운(= der Anlautreim 안라웉-라임, die Alliteration 알리터라치온)

alliteration(Eng.), alliteratrion(Frz.), alliterazione(Itl.)

der Stab(슈탑: 참모, 사령부, 각료 등 우두머리, 막대기) + der Reim(라임: 운) = 머리, 맨 처음에 놓인 운(라임)

das Stakkato
[스타카~토]

짧게 끊어 강하게 연주하기, 스타카토

staccato(Itl.)

das Stäbchen
[슈탭헨]

지휘봉(der Taktstock 탁ㅌ슈톡)

* 명사+ '-chen' 혹은 '-lein' - 축소형 어미. 성은 모두 중성이 되고, 앞 어근에서 Umlaut(움라웉) 변화가 생길 수 있다.

der Stab(슈탑: 막대기, 지팡이) = das (Ess)Stäbchen(슈탭헨 - 젓가락)

der Stärkergrad
-(e)s, -e [슈태ㄹ커- 그랕/그라데]

세기의 정도, 강도

der Grad(그랕: 정도, 등급, 눈금, 학위)

der Stammton
-(e)s, -Töne [슈탐-톤/-퇴네]

원음, 자연음 - C장조음계처럼 올림표나 내림표 따위에 의해 변화를 받지 않는 음. 피아노 흰 건반에서 나는 음.

natural tone(Eng.)

der Stamm(슈탐: 기원, 유래, 줄기, 종족, 혈통, 기간, 근간 = stammen 슈타멘 - 기원하다, 유래하다 - 의 명사) + Ton(음)

der Steg
-(e)s, -e [슈텍/슈테게]

줄 받침, 기러기발.

bridge(Eng.), chevalet(Frz.), pontcello(Itl.)

보통은 '작은 길, 작은 다리, 상륙 발판' 등

steif
[슈타잎]

굳은, 부자연스런, 뻣뻣한

stiff

die Steigerung
-en [슈타이거룽/-룽엔(룽겐)]

상승, 올림

steigern(슈타이건/슈타이거른: 오르다, 올리다, 높이다, 높아지다)의 '-ung' 동명사 Ⓐ senken(젱켄: 내리다, 낮추다)의 동명사 = die Senkung(젱쿵: 하강, 내림)

das Stilgefühl
-(e)s, -e [슈틸-게퓌일]

스타일 감각

sense of style

der Stil(슈틸: 양식, 스타일) + das Gefühl(게퓔: 감, 느낌)

die Stimme
-n [슈티메/-멘]

1. 목소리 *Voice(Eng.), voix(Frz.), voce(Itl.), vox*
2. 성부, 파트, 부 *Part(Eng.), partie(Frz.), parte(Itl.)*

stimmen(슈티멘: 조율하다, 조화, 일치, 투표하다)의 명사형. '음성'과 '소리' 외에 보통 '투표', '의견'의 의미.

die Stimmenbewegung
-en [슈티멘-베베궁/베베궁엔]

소리, 성부의 움직임, 변화

die Stimme(슈티메: 목소리, 성부) + 'n'(연결장치) + die Bewegung(베베궁 = bewegen 베베겐 - 움직이다, 변화하다 - 의 '-ung' 동명사)

die Stimmenführung
-en [슈티멘-퓌~룽/-퓌~룽엔]

성부 진행, 운용법

voice leading(Eng.)

die Stimme(슈티메: 목소리, 성부) + 'n'(연결장치) + die Führung(퓌~룽 = führen 퓌~렌 - 인도하다, 이끌다, 지휘, 리드하다 - 의 '-ung'동명사)

stimmhaft
[슈팀-핲트]

유성의, 탁음의

voiced

stimmen(슈티멘: 어울리다, 조율하다)의 어근 'Stimme' - 'e' + '-haft'(-다운, -같은 등의 뜻을 담는 형용사/부사화 접미어)

der Stimmumfang
-(e)s, -fänge [슈팀-움팡/-움팽에]

성역, 소리, 음의 범위(음역)

compass of voice(Eng.), diapason de voix(Frz.), diapason dela voce(Itl.)

die Stimme(슈티메: 목소리, 성부)의 어근 Stimm- + der Umfang(움팡: 음량, 음역, 용량, 크기, 범위, 구역)

das Streichinstrument
-(e)s, -e [슈트라잏-인스트루멘트/-멘테]

현악기(Voline 비올리네 = Geige 가이게 Viola 비올라 = Bratsche 브라췌 Violoncello 비올론첼로 = volkstümliches Cello 퓱스튐리헤스 첼로 Kontrabass 콘트라바스 = Bassgeige 바스가이게)

string instruments(Eng.), instrument a cordes(Frz.), cordofoni a stregamento(Itl.)

streichn(슈트라이헨: 활로 켜다 *bow*)의 어근 Streich + das Instrument(인슽루멘트) = 켜는 악기

streichen은 보통은 '페인트, 물감을 칠하기, 빵에 잼 같은 걸 바르기, 텍스트에 줄긋기, 겉 표면을 쓰다듬기' 같은 행위를 나타낸다.

die Strophe
-n [슈트로페/-펜]
시구, 절, 연
verse, stanza(Eng.)

das Strophenlied
-(e)s, -der [슈트로펜-리ㅌ/-리더]
슈트로펜리트, 몇 개 절로 이루어진 또는 후렴구가 딸린 노래

das Stück
-(e)s, -e [슈튁/슈튀케]
곡, 소곡
piece(Eng.), piece, morceau(Frz.), pezzo(Itl.)
그 밖에 '부분, 조각, 파편, 단편, 낱개 등'의 뜻으로 쓰인다.

der Stufenschritt
-es, -e [슈투펜-슈맅/-슈리테]
순차진행
conjunct motion(Eng.), mouvement conjoint(Frz.), moto congiunto(Itl.)
die Stufe(슈투페: 층계, 계단, 단계, 등급, 계급, 학년) + 'n'(연결장치) + der Schritt(슈릳: 걸음, 보조, 스텝, 진행)

stufenweise
[슈투펜-바이제]
단계적으로, 순차적으로
progressively, gradual
die Stufe(슈투페: 계단, 단계) + 'n'(연결장치) + die Weise(바이제: 방식, 양식 = 발음할 때 /w/는 입술을 뗀 상태의 /ㅂ/발음이다. /b/가 입술 붙은 /ㅂ/)

die Subdominante
–n [줍-도미난테/-난텐; 숩-도미난테]
버금딸림음(= Unterdominante 운터-도미난테), 제4음(내림표 음계의 으뜸음)
subdominant(Eng.), sous-domonante(Frz.), sottodominante(Itl.)
sub(줍/숩: 버금, 딸림, 하위, 부, 부차. z.B) die Subkultur 줍쿨투어: 하위문화) + die Dominante(도미난테: 음계의 제5음, 딸림음, 속음(=엮인 음)

subito
(Itl.) [수비토]
곧, 당장, 갑자기(= plötzlich 플뢰츨리히)

die subkontra-Oktave
–n [줍-콘트라-옥타베/-타벤; 숩-콘트라]
아래 2점음
subcontra octave(Eng.), double contreoctave(Frz.)

die Suite
[수이테]
모음곡-조가 같은 악장 몇 개로 이루어지는 바로크음악의 기악 형식
suite(Eng.)(Frz.)(Itl.)

die Synkope
–n [신코페(진코페)/-코펜]
싱커페이션, 당김음(한 마디 안에서 센박과 여린박의 규칙성이 뒤바뀌는 현상)
syncopation(Eng.), syncope(Frz.), sincope(Itl.)

Synthesizer
(Eng.) [신세사이저]
신시사이저(보통 건반 악기 형태의 전자 악기로 발진 회로에서 얻은 단음을 전자 회로에서 재처리하여 여러 가지 음색을 만들어 낸다.)

synthetisch
[신테티쉬/진테티쉬]
종합, 합성의 *synthetic*

–T–

der Takt
-(e)s, -e [탁ㅌ/탁테]
박자, 박, 마디(소절)
Measure, bar beat(Eng.), measure(Frz.), misura(Itl.)

der Taktmesser
-s [탁ㅌ-메서]
메트로놈(das Metronom)
der Takt(탁ㅌ: 박자) + der Messer(메서: 계량기, 측정기 = messen 메센-재다, 측정하다 –의 명사)
das Messer는 messen과 무관하며 '칼, 메스, 나이프'

der Taktstock
-(e)s, -stöcke [탁ㅌ-슈톡/-슈퇴케]
지휘봉
baton(Eng.), baton(Frz.), bacchetta(Itl.)
der Takt(탁ㅌ: 박자) + der Stock(슈톡: 막대, 봉)

der Taktteil
-(e)s, -e [탁ㅌ-타일/-타일레]
박자부, 박자분야
der Takt(탁ㅌ: 박자) + der Teil(타일: 부분, 구역, 부)
중성 das Teil은 '몫, 할당, 배당'의 뜻

der Taktwechsel
-s, - [탁ㅌ-벡셀]
박자 변화
der Takt(탁ㅌ: 박자) + der Wechsel(벡셀: 변화, 교체, 교환 = wechseln 벡셀른-바꾸다, 교체하다, 변화시키다-의 명사형)

das Tamburin
-s, -s [탐부린/탐부린스]
탬버린
tambourine(Eng.), tambour de basque(Frz.), Tamburo basco, tamburino(Itl.)

der Tanz
-es, Tänze [탄ㅊ/탠체]

춤, 무용, 무도, 무곡 tanzen 춤추다, 무용하다
dance(music)(Eng.), danse(Frz.), danza(Itl.)

das Tasteninstrument
-(e)s, -e [타스텐-인스트루멘ㅌ/-멘테]
건반악기
keyboard instrments(Eng.), instruments a clavier(Frz.), strumenti a tastiera(Itl.)
die Taste(타스테: 건반, 키) + 'n'(연결장치) + das Instrument(인스트루멘ㅌ: 악기)

der Teilton
-s, -töne [타일톤/-퇴네]
부분음, 성분음(= der Overton 오버톤 또는 der Partialton 파ㄹ치알톤/Partielton 파-치엘톤)
partial tone(Eng.), son parel(Frz.), suono parziale(it.)
der Teil(타일: 부분) + der Ton(음, 소리)

das Tempo
-s, -s/pi [템포/템포스-템피]
1. 템포, 박자(= Zeitmass 차잍-마ㅆ): 연주 속도로 보통 1분 사이의 박자 수를 메트로놈 수에 따라 표시.
tempo(Itl.), mouvement(Frz.)
2. 보통 속도, 속력(보기: Tempo, tempo! 빨리, 빨리!) 또 고유명사 상품이름이 일반화되어 휴대용 화장지를 뜻하기도.

die Tempoänderung
–en [템포-앤더룽/-룽엔]
빠르기(템포)변화
tempo change
das Tempo + die Änderung(앤더룽 = ändern 앤더ㄹㄴ-변하다, 바꾸다-의 동명사)

die Tempoangabe
–n [템포-안가베/-가벤]
빠르기 표
tempomarks(Eng.), indication de tepmo(Frz.), indicazione di tempo(Itl.)
das Tempo(템포: 박자) + die Angabe(안가베: 지시, 보고, 진술, 날짜표시)

die Tempobezeichnung
–en [템포-베-짜잉눙/-눙엔]
빠르기 표시, 빠르기 지시
tempomarks(Eng.), indication de tepmo(Frz.), indicazione di tempo(Itl.)
das Tempo(템포: 박자) + die Bezeichnung(베차잉눙 = bezeichnen 베차잉넨-기호를 붙이다, 기호로 표현, 표시하다. 지시, 암시하다-의 –ung동명사)

tempo primo
(itl) [템포 프리모]
처음 빠르기로(= a tempo 아 템포)

der Tenor
-s, - [테노어]
테너-남성 고음(= die hohe Männerstimme 호에 매너슈티메)
tenor(Eng.), tenor(Frz.), tenore(Itl.)

die Terz
-en [테ㄹ츠/테ㄹ첸(테어첸)]
3도
third(Eng.), tierce(Frz.), terza(Itl.)

das Thema
-s, -men [테~마/테~멘]
테마, 주제
theme(Eng.), theme(Frz.), thema

der Themenkopf
-s, -köpfe [테멘-콮/-쾨페]
테마(주제)의 머리(시작)부(= Anfang des Themas 안팡 데스 테마스), 시작부

der Ton
-s, Töne [톤/퇴네]
음, 음조, 음향, 악센트, 어조, 말투, 품격, 기품
musical tone, note(Eng.), son musical(Frz.)
* 복수형이 'die Tone'인 경우 '점토, 토기'

tonal
[토날]
조성을 띠는, 조성을 갖춘, 조성이 있는 Ⓐ atonal 조성 없는
tonal(Eng.)

die Tonart
–en [톤-아ㄹ-트/톤-아ㄹ텐(-아르텐)]
조성
key(Eng.), ton(Frz.), tono, modo(Itl.)
der Ton(톤: 음) + die Art(아ㄹ트: 종류, 방식, 성격)

Tonband
-(e)s, -bänder [톤-반트/-밴더]
레코드 테이프
(recording)tape(Eng.)
der Ton(톤: 소리, 음) + das Band(반트: 끈, 띠, 리본, 테이프)

die Tondauer
[톤-다우어]
음 길이
length of note
der Ton(톤: 소리, 음) + die Dauer(다우어: 지속, 동안, 기간, 걸리는 시간 = dauern: 다우언/다우어른 -걸리다, 소요되다-의 명사)

die Tondichtung
–en [톤-디히퉁/-퉁엔]
음시(톤 포엠)-표제음악의 하나로 시 내용을 음악으로 표현한 것.
tone poem(Eng.)
der Ton(톤: 소리, 음) + die Dichtung(디히퉁: 시, 문학 = dichten 디히텐-시를 짓다, 창작하다-의 '–ung' 동명사)

die Tonfolge
–n [톤-폴게/-겐]

연속음, 음의 연속
sequence of notes
der Ton(톤: 소리, 음) + die Folge(폴게: 연속, 계속, 결과, 순서 = 동사형은 folgen 폴겐 - 따르다, 수행하다)

das Tongeschlecht
-(e)s, -ter [톤-게-슐레힡/-슐레히테]
음의 성, 장단조의 구분
der Ton(톤: 소리, 음) + das Geschlecht(게슐레힐: 성, 종, 혈통)

die Tonhöhe
–n [톤-회~에/-회~엔]
음 높이, 피치
pitch(Eng.), hauteur de ton(Frz.)
der Ton(톤: 소리, 음) + die Höhe(회~에: 높이, 높음, 높은 곳, = hoch 호흐 - 높은 - 의 명사형)

die Tonika
-ken [토니카/토니켄]
으뜸음
keynote, tonic(Eng.), tonique(Frz.), tonica(Itl.)

der tonische Akkord
-(e)s, -e [토니셰 아코ㄹ트(아코얼)/아코ㄹ데(아코어데)]
으뜸음 위의 화음, 으뜸 3화음
tonic chord(Eng.), accord tonal(Frz.), accordo di tonica(Itl.); tonischer Dreiklang

die Tonleiter
-s, - [톤-라이터]
음계(die Skala 스칼라)
scale(Eng.), gamme(Frz.), scala(Itl.)
der Ton(톤: 소리, 음) + die Leiter(계단, 등급)

die Tonreihe
–en [톤-라이에/-라이엔]
음렬
series, ton row(Eng.)
der Ton(톤: 소리, 음) + die Reihe(라이에: 열, 줄, 계열, 시리즈, 순서 = 동사형은 reihen 라이엔 - 나란히/가지런히 하다, 정리-배열하다)

die Tonstärke
–n [톤-슈태ㄹ케/-슈태ㄹ켄(슈태어켄)]
음의 세기
level of sound(Eng.)
der Ton(톤: 소리, 음) + die Stärke 슈태ㄹ케(슈태어케: 강도, 강함, 장점, 세력, 크기 = stark 슈타ㄹ크(슈타엌) - 강한, 힘센, 힘세게 - 의 명사형)

die Tonwiederholung
–en [톤-비~더홀룽/-홀룽엔]
반복음, 음의 반복
der Ton(톤: 소리, 음) + die Wiederholung(비~더홀룽: wiederholen 비~더홀렌 - 반복/되풀이하다 - 의 '-ung' 동명사)

transponieren
[트란스-포니어렌]
조옮김/조바꿈하다
transpose(Eng.), transposer(Frz.), transpotare(Itl.)

transponierende Instrumente
(pl) [트란스-포니어렌데 인스트루멘테]
이조악기-조옮김 악기
transposing instrument, instrument(Eng.) transpositeur(Frz.), strumento traspositore(Itl.)
trans-(트란스: 라틴어에서 온 말로 '다른 자리로', '다른 편으로' 옮겨가는 의미를 담는 접두어 노릇을 한다.) + das Instrument(인슬루멘ㅌ: 악기)

die Transposition
–en [트란ㅅ-포지치온/-포지치오넨]
조옮김, 트렌스포지션
transposition(Eng.)(Frz.), transposizione(Itl.)
trans-(트란스: 라틴어에서 온 말로 '다른 자리로', '다른 편으로' 옮겨가는 의미를 담는 접두어 노릇을 한다.) + die Position(자리, 위치)

der Trauermarsch
-es, Märsche [트라우어-마ㄹ쉬/매ㄹ셰(마어쉬/매어셰)]
장송행진곡
funeral march(Eng.), marche fuebre, marcia funebre(Itl.)
die Trauer(트라우어: 비애, 슬픔 + der Marsch(마ㄹ쉬: 행진곡)

der Triller
-s, - [트릴러]
트릴 - 떤 꾸밈음
shake, trill(Eng.), trille(Frz.)

die Trillerkette
–n [트릴러-케테/-케텐]
트릴 표시 기호
der Triller(트릴러: 트릴) + die Kette(케테: 사슬, 연쇄, 이음표시)

die Triole
-n [트리올레/-올렌]
3잇단음표
triplet(Eng.), triolet(Frz.), terzina(Itl.)

tripla
(Lat.) [트리플라]
트리플라 - 기보법의 용어, 16세기 춤에서 마무리로 추는 마무리-춤(der Nachtanz 나ㅎ탄츠): Proportz(프로포르츠)라고도 함. 단수형 : das Triplum(트리플룸)

der Trochäus
-, -en [트로캐우스/-캐우젠]
트로케우스 - 시 운율에서 악센트 있는 장음+악센트 없는 음절로 끝나는 것(강-약, 장-단, 양-억) Reim 참조

die Trommel

-n [트로멜/토르멜른]
북
drum(Eng.), caisse(Frz.), cassa(Itl.)
동사형 = trommeln(트로멜른: 북을 치다, 북을 연주하다)

die Trompete
–n [트롬페~테/-페~텐]
트럼펫
trumpet(Eng.), Tromba(Itl.), tropette(Frz.), tromba(Itl.)

der Trugschluss
-es, -lüsse [트룩-슐루ㅆ/-슐리세]
거짓마침, 위종지
deceptive cadence, suspend cadence(Eng.), cadence rompue(Frz.), cadenza inganno(Itl.)
der Trug(트룩: 속임, 사기, 거짓 = trügen: 트뤼겐-속이다 –의 명사형) + der Schluss(슐루스: 마침, 끝 = schließen: 슐리센-끝나다, 끝내다 –의 명사형)

die Tuba
-ben [투바/투벤]
튜바-고대 트럼펫
tuba(Eng.)(Frz.)(Itl.)

die Typisierung
-en [튀피지어룽/-지어룽엔]
표준화, 규격화
standardization
der Typ(튑: 전형, 타입. typisch 튀피시-전형적인, 대표적인) + -sieren(라틴어에서 동사를 만드는 접미어)의 동명사 = -sierung)

–U–

üben
[위~벤]
연습하다
practice
동명사형 = Übung 위~붕(z.B.: Übung macht den Meister. 위~붕 마흩 덴 마이스터. 연습과 훈련으로 대가가 된다. 대가를 만드는 것은 연습이다.)

Übereilung
[위버-아일룽]
지나치게 서두름
über(위버: '위에'란 뜻의 전치사로도 쓰지만, 단어 앞에 접두어로 붙어 '지나친, 과한'의 의미. z.B: überaktiv 위버-악팈: 지나치게 활동적/적극적인 *overactive*)

Überleitung
[위버-라이퉁]
경과구-핵심 악구 또는 부분 연결하는 악구
bridge passage(Eng.), pont(Frz.), passaggio(Itl.)
überleiten(위버-라이텐: 이끌어가다, 인도해가다)의 '-ung' 동명사. 여기서 'über-'는 너머, 건너의 뜻을 담은 접두어.

der übermäßige Akkord
[위버-매시게 아코ㄹ트(아쿠어트)]
증화음(안어울림 음정이며, 증일도 · 증이도 · 증오도 · 증육도처럼 완전 어울림 음정 또는 장음정을 반음 넓힌 증음정을 포함한 화음), 증강된 화음
augmented chord(Eng.), accord augmente(Frz.), accordo augmentata(Itl.)
übermässig(위버매싴: 과도한, 지나친 = über 위버: 과도한, 지나친 + mäßig 매시히: 적당, 적절한. 명사형 : der Übermaß 과도, 과잉) + der Akkord(아코ㄹ트: 화음)

der übermäßige Dreiklang
-(e)s, -klänge [위버-매시게 드라이-클랑/-클랭에]
증3화음(3화음의 꼭대기 음을 높이거나 증음한 걸 말함)
augmented triad(Eng.), accord de quinte augmentee(Frz.), triade augmentata(Itl.)
übermässig(위버매싴: 과도한, 지나친 = über 위버: 과도한, 지나친 + mäßig(매시히: 적당, 적절한) + drei(드라이: 3, 셋) + der Klang(클랑: 음향, 소리, 울림)

umdeuten
[움-도이텐]
이름을 바꾸다, 다시(바꾸어) 해석하다
'um-'은 바꾸기, 전환, 교환의 뜻을 가진 접두어(z.B. umsteigen 갈아타다, 환승하다 umziehen sich 옷 갈아입다, umtauschen 교환하다) + deuten(도이텐: 의미하다, 지시하다, 해석하다)

die Umdeutung
–en [움-도이퉁/-퉁엔]
(조바꿈에서)이름 바꿈-umdeuten 움도이텐의 '-ung' 동명사

die Umkehrung
–en [움-케어룽/-케어룽엔]
자리바꿈, 돌아가기
inversion(Eng.), reversement(Frz.), rivolto(Itl.)
umkehren(움케~렌: 역으로, 거꾸로 하다, 본래 위치로 돌려놓다, 돌아가다)의 '-ung' 동명사

der Umweg
-s, -e [움-벸/움-베게]
에움길, 우회로, 에둘러 가는 길
detour

unbetont
[운-베-톤트]
강세(악센트)가 없는
unstressed
'un-'은 –의 내용을 부정하는 접두어 ('불, 부 , 미) + betont(베톤ㅌ = betonen: 베토넨-강세를 두다, 강조하다-의 과거분사. 독일어에서 현재-, 과거분사는 형용사/부사로도 쓰임)

die Undezime
–n [운-데치메/-치멘]
11도 한 음을 1도로 삼았을 때 제11음까지의 거리. 4도.
eleventh(Eng.), onzieme(Frz.), undicesima(Itl.)
Dezime는 10음까지의 거리(3도) *tenth*

der ungerade Takt

-(e)s, -e [운-게라데 탁트/-탁테]
홀수박자
uneven time(Eng.), temps ternaire(Frz.), battuta ternaria(Itl.)
'un-'은 –의 내용을 부정하는 접두어
Ⓐ der gerade Takt 짝수박자

unveränderlich

[운-페어-앤더맇]
변함없이, 변화 없이
'un-'은 –의 내용을 부정하는 접두어 + veränderlich(페어-앤더맇 = verändern: 페어-앤던-바꾸다, 변화시키다 -에 '-lich'를 붙여 그 성질을 나타내는 형용사/부사로 만든 것)

–V–

die Variation

-en [바리아치온/-치오넨]
변주곡, 변주, 변화(= Veränderung 페어-앤더룽)
variation(Eng.)(Frz.)
동사형은 variieren(바리이어렌: 변주하다, 변주곡을 만들다 / 보통은 바꾸다, 변화시키다, 바뀌다, 변하다)

variieren

[바리이어렌]
변주하다, 변주곡을 만들다
보통은 바꾸다, 변화시키다, 바뀌다, 변하다

die Verdichtung

–en [페어-디히퉁/-디히퉁엔]
조밀화, 농축, 압축
condensation(Eng.)
verdichten(페어디히텐: 농축, 압축하다, 조밀-빽빽하게 만들다)의 '-ung'동명사

verlangsamen

[페어-랑자멘]
천천히 하다, 늦추다
slow down, retard
langsam(랑잠: 느린, 서서히, 천천히)에 동사를 만드는 'ver-'와 동사형 어미 '-en'을 붙인 꼴

der Vermerk

-(e)s, -e [페어-메엌, 페어메륵]
메모, 표시
note, comment

die Versart

–en [페어ㅅ-아ㄹ트/-아ㄹ텐(아어텐)]
시구의 종류(= die Art des Verses 아-트 데스 페어제스)
der Vers(페ㄹ스: 시, 시구) + die Art(아ㄹ트: 종류)

verschiedenartig

[페어쉬~덴-아ㄹ티히]
일정치 않게, 다양하게
various, different
verschieden(페어쉬~덴: 여러, 다양한) + artig(아ㄹ팈: 종류, 방식을 뜻하는 die Art의 형용사/부사화)

die Verschmelzung

–en [페어-슈멜충/-슈멜충엔]
용해, 혼합, 배합
fusion, merging
verschmelzen(페어-슈멜첸: 녹이다, 용해하다)의 '-ung'동명사

die Versetzung

–en [페어-제충/-제충엔]
자리바꿈, 전위
versetzen(페어-제첸: 옮기다, 자리를 바꾸다, 변화시키다)의 '-ung'동명사

das Versetzungszeichen

-s, - [페어-제충ㅅ-짜이헨]주로 복수로 쓰임
(어느 한 박자에 대한)변화표, 임시표(= Akzidentien 악치덴치엔, Akzidentalen 악치덴탈렌)
accidentals(Eng.), accidents(Frz.), accidenti(Itl.)
Versetzung(페어-제충) + 's'(연결장치) + das Zeichen(짜이헨: 표시, 기호)

das Versmaß

-es, -e [페어스-마스/마세]
운율, 격, 조, 음보
(poetic) measure, meter
der Vers(시구, 운문, 시) + Mass(박자, 운율; 보통: 척도, 단위, 표준, 절제, 정도) 합성어

der Versrhythmus

-thmen [페어스-륕무스/-륕멘]
시의 리듬
Vers 시+Rhythmus 리듬

die Verszeile

–n [페어스-차일레/-차일렌]
시의 행
Vers 시 +Zeile 행

vertauschen

[페어-타우셴]
교환, 교체하다
exchange

die Verzierung

–en [페어-찌~어룽/-찌~어룽엔]
꾸밈(음), 장식(= das Ornament 오~나멘트)
grace(Eng.), agrement(Frz.), abellimento(Itl.)
verzieren(페어-치~어렌: 장식하다, 꾸미다)의 -ung동명사

das Viertel (note)

-s, - [피어텔]
4분음표
quarternote(Eng.), noire(Frz.), semiminima

분수: 분자는 일반 수 + 분모는 서수+'-tel'(ein) Virtel = 1/4
quarter, quarternote(Eng.), noire(Frz.), semiminima(Itl.)

die Viola
-en [비올라/비올렌]
비올라(= die Bratsche 브라췌, die Armgeige 아름-가이게)
viola

die Violine
-n [비올리네/-리넨]
바이올린(= die Geige 가이게)
violin(Eng.), violon(Frz.), violino(Itl.)

der Violinschlüssel
-s, - [비올린-슐리셀]
바이올린표, 높은음자리표(= das Violinzeichen 비올린-차이헨)
G-clef, violin clef(Eng.), clef du violin/sol(Frz.), chiave di violino(Itl.)

das Violoncello
-s, -s/-li [비올론-첼로/-첼로스 od. 비올린-첼리]
첼로
cello(Eng.), violoncelle(Frz.), violoncello(Itl.)

der Virtuose
-en, -en [비르투오제/투오젠]
거장, 대가, 명인, 비르투오소
virtuoso(Eng.), virtuose(Frz.)

vivace
[비바체]
비바체-빠르고 생기 있게(= lebhaft 렙할트)

der Vokal
-s, -e [포칼/포칼레]
모음 Ⓐ der Konsonant(콘소난트 - 자음)
vowel(Eng.), voyelle(Frz.), vocale(Itl.)

die Vokalmusik
[포칼-무짇]
성악
vokal(포칼: 성악의, 노랫소리의) + die Musik(무짇: 음악)
vocal music(Eng.), vocal(Frz.), musica vocqle

das Volkslied
-(e)s, -er [폵ㅅ-리~ㅌ/-리더]
민요, 민족, 민속음악
folksong(Eng.), chanson populaire(Frz.), canzone popolare, folclore musicale(Itl.)
das Volk(폵/폴크: 민족, 국가, 국민) + 's'(연결장치) + das Lied (리~ㅌ: 노래)

von Anfang bis Ende
[폰 안팡 비스 엔데]
처음부터 끝까지 = Da Capo al Fine 다카포 알 피네
der Anfang(안팡: 시작, 처음) + das Ende(엔데: 끝)

die Vorausnahme
–n [포~라우스-나~메/나~멘]
앞선 음, 선행음(= die Antizipation 안티치파치온) – 뒤따르는 화성의 음 하나 혹은 여럿을 앞당겨 쓰는 법
anticipation(Eng.), anticipation(Frz.), anticipatione(Itl.)
voraus(포~라우스: (부사) 앞서, 미리) + die Nahme(나~메: nehmen 네~멘-받다, 얻다, 꺼내다 *take*-의 명사형 어근)

der Vordersatz
-es-sätze [포어데어-자츠/-재체]
앞의 악절
fore phrase(Eng.)
vorder(포어데어: 앞쪽의, 전방의) + der Satz(절, 마디)

der Vorhalt
-(e)s, -e [포어-할트/할테]
걸림, 계류(음)
suspension(Eng.), retard(Frz.), ritardo(Itl.)

der Vorhang
-(e)s, hänge [포어항/-행에]
커튼, 장막, -무대의 장막
curtain(Eng.)

vorn(e)
[포ㄹ네]
앞에, 전방에, 선두에

der Vortrag
-(e)s, -träge [포어트락/-트래게]
연주, 낭송, 낭독, 강연, 발표, 강의
performance(Eng.), ecution(Frz.), esecuzione(Frz.)

Vortragszeichnung
–en [포어트랔-짜잉눙/-눙엔]
연주기호(= Vortragsbezeichnung 포어트락스-베-짜잉눙)
Zeichnung(짜잉눙: 묘사, 표시, 기호)-Bezeichnung(베짜잉눙: 기호 붙이기, 표, 기호, 명칭)

die Vorzeichnung
–en [포어-차잉눙/-눙엔]
표, 기호, 시그니처
signature(Eng.), signe(Frz.), segno(Itl.)
vor(앞, 전, 먼저) + Zeichnung(zeichnen표시하다의 동명사)
key-signature 조표 *time-signature* 박자표

–W–

waagerecht
[바아게-렉트]
수평의, 수평으로
horizontal

das Waldhorn
-(e)s, -hörner [발트-호언/-회ㄹ너(-회르너)]
발트호른-밸브 없는 호른

der Walzer
-s, - [발처]
왈츠
waltz(Eng.), valse(Frz.), valzero(Itl.)

die Weiterführung
–en [바이터-퓌~룽/-퓌~룽엔]
계속, 속행
weiterführen(바이터-퓌~렌: 계속하다, 속행하다)의 동명사

die Wiederholung
–en [비~더~홀룽/-홀룽엔]
반복(음)
repeat(Eng.), reprise, repetition(Frz.), represa, replica(Itl.)
wiederholen(비~더~홀렌: 반복, 되풀이 하다)의 '-ung'동명사

das Wiederholungszeichen
[비-더~홀룽ㅅ-차이헨]
반복표시, 기호-도돌이표
repeatmark(Eng.)
die Wiederholung(비~더~홀룽: 반복, 되풀이) + 's'(연결장치) + das Zeichen(차이헨: 표시, 표, 부호, 기호, 신호)

die Windlade
–n [빈ㅌ-라데/-라덴]
파이프오르간의 통풍장치(= das Windwerk 빈ㅌ-베르크)
blower
der Wind(빈ㅌ - 바람) + die Lade(라데 - 상자, 궤, 관)

–X–

das Xylophon
-s, -e [ㅋ쉴로폰/-포네]
(입술을 꼭 다물어 p 발음을 할 것처럼 하되 발음은 하지 않고 그대로 /sy/발음을 낸다. /psy/ 발음과 같다.)
실로폰
xylophone(Eng.), xylophone, claquebois(Frz.), xilofono(Itl.)

–Z–

der Zahn
-(e)s, Zähne [차안/채~네]
톱니, 이, 치아

die Ziehharmonika
-, -ken/-s [찌이-하어모니카/-하모니켄] od. [하모니카ㅅ]
아코디언 Ziehen(치엔 = 끌다, 당기다)+Harmonika(하모니카)
accordion(Eng.), accordeon(Frz.), fisarmonica(Itl.)

die Zifferntonschrift
–en [찌퍼언-톤-슈맆트/-슈맆텐]
숫자기보법, 쉬베 시스템
Ziffer 치퍼 + n + notierung 노티어룽
figure notation(Eng.), notation chiffree, notation au moyen des chiffres(Frz.)

die Zither
-n [치터/치턴]
치터-독일, 특히 오스트리아에서 널리 쓰이는, 목 없이 납작한 현악기

die Zungenspitze
–n [쭝엔-슈피체/-슈피첸]
혀끝
die Zunge(충에: 혀) + 'n'(연결장치) + die Spitze(슈피체: 끝)

die Zungenwurzel
–n [쭝엔-부ㄹ첼/-부ㄹ첼른(부어첼른)]
혀뿌리, 설근
die Zunge(충에: 혀) + 'n'(연결장치) + der Wurzel(부ㄹ첼/부어첼: 뿌리)

der Zusammenklang
-s, -klänge [쭈자멘-클랑/-클랭에]
화음, 복합화음 zusammenklingen(쭈자멘-클링엔: 함께 울리다)의 명사
harmony(Eng.)

der Zusatzton
-s, -töne [쭈잦-톤/-퇴네]
부가음 der Zusatz(추잦: 부가, 추가, 첨가) + der Ton(톤: 음, 소리)

zwei Stimmen
(pl) [쯔바이 슈티멘]
두 개의 소리, 이(2)성
two parts, two-part(Eng.), deux voix, deux parties(Frz.), due voci, due parti(Itl.)

die zweigestrichene Oktave
[쯔바이-게-슈트리헤네 옥타베]
2점음; zwei(츠바이: 둘, 2) + gestrichen(게슈트리헨 = streichen: 슈트라이헨의 과거분사로 형용사로 쓰여 어미 –e가 붙음) / die Oktave(옥타베: 옥타브, 8도 음정, 8도)
two-lined octave(Eng.), quartieme octave(Frz.)

der Zweilaut
[쯔바이-라웉]
이중모음, 이중글자(zwei(츠바이 2, 둘) + Laut(라웉: 음, 소리)
diphtonge(Eng.)

die zweiteilige Form
[쯔바이-타일리게 포엄]
두 도막 형식

binary form(Eng.), forme binaire(Frz.), forma binaria(Itl.)
zwei(츠바이: 2, 둘) + teilig(타일릭: der Teil-부분-에 –ig가 붙어 형용사/부사로 만든 것)

das zweite Thema

-men [쯔바이테 테마/-테멘]

제2주제

second theme(Eng.), deuxieme theme(Frz.), secondo tema(Itl.)

das Zweiunddreissigstel

[쯔바이-운-드라이시히ㅅ텔]

32분음표

zweiunddreissig 32. 그 서수 zweiunddreissigste(츠바이-운-드라이시히ㅅ테: 32번째). Zweiunddreissigstel(서수에 -(tel)을 붙이면 분수의 분모)

die Zwischendominante

-n[쯔비셴-도미난테 / -텐]

빌린-딸림음, 차용-딸림화음, 부속화음

secondary dominant, applied dominant or artificial dominant(Eng.), accord d'emprunt(Frz.)

die Zwölftonmusik

[쯔뵐-톤-무직]

12음 음악

twelve-ton music, dodecapony(Eng.), musique de douze sons(dodecaphonie)(Frz.), dodecafonia(Itl.)
zwölf(츠뵐: 12, 열둘) + der Ton(톤: 음, 소리) / die Musik(무직: 음악)

die zyklische Form

[치클리셰 포엄]

순환형식

cyclic form(Eng.), forme cyclique(Frz.), forma ciclica(Itl.)

제4부 | 독일어 어학실력 인증시험

– 시험 유형과 공부 방법

제4부 | 독일어 어학실력 인증시험 – 시험 유형과 공부 방법

I. 독일어를 배우는 10가지 이유 – Zehn Gründe für Deutsch

* 독일문화원 홈페이지(www. goethe.de)에서 길어온 글이다(원래는 wiki에서 유래). 이 부분과 시험 관련 규정의 대부분 그리고 예시문제는 독일문화원 홈페이지에서 따온 것이다. 필요에 따라 독일어 연습을 위해 원문과 해석을 함께 놓아 번역 요령을 맛볼 수 있게 하는가 하면, 정보가 우선일 경우 우리말로 정리한 것만 싣기도 하였다.

Was immer für Pläne Sie für Ihre Zukunft haben mögen, mit Deutschkenntnissen schaffen Sie sich unendliche Möglichkeiten. Deutsch zu lernen bedeutet Fertigkeiten zu erwerben, mit denen Sie Ihre berufliche und private Lebensqualität verbessern können:

미래의 계획이 무엇이든(의문사와 immer가 함께 쓰이면 양보. 우리말에서는 주어를 굳이 쓰지 않아도 될 때가 많고, 그 편이 문맥이 깨끗할 때가 많다.) 독일어 실력이 있으면 무한한 가능성을 만들어낼 수 있다. 독일어 배우기란 직업생활과 개인의 사적인 생활수준을 개선할 수 있는 실력을 갖춘다는 뜻이다.

Im Geschäftsleben: Kommunikation auf Deutsch mit Ihren deutschsprachigen Geschäftspartnern führt zu besseren Geschäftsbeziehungen und dadurch zu besseren Chancen für effektive Kommunikation-und somit zum Erfolg.

직업생활에서: 독일어를 쓰는 사업파트너와 독일어로 의사소통을 한다면, 사업관계가 더 나아지고, 그에 따라 의사소통이 더 효과적이고, 그 결과 성공 기회가 더 나아진다.

Eine globale Karriere: Mit Deutschkenntnissen verbessern Sie Ihre Berufschancen bei deutschen Firmen in Ihrem eigenen Land und in anderen Ländern. Gute Deutschkenntnisse machen Sie zu einem produktiven Mitarbeiter/Mitarbeiterin für einen Arbeitgeber mit globalen Geschäftsbeziehungen.

글로벌한 경력: 독일어 실력을 갖추면 현지 또는 다른 여러 나라에 자리 잡은 독일회사들에서 일자리를 얻을 기회가 커진다. 독일어 실력이 좋으면 글로벌한 차원의 사업관계를 가진 사업주에 맞는 생산적인 직원이 될 수 있다.

Tourismus und Hotelfach: Touristen aus deutschsprachigen Ländern reisen viel und weit, sie geben im Urlaub mehr Geld aus als Touristen aus anderen Ländern. Sie lassen sich gerne von deutschsprachigem Personal und deutschsprachigen Reiseführern verwöhnen.

관광과 호텔 분야: 독일어권의 여러 나라에서 온 관광객들은 여행을 많이 할 뿐만 아니라 여행지도 광범위하다. 관광객으로서 이들은 휴가여행 때 다른 나라 관광객보다 돈을 더 많이 쓴다. 그렇기 때문에 독일어를 할 줄 아는 직원이나 여행가이드의 서비스를 누리고 싶어 한다.

Wissenschaft und Forschung: Deutsch ist die zweitwichtigste Sprache der Wissenschaft. Deutschland steht mit seinem Beitrag zu Forschung und Entwicklung an dritter Stelle in der Welt und vergibt Forschungsstipendien an ausländische Wissenschaftler.

학문과 연구: 독일어는 학문(과학)을 위한 언어에서 두 번째로 중요한 언어다. 독일은 전 세계에서 연구와 개발 분야의 기여(논문)에서 제3위에 자리를 지키고 외국의 여러 (과)학자들에게 연구장학금을 지급한다.

Kommunikation: Die Entwicklungen im Bereich Medien, Informations- und Kommunikationstechnologie machen multilinguale Kommunikation erforderlich. Eine Reihe wichtiger Webseiten ist auf Deutsch. Deutschland steht mit der jährlichen Neuproduktion von Büchern weltweit unter 87 Ländern an 5. Stelle, nach UK, USA, China und Russland. Ihre Deutschkenntnisse ermöglichen Ihnen daher erweiterten Zugang zu Informationen.

커뮤니케이션: 미디어, 즉 정보 및 소통기술 분야의 발달에 따라 다언어 기반의 의사소통이 요구된다. 중요한 일련의 웹사이트들이 독일어로 되어 있다. 독일어는 전 세계 87개국 가운데 연간 신간 서적 발행에서 영국, 미국, 중국, 러시아 다음으로 5위를 차지하고 있다. 따라서 독일어실력은 (새로운)정보들에 접근할 통로를 넓혀준다.

Kulturelles Verständnis: Deutsch zu lernen bedeutet einen Einblick zu gewinnen in das Leben, die Wünsche und Träume der Menschen in deutschsprachigen Ländern mit ihrer multikulturellen Gesellschaft.

문화의 이해: 독일어를 이해한다는 것은 독일어권의 다문화권 국가에 사는 사람들의 삶, 바람, 꿈 등을 들여다볼 수 있는 기회를 얻는 것을 의미한다.

Reisen: Vertiefen Sie mit Ihren Deutschkenntnissen Ihre Reiseerlebnisse nicht nur in den deutschsprachigen Ländern, sondern in anderen Ländern Europas, besonders auch in Osteuropa.

여행: 독일어 실력이 있으면 여행에서 겪는 체험의 깊이를 더할 수 있다. 비단 독일어권나라뿐만 아니라 유럽, 특히 동유럽의 다른 나라에서도 마찬가지다.

Genuss von Literatur, Musik, Kunst und Philosophie: Deutsch ist die Sprache von Goethe, Kafka, Mozart, Bach und Beethoven. Vertiefen Sie den Genuss des Lesens und/oder Hörens ihrer Werke in deren Originalsprache.

문학, 음악, 미술 및 철학의 향유: 독일어는 괴테, 카프카, 모차르트, 바흐, 베토벤 등이 쓰던 언어다. 저들의 작품을 원어로 읽거나 듣는 맛의 깊이를 더할 수 있다.

Studien- und Arbeitsmöglichkeiten in Deutschland: Deutschland vergibt eine große Anzahl von Stipendien zum Studium in Deutschland. Für junge Ausländer gibt es besondere Arbeitsurlaubsvisa, und für bestimmte Berufe gibt es Sonderbestimmungen für eine Arbeitserlaubnis.

독일 유학과 독일 취업 가능성: 독일은 독일 유학을 위해 수많은 장학금을 지급한다. 특히 젊은 외국인을 위해 워킹홀리데이(working holiday: 관광취업) 비자가 있는가 하면, 취업이나 아르바이트 허가를 받기 위해 특별한 조건이 필요한 특정 직업이 많다.

Austauschprogramme: Es bestehen Abkommen zum Schüler- und Studentenaustausch zwischen Deutschland und vielen Ländern der Welt.

교환프로그램: 독일과 학생 및 대학생의 교환학생 프로그램 협정을 맺은 나라가 전 세계적으로 많다.

II. 시험의 규정과 성격

독일어 어학 능력 테스트(A1부터 B1를 거쳐 외국인을 위한 독일어 교사 자격증까지) - 유럽 공통

1. 독일어 어학 능력 테스트란?

독일어 독해공부로 정보를 얻어 보자. *Wiki*독일에서 퍼온 글이다.

Der Gemeinsame Europäische Referenzrahmen für Sprachen: Lernen, lehren, beurteilen (GER; auch GERS) (kurz: Europäischer Referenzrahmen; (Englisch: Common European Framework of Reference for Languages CEFR) des Europarats,(1) legt eine für Sprachenlernende und -lehrende umfangreiche Empfehlung vor, die den Spracherwerb, die Sprachanwendung und die Sprachkompetenz von Lernenden bedarfsorientiert, transparent und vergleichbar machen soll.(2)

Der Europäische Referenzrahmen teilt alle aufgelisteten europäischen Sprachtests in sechs Schwierigkeitsstufen ein, um Angebote von unterschiedlichen Anbietern vergleichbar zu machen.(3)

(1)까지가 주어인데, 무척 길다. '유럽위원회의 언어 학습, 교육, 평가를 위한 유럽 공통 증명체계' 라고 옮길 수 있다. 줄임말로는 GER 또는 GERS라고도 하고, 영어로는 CEFR.

(2)가 술부, 그러니까 풀이 부분인데 역시 길다. 이런 정도 문장을 큰 문제없이 이해할 수 있으면 벌써 B1 수준 이상에 올라섰다고 할 수 있다. 먼저 동사를 보아야 하는데, 늘 그렇듯 떨어져 나간 전철을 마침표 앞에 가서 확인부터 해야 한다. 역시 /vor/가 있다. 그러니까 동사는 'vorlegen'이다. '앞에vor + 놓다 legen'는 말뜻이 '제시하다' 또는 '설치하다' 등의 의미로 확장된다. legen이 타동사니만치(자동사는 liegen이죠) 4격 목적어가 필요하다. 찾아보니 eine Empfhelung(제안, 권고안 - 여기서는 맥락상 오히려 영어의 guideline으로 보면 더 좋겠다.)이 있다. 다만 그 사이에 역시 꽤 긴 꾸밈말이 있다. 독일어에서는 흔한 일이다. 그런데 그게 다가 아니다. 관계대명사 절이 다시 따라 붙는다. 종속절인 이상 동사는 후치, 그래서 맨 뒤에 가서 찾아본 즉, soll이니, 관계사/선행사는 단수일 수밖에 없다. 관계대명사의 성은 여성 'die' 이니, 선행사는 당연히 단수에 여성이어야 한다. 함께 나온 1격일지 4격일지 아직 모를 명사가 두 개 있다. 그런데 꼴이 복수이니, 이것이 주어라면 'sollen'이어야 하는데, 원문에는 'soll'이니 단수 관계사가 주격일 수밖에 없다. 따라서 선행사는 여성 단수로 'Empfehlung'이어야 한다. 전체 동사는 vergleichbar machen soll 이다. 그래서 '비교할 수 있게 한다.'가 된다. 목적어는 위의 두 개, 그러니까 4격임을 알 수 있다. => "배우는 사람들의 언어습득과 사용 그리고 어학능력을 필요자 중심으로 투명하고도 비교할 수 있게 만들 가이드라인"이다.

이처럼 기본으로 외워 두어야 할 격과 수와 성이 복잡한 덕에, 복잡한 문장이라도 오해의 여지는

그만큼 줄어든다. 여기까지 해석하면 이렇다.

언어의 학습, 교육, 평가를 위한 유럽위원회의 유럽 공통 증명체계는 언어를 배우는 사람들과 가르치는 사람들을 위한 포괄적인 가이드라인을 제시한다. 이 가이드라인은 배우는 사람들의 언어습득과 사용 그리고 어학능력을 필요 중심으로 투명하고도 비교 가능하게 만들려는 것이다.

그 다음 (3) 문장에서 역시 먼저 동사를 찾아보자. 분리전철이 있는 einteilen이다. 격은 앞에 붙은 관사 덕에 쉬 드러난다. 그런데 딸림문장에 um-zu란 숙어 구가 붙었다. '-하기 위해'란 말로 옮기는데, 결과로 해석해도 된다. 이 부분부터 보자면 여러 평가자들의 평가 자료들을 비교할 수 있게 하기 위해, 즉 '평가 자료들의 비교가 가능하도록'이란 뜻이다.

옮겨보면:

유럽 가이드라인 체계는 목록에 올라 있는 유럽 언어테스트 전체를 6단계 난이도로 분류하여 평가자들의 평가 자료들을 비교할 수 있게 한다.

2. 시험의 단계 별 요구 사항

이제 단계 별로 살펴보자. 그 전에 먼저 변화된 규정부터 알아두자.
독일에서는 2013년 5월 1일부터 (그 밖에 전 세계적으로는 2013년 8월 1일부터)B1로 통합되어 기존에 병행되던 ZD(Goethe-Zertifikat B1)와 ZDj(Zertifikat Deutsch für Jugendliche)를 대체하였다.

1) A1(기존 SD1)

일상에서 흔히 쓰이는 표현들과 구체적으로 아쉽고 필요한 상황과 맞물리는, 아주 쉬운 문장을 이해하고 직접 사용할 줄 안다. 스스로는 물론이요 다른 사람들도 소개할 줄 알고, 다른 사람들에게 그들 신상에 대해 질문할 줄 안다.

이를테면 어디 살고, 어떤 사람들을 아는지, 또는 어떤 것들을 가지고 있는지와 같은 물음들 말이다. 아울러 그런 종류의 물음들에 대해 대답도 할 수 있어야 한다.

이야기 상대가 천천히 그리고 또박또박하게 말하면서 도와줄 마음이 있다면 간단하게나마 서로 의사소통을 할 수 있다.

* 배우자가 독일에 있을 때 독일로 가서 함께 살려면 이 단계 시험에 합격해야 한다. 합격은 100점 만점에 60점 이상이다.

2) A2(SD2)

사람의 신상, 가족, 장보기, 일(직업), 주변 지리 등과 같이 일상의 분야들과 관계되는 주요 문장들과 자주 쓰이는 표현을 이해할 줄 안다.

익히 알고 있고 흔한 일이나 물건에 대한 정보의 교환처럼 일상 상황과 관련한 간단한 의사소통을 할 수 있다. 또 자신의 출신과 교육 경력처럼 생활에 직결되는 문제들을 간단한 표현수단으로 설명할 줄 안다.

3) B1(ZD1)

분명하게 알아들을 수 있을 정도의 표준말이 쓰일 때 그리고 일, 학교, 여가와 같이 익숙한 일에 관한 것일 때 무슨 이야기인지 핵심과 요점을 파악할 수 있다. 여행에서 언어와 관련하여 맞닥뜨릴 수 있는 상황들 대부분을 스스로 처리할 수 있다. 익숙한 주제며 개인적 관심 분야에 대하여 간단하면서도 맥락에 맞게 이야기할 줄 안다. 여러 경험이며 일어난 사건에 대해 보고할 줄 안다. 꿈, 희망, 인생 목표 등에 대해 설명할 수 있고, 자신의 계획이며 견해에 대해 짧게 논거를 달거나 설명할 수 있다.

4) B2(ZD2)

구체적인 주제며 추상적인 주제를 다룬 복잡한 텍스트의 중심 내용을 이해할 수 있다. 자기 전문 분야에서라면 전문적인 토론도 이해한다. 독일어를 모국어로 하는 사람들과 즉흥적으로 의사소통하는 데 서로 큰 불편함이나 막힘이 없다. 주제의 스펙트럼이 넓은 경우에도 자기 생각을 분명하고도 구체적으로 표현할 수 있고, 텍스트에서 다루는 문제에 대해 자세하게 설명하고 여러 가지 가능성의 장단점을 제시할 수 있다.

5) C1

까다롭고 길이도 제법 길며 주제의 스펙트럼이 큰 텍스트들을 이해할 수 있고 속에 함축된 다양한 의미도 파악해 낼 줄 안다. 즉흥적인 의사소통에서 맞는 단어를 찾느라 머뭇거리는 일 없이 자연스럽게 자기 생각을 표현할 수 있다. 사회생활이나 직업생활 또는 교육이나 연구에서 효과적이고도 유연하게 독일어를 사용할 수 있다. 복잡한 사안에 대해 분명하고, 짜임새 있으면서 상세하게 자기 의견을 밝힐 수 있고, 그러면서 복잡한 문장연결에 어울리게 여러 가지 표현수단을 사용할 수 있다.

6) C2

한마디로 읽기와 듣기 모두 힘들이지 않고 이해할 수 있다. 글이나 소리로 이루어진 여러 정보를 종합, 정리할 수 있고, 그러는 가운데 관련이 있는 설명 속에서 여러 논거며 설명을 추려서 제시할 수 있다. 어느 상황에서라도 즉흥적이면서 매우 유창하고 정확하게 자기 생각을 표현할 수 있고, 복잡한 사안이라 하더라도 세밀한 의미의 뉘앙스 차이까지 분명하게 표현할 수 있다.

3. A1(SD1)와 A2(SD2) 시험의 평가영역과 공부 방법

A1와 A2는 난이도 차이는 있지만 시험의 종류며 방식은 거의 같다. 둘 다 100점 만점에 60점부터 합격으로 처리된다.

1) 평가 영역 (A1, 2 / B1, B2 공통 영역)

(1) 듣기 영역 Hörverstehen

독일어 공부 시작한 지 그리 오래 되지 않는 이들이 처음 듣기 텍스트를 들으면 겁부터 난다. 그러니 도무지 들리지 않는다. 당연하다. 영어도 그렇지 않았던가? 당황하거나 좌절할 필요 없다. 다른 분야도 그렇지만, 아는 것과 정답을 대는 것 사이에는 제법 큰 차이가 있기 때문이다. A1, 2에서 쓰이는 텍스트는 실생활에서 꼭 필요한 내용들이다. 이를테면 장보기(Einkaufen), 길 찾기나 필요한 정보 얻어내기, 공항이나 역 또는 비행기나 기차 안에서 들리는 안내방송, 전화 자동응답기에 녹음된 내용, 친구나 이웃들 사이의 대화, 라디오 방송(일기예보, 도로교통 정보) 같은 것들이다.

요령이라면 문제를 먼저 읽는 것. 그러면 적어도 텍스트의 방향이나 종류는 알 수 있고, 또 내용을 다 듣고 이해하지 않아도 문제에서 요구하는 정보는 알아낼 가능성이 커지기 때문이다. 이제껏 함께 공부한 친구들 가운데 처음에 '아무것도 들리지 않는' 상황에서 시작했지만 결국 끝까지 듣기 때문에 시험에서 떨어진 경우는 거의 없었다. A2에 이르면 듣기도 상황 파악, 전체적 이해, 선택적 이해로 나뉜다.

(2) 읽기 영역 Leseverstehen

크게 다르지 않다. 중요한 것은 (B는 더하지만) 단순히 독일어 단어실력이나 문장실력을 넘어 이해능력(일종의 국어실력)을 요구한다는 사실을 파악하는 일이다. 이를테면 본문의 글을 그대로 따오지 않고 상황을 적당히 비틀거나 단어를 바꾸어 놓은 것들이 있으니까, 그런 함정을 제대로 파악하여 피할 수 있어야 한다.

내용은 역시 실생활과 관련된 것이 많다. 음식, 일과 직업, 여가와 오락이 주제가 되고, 매체라면 온갖 광고, 인터넷, 안내, 쪽지나 편지 같은 것들이다. 역시 요령은 문제부터 읽어 본 다음에 텍스트를 읽는 것이다. 구분을 하자면,

ㄱ. 대강의 이해(Globales Leseverstehen) - 텍스트 내용과 사진이나 제목과 연결하기: 세세히 이해하지 못하더라도 텍스트 전체 의미의 대강만 파악해도 된다.

ㄴ. 선택적 이해(Selektives Leseverstehen) - 여러 가지 정보(인터넷, 잡지, 신문 광고 따위에서) 가운데 제시된 상황에 꼭 맞는 것 선택적으로 찾아 골라내기.

ㄷ. 자세한 이해(Detailliertes Leseverstehen) - 어휘 이해를 바탕으로 상황을 설명하는 텍스트나 구문을 짚어 골라내기.

이 영역의 공부는 '흔히 말하듯' 학교 공부 충실히 따라가기만 해도 된다. 어휘에 대한 이해가 제대로라면 그리 어렵지 않기 때문이다. 제2권의 제1부 단어집도 그렇지만, 특히 제1권의 '착한 사전'은 바로 독일어 어휘를 어원과 비슷한 의미/모양, 반대말 등의 관계 속에서 보여 주기 때문에, 읽기 문제에서 비틀어 놓은 어휘들을 찾는 데 조금이라도 더 도움을 얻어낼 수 있다.

(3) 쓰기 영역 Schreiben

뒤의 말하기와 더불어 독일어 초보 학습자들이 껄끄러워 하는 부분이나. 듣고 읽는 것은 그나마 정해진 텍스트에서 원하는 것을 찾아내기만 하면 된다. 하지만 전혀 다른 성격과 구조의 외국어를 쓰고 말하기는 아무래도 거북하기만 하다. 여기에는 아직도 쓰기와 말하기보다 암기 교육을 우선하는 우리 교육 풍토 탓도 없지는 않다. 그래도 다행인 것은 여기서 요구되는 것이 복잡한 글은 아니라는 것. 대개 서류양식 채우기와 편지 또는 쪽지 쓰기다. 서류 양식과 편지 쓰기는 독일에서 혼자서 생활하려면, 아니 독일에 가거나 정보를 얻는 것에서부터 꼭 필요하기 때문이다. 서류양식은 요구하는 난에 그 요구된 정보를 채우면 되지만, 편지 쓰기의 경우 형식을 반드시 익혀 두어야 한다.

ㄱ. 공적 성격의 편지 - 격식을 갖추어야 한다는 걸 말하며, 공문서 이외에도 처음 보는 사람이나 서로 말을 튼 사이가 아니라면 반드시 Sie로 써야 한다. 따라서 시작과 마무리는 다음과 같다.

Seoul, den 10. 10. 2018. (10. Okt. 2018/ 10. Oktober 2018)

Sehr geehrte Damen und Herren - 공문서,

Sehr geehrter Herr - 격식 갖추어야 할 남자,

Sehr geehrte Frau - 격식 갖추어야 할 여자

[…]

mit freundlichen Gruessen(, von)

Ihr + 내 성(남자) / Ihre 내 성(여자)

ㄴ. 격이 없이 친한 사이: 흔히 서로 Du로 부르는 것이 반말이고, Sie를 쓰는 게 존대라고 하지만, 독일어에 엄격히 존댓말은 존재하지 않는다. 서로 격을 갖추는 경우에 Sie, 격 없이 친한 사이에 Du를 쓴다. 따라서 나이와 크게 관계없다. 여러분이 집에서 엄마, 아빠한테 존대하지 않는 것이 바로 Duzen하는 상황이라고 보면 된다. 그러니 굳이 부르자면, Du는 친한 말이고, Sie는 격식 말이라고 하겠다.

Seoul, den 10. 10. 2010. (10. Okt. 2010/ 10. Oktober 2010)

Lieber + 이름(독일어에서 Name는 성을 말한다. Vorname, 말 그대로 앞에 나오는 이름이 우리가 생각하는 이름이다. Du에서는 성으로 부르지 않고 또 끝날 때도 내 성이 아니라 이름을 쓴다.)

[…]

schöne Grüsse

Dein Bocksohn(남) / deine Bocksun(여)

ㄷ. 중간 정도: Goethe Institut의 연습문제 2번 쓰기 문제를 보면 페촐트 가족(Familie Pezold)의 초대를 받았는데, 가지 못하게 된 사정을 쓰는 문제가 있다. 이 경우 지극히 공적인 것도 아니고 그렇다고 Du로 부를 정도라고 볼 근거도 없다. 이런 경우에는 Sie를 쓰되 Liebe(r)란 단어를 활용하면 좋다.

Liebe Frau und Herr (Familie로 가도 좋다.) Pezold,(물론 Sehr geehrter Herr Pezold로 한다고 틀리는 것은 아니다.)

(초대 감사 인사와 아쉽지만 갈 수 없는 사정)

mit lieben Grüssen

Ihr(남)/Ihre(여) Dho

(4) 말하기 영역 Sprechen

자기소개로부터 시작한다. A1/2에서는 특히 숫자(die Zahlen/die Zahlwörter)와 철자(Buchstaben / buchstabieren)를 자유롭게 말할 수 있어야 한다. 숫자든 철자든 반드시 독일어 이름으로 대야 한다. 전화번호, 이름(부모), 아파트 이름 같은 것들을 시험관이 묻는데, 독일어 철자로 풀어 대고(spelling), 숫자도 독일어로 대야 하기 때문이다. A1에서는 혼자서 자기를 소개하면 되고, B에서는 서로 대화를 통해 신상정보를 알아보고 알려주는 식이며, A2에서는 그 중간이라고 보면 된다. 그러니까 A1에서는 여럿이서 하기 때문에 돌아가면서 자기소개를 하는 정도로 충분하다. A2에서부터는 둘씩 짝을 지어 시험을 본다. 따라서 일방적이지 않고 가능한 대화 형식으로 접근하며, B에서는 역시 둘씩 짝을 지어 보는데, 둘 사이에 제대로 된 대화가 이루어져야 한다.

시험 보는 방식은 A1의 경우 보통 네 명 정도가 조를 이루고, A2의 경우 두 명이 짝을 이뤄 시험을 본다. A1에서는 공정성을 위해 주제/문제가 적힌 카드를 고른다. 그 카드에서 요구하는 정보를 돌아가며 보여주며 물으면, 그 파트너가 된 사람이 대답을 한다. A2에 가면 이른바 협상(Aushandeln)이 추가되는데, 어느 상황에서 서로 사정이 달라 상대의 주장을 되도록 부드럽게 이유를 대어 물리치고, 내 주장을 이유와 함께 대어 설득하는 것이다. 되도록 기본이 되는 격식과 예의를 차릴 줄 아는 표현들(bitte, Danke, bitte schön, gern geschehen, leider, es tut mir leid)과, 카드에서 요구하는 사항을 대답할 사람의 입장까지 참작해서 편안한 물음이나 부탁으로 만들 줄 아는 센스가 필요하다. 상대 입장까지 참작하는 이유는, 상대가 제대로 대꾸하지 못하면 대화가 이루어지지 못해 결국 둘 다 제대로 점수를 받지 못하기 때문이다. 이런 부분이 영어의 토익이나 토플과 다르다. 그냥 주어진 상황에 맞는 단어를 어법에 맞게 늘어 놓는 게 아니라, 상황과 함께 상대의 입장까지 감안하여 그 전체 상황에 어울리게 부탁이나 질문을 구성할 줄 아는 능력이 필요하다. 얼마나 인본주의 를 바탕에 둔 시험인가? 바로 그렇기 때문에 시험 파트너인 상대를 누르고 저 혼자 돋보이려다가는 둘 다 망하기 쉽다. 말하자면 언어 이전에 인간이 되지 못한 탓이랄까? 언어 능력은 소통 능력이고, 소통 능력은 사람 사이의 자세와 태도를 바탕으로 한다. 아무리 실력이 중요하다지만 기본이 된 다음이어야 한다.

공부를 하려면 먼저 작문에서 시작한다고 생각하자. 처음부터 말이 나오기 힘들기 때문이다. 그런 다음 소리 내어 읽기(교과서나 다른 교재의 대화부분)를 한 뒤 친구와 짝을 지어 연습하는 편이 좋다. 그러나 아무래도 옆에서 고쳐주고 다듬어주는 사람이 있으면 가장 좋다. 작문이나 말하기 연습을 할 때 아무래도 똑같은 단어를 자꾸 쓰느니보다는 비슷한 단어들로 바꿔 쓰면 한결 표현이 고급스러워진다. 이 사전에서 비슷한 말과 파생어를 반복과 중복을 무릅쓴 이유이기도 하다. 또 이 책 제2부의 "갈래별 낱말 모둠"을 활용하면 상황과 연결하여 다양한 단어들을 함께 살펴 논의의 폭을 넓힐 수 있다.

2) B1 시험 합격자의 의사소통 능력 수준

일상 대화나 공공장소의 안내 방송, 라디오 방송에서 세부 사항도 이해할 수 있다. 신문기사, 통계, 일상적인 주제의 설명문에서 중요한 정보를 정확하게 이해할 수 있다. 편지나 E-메일 같이 개인적으로 전달된 내용을 이해하고 또 전하고 싶은 내용을 쓸 수 있다. 관심 있는 주제에 대해 간단한 대화를 할 수 있고, 그 주제에 대해 자신의 의견을 말하고 또 대화 상대자의 의견에 적절하게 반응하며 대화할 수 있다. 일상 상황에서 일정 주제에 대해 보고하거나 제안하거나 협상할 수 있다. 그러나 무엇보다 중요한 것은 자신감을 가지고 기본 틀을 바탕으로 함께 연습하면, 자기 혼자서 어림하여 평가하는 것보다는 좋은 점수를 받을 수 있다. 다른 시험들이 붙을 사람을 추리기보다 떨어트릴 사람을 찾아내는 성격이 강하다면, 독일어 인증시험은 그래도 그런 성격이 덜하다. 제대로 된 보기 문제들을 가지고 되풀이 연습하면 합격의 기쁨을 맛볼 수 있다.

3) B부터 새로 나오는 평가 영역-Sprachbausteine

die Sprache는 언어를 뜻하고, der Baustein은 구성요소를 뜻하는데, 여기는 복수다. 연결하면 언어의 여러 구성요소라는 뜻이다. 그런데 der Sprachbau란 말도 있는데, 언어의 문법적 구조를 뜻한다. 말하자면 우리가 독일어를 이해하기 위해 꼭 필요한 문법과 구성요소들을 테스트하는 영역이라 보면 된다. 따라서 격과 수에 따른 형용사 어미변화, 남성과 중성의 단수 2격[-(e)s], 복수 3격(-n), 동사의 과거와 과거 분사, 완료형에서 haben과 sein의 구분, 수동태의 동작과 상태 같은 것들은 꼭 알아두어야만 한다. 거기 더하여 중요한 숙어들이 나온다(이 책 제1부의 기본문법을 잘 살려 공부하자.).

총 20문항으로 구성되는 이 문제 영역은 다시 두 부분으로 나뉜다. 제1부(Teil 1)의 10문제는 3개 선택지 ( )에 어울리는 정답을 골라내는 것. 기초적인 단어들이 나오는데, 어미, 시제, 격이 중요하며, 전치사와 접속사 그리고 부사의 구분도 필요하다. 제2부(Teil 2)의 10문제는 세 개의 선택지 대신에 15개 선택지에서 ( )에 어울리는 단어를 찾아내는 일이다. 우연의 힘을 필요로 하는 사람들에게는 한결 더 어렵게 다가올 수밖에 없다. 먼저 독일문화원 온라인 연습문제를 살펴보면서 이 영역의 문제 유형들을 살펴보고, 그 다음에는 꼭 필요한 숙어들을 정리해 보자.

• 2014년도 Sprachbausteine 문제 풀이

SPRACHBAUSTEINE: Teil 1(Arbeitszeit: etwa 10 Minuten)

※ Lesen Sie den folgenden Text und kreuzen Sie für jede Lücke das richtige Wort (A, B oder C) an. Markieren Sie dann Ihre Lösungen auf dem Antwortbogen. (다음 글을 읽고 빈 칸마다 정답(A, B 또는 C)에 X표 하시오. 그런 다음 그 답을 답지에 표시하시오.

(Mail)	편지
Von: Franziska	편지 쓴 이: 프란치스카
Gesendet: Montag, 14.32 Uhr	발송시간: 월요일 14:32
An: Helga	받는 이 : 헬가
Betreff: Neuer Job!	안건: 새 일자리!

Hallo Helga,

ich habe die (0) Stelle als Kiosk-Verkäuferin bekommen. Es hat sich also (21), dass ich mich da beworben habe. Danke für den (22) Tipp!

Das kurze Vorstellungsgespräch mit der Chefin des Kiosks war sehr positiv. Wichtig ist für (23) ja, dass ich die Arbeitszeit flexibel wählen kann, damit ich auch im Studium vorankomme. Und das geht bei (24) Arbeit sehr gut. Während des Semesters arbeite ich vorläufig immer am Sonntag und in den Semesterferien kann ich (25) zusätzliche Arbeitstage abmachen.

Gestern hatte ich nun meinen ersten Arbeitstag, und ich war schon froh, (26) ich nicht gleich alleine war. Eine sehr nette Kollegin hat mir (27) erklärt und gezeigt. Es ist schon lustig, mit wie vielen verschiedenen Menschen man (28) dieser Arbeit in Kontakt kommt: Also, da gibt es die Herren im feinen Anzug, (29) kaum grüßen und schnell wieder weg sind, oder andere, die im T-Shirt und Trainingshosen kommen und plaudern wollen. Aber zum Glück sind die meisten Kunden sehr (30).

Komm doch nächsten Sonntag bei mir vorbei,
herrzliche Grüße
deine Franziska

* 예시: (0)

A) neue B) neuen C) neues

die ( ) Stelle에서 Stelle가 이성 단수냐 아니면 복수냐를 묻는다. 복수라면 die 뒤의 형용사 어미니 약변화 -en이 붙어야 한다. 그러나 한 사람이 일자리를 몇 개 차지하는 것은 이니니 이미로 보더라도 단수고, 좀 더 주의 깊게 단어를 외웠다면 die Stelle -n, 즉 복수는 Stellen이라는 걸 알아서 좀 더 쉽게 풀 수 있다.

AUFGABEN 문제

21. A) gelohnt B) lohnt c) lohnte

hat이 앞에 나왔으니 더 보지 않아도 lohnen의 과거분사형을 묻는 문제다. 따라서 gelohnt다.

22. A) gutem B) guten c) guter

für den ( ) für가 4격 지배 전치사란 것을 아는지, 그리고 그 격에 맞는 형용사 어미변화를 아는지를 묻는 문제. 애초 Tipp의 성을 알면 혹 für의 격을 몰라도 den의 도움으로 풀 수 있다. der Tipp, 즉 남성이니 den은 4격이란 걸 알 수 있다. 따라서 정관사 형용사 약변화 남성 4격 어미(-en)를 찾으면 된다.

23. A) dich B) mich c) sich

Wichtig ist für ( ) ja, -für가 4격 지배 전치사이니 4격을 찾으면 되겠지만, 세 개가 다 4격이 될 수 있으니, 그 다음 문맥을 보아야 한다. 부문장 dass-, damit- 절에서 주어가 ich인 만큼 역시 mich가 되어야 한다.

24. A) diese B) dieser c) dieses

das geht bei ( ) Arbeit sehr gut. 3격 지배 전치사 bei가 앞에 있으니 dies의 여성 3격을 묻는다. 따라서 dieser다.

25. a) erst b) noch c) und

격이 아닌 경우라면 무엇보다 맥락이 중요하다. Während des Semesters arbeite ich vorläufig immer am Sonntag und in den Semesterferien kann ich (25) zusätzliche Arbeitstage abmachen. 학기 중에는 임시로 일요일마다 일하지만, 방학 때에는 추가로 일하는 날을 협의할 수 있다. 따라서 ( )가 없어도 이미 문장은 성립한다. 그렇다면 뜻을 강조하는 부사나 양념말을 요구하는 셈. 일요일마다에서 추가로 일하는 날이 대비되기 때문에 '더'란 뜻의 noch가 답이다. erst가 온다면 erst in den Semesterferien의 자리에 와서 '방학이 되어서야 비로소'가 된다.

26. a) damit b) dass c) trotzdem

역시 맥락에서 답을 찾아야 한다. Gestern hatte ich nun meinen ersten Arbeitstag, und ich war schon froh, (26) ich nicht gleich alleine war. 어제 처음 일하는 날이었는데, 그 즉시 혼자가 되는 게 아니란 사실부터가 좋았어. damit이라면 뒤의 사실이 결과여야 하는데, 그 뒤의 내용은 기분 좋은 이유, 또는 내용이니 맞지 않다. trotzdem이라면 '그럼에도 불구하고'로 뒤집어지는 내용을 강조하는데, 역시 맞지 않다. 그래서 기분 좋은 내용(이유)을 표현하는 dass가 맞다.

27. a) alle b) allen c) alles

Eine sehr nette Kollegin hat mir (27) erklärt und gezeigt. 친절한 동료 여자 한 명이 내게 ( )을 설명하고 가리켜 보여주었다. all의 4격 형태를 묻는 물음인데, 뒤에 복수명사가 없으니 모든 것을 뜻하는 alles가 답이다.

28. a) bei b) durch c) zu

Es ist schon lustig, mit wie vielen verschiedenen Menschen man (28) dieser Arbeit in Kontakt kommt: 이 일을 하며 얼마나 많은 사람들과 접촉을 해야 하는지, 그 사실만으로도 재미있어.-굳이 맥락이 아니더라도 dieser Arbeit로 3격을 요구한다는 점에서 durch는 탈락이다. 그리고 zu는 '이 일 쪽으로'의 뜻이 되기에 맞지 않는다. 사실 '일을 하며'의 뜻에서 bei(영어 by, at)가 쓰인다는 것은 미리부터 알아두는 게 좋다.

29. a) denen b) deren c) die

Also, da gibt es die Herren im feinen Anzug, (29) kaum grüßen und schnell wieder weg sind, oder andere, die im T-Shirt und Trainingshosen kommen und plaudern wollen. 말하자면 고급 양복 코너에서는 (인사를 미처 하기도 전에 어느새 사라져 버리는-인사를 하는 둥 마는 둥 가 버리는)신사들이 있는가 하면, 티셔츠나 체육복바지를 입고 와서는 잡담을 하려는 이들이 있어. ( )는 후치된 /sind/로 보아 결국 관계대명사를 요구하는데, 결정적인 단서는 weg sind다. sein동사가 있으니 1격, 즉 주어 형태일 수밖에 없어서 die가 맞다.

30. a) freundlich b) freundlicher c) freundlichst

Aber zum Glück sind die meisten Kunden sehr (30). 하지만 다행히도 대부분의 고객들이 매우 친절해. freundlich의 모양을 묻는데, 비교나 최상급이 될 수 있느냐가 문제다. 그러나 비교 대상이 따로 없고, 그럴 때 최상급이 가능하려면 am –sten 형태가 되어야 한다. 따라서 비교급 형태가 아닌 freundlich가 답이다.

SPRACHBAUSTEINE: Teil 2

보기 셋이 아니라 여러 개 중에 맞는 짝을 찾는 문제 유형이다. 아무래도 문제마다 맞춰 보아야 할 것들이 많다 보니 시간이 더 걸린다. 조금이라도 줄이려면 확실하다 싶은 보기들은 고르기 무섭게 표시를 달아 다시 볼 필요 없게 만드는 편이 좋다.

※ Lesen Sie den folgenden Text und schreiben Sie den richtigen Buchstaben (A bis O) hinter die Nummern 31 bis 40 unten. Sie können jedes Wort im Kasten nur einmal verwenden. Nicht alle Wörter passen in den Text.
Markieren Sie dann Ihre Lösungen auf dem Antwortbogen.

다음 글을 읽고 (A에서 O까지) 알맞은 철자를 골라 아래 31부터 40번까지 문항 번호 뒤에 쓰시오. 상자 속의 단어는 한 번씩만 쓸 수 있습니다. 단어들이 모두 글에 어울리는 것은 아닙니다(= 보기 수가 문제 수보다 많아, 남는 것이 있다는 말. 실제로 보기 수는 16, 문항 수는 보기인 0번까지 합쳐 11개다.).
그런 다음 여러분이 고른 정답을 모두 답지에 표시하시오.

Kindermädchen in den Sommermonaten gesucht

für deutsch-spanische Familie mit 3 Kindern im Alter von 5 bis 10 Jahren. Arbeitszeit täglich von 14.00 bis 17.00 Uhr, dienstags auch bis 22.00 Uhr.

Bezahlung 350 € pro Monat plus Sprachkurs.

Zuschriften an: Familie Schmidt-Lopez,

Calle Cervantes 10, 10109 Madrid, Spanien

5세에서 10세 아이들 셋을 둔 독일-스페인 가정에서 여름방학에 아기들 보모 역할을 해 줄 여학생 구함. 일하는 시간은 매일 14:00-17:00, 화요일에는 22시까지도.

급여-월 350유로에 어학코스 비용

연락처: 슈미트-로페스 집안

주소:

Sehr (0) Familie Schmidt-Lopez,

ich habe (31) Anzeige in der „Süddeutschen Zeitung" (32) Interesse gelesen und möchte mich um diese Stelle bewerben.

Ich bin 19 Jahre alt und habe gerade mein Abitur gemacht. Da ich bisher noch nie im Ausland war, möchte ich gern vor Beginn meines Studiums noch (33) Monate in Spanien verbringen. Dort will ich andere Menschen und Kulturen kennenlernen sowie eine (34) Fremdsprache lernen.

Deutsch ist meine Muttersprache, Englisch und Französisch habe ich in (35) Schule gelernt. Es wäre (36) toll, wenn ich noch Spanisch in Spanien lernen könnte! Ich glaube, dass ich Kinder gut betreuen kann, (37) ich selbst aus einer großen Familie komme und zwei jüngere Brüder habe, mit denen ich mich hervorragend verstehe.

Ich (38) auch noch gern wissen: wo würde ich wohnen, (39) der Sprachkurs vormittags oder abends und ab (40) könnte ich mit der Arbeit beginnen?

Ich freue mich auf Ihre Antwort.

Mit freundlichen Grüßen

서명-Unterschrift

BEISPIEL: Sehr (o) Familie Schmidt-Lopez
LöSUNG: P

편지 쓰는 법에 따라 올 수 있는 말은 geehrte밖에 없다. 뒤에 오는 명사가 남성이냐 여성이냐에 따라 어미가 –r, -e로 달라지는데, die Familie가 여성이다.

AUFGABEN

A)	DEINE	I)	MÖCHTE
B)	DER	J)	VIEL
C)	DIE	K)	VON
D)	EINIGE	L)	WANN
E)	GANZ	M)	WÄRE
F)	HÄTTE	N)	WEIL
G)	IHRE	O)	WEITERE
H)	MIT	P)	GEEHRTE

31. 매우 존경하는의 뜻인 sehr geehrte를 쓴 이상 Sie가 맞고, 맥락상 처음 보는 사람에게 쓰는 편지기에 Sie가 맞다. 그 2격이고 뒤에 온 단어 Anzeige가 여성이니 Ihre가 답이다.

32. Anzeige가 문장의 동사 lesen의 목적어고 in der Süd...는 Anzeige를 수식한다. 그렇다면 Interesse는 목적이나 주어가 될 수 없는 상황, 따라서 숙어로 부사가 되어야 한다. 따로 성과 격을 따질 필요도 없는 숙어는 mit Interesse고, 거기에 의미 강화를 위한 형용사를 더한다면 mit großem/wachsendem Interesse 정도, 답은 mit이다.

33. Monate가 나왔는데 동사 verbringen(시간을 보내다)이기에 목적의 4격이어야 한다. 그런데 단수라면 einen Monat일 텐데, 복수형이 쓰였으니 그에 맞는 복수를 뜻하는 단어를 찾아야 한다. einige가 답이다.

34. eine ( ) Fremdsprache -lernen이 타동사이니 목적어는 4격이어야 하기에 eine가 왔다.

Fremdsprache가 여성이기 때문이다. 그러면 일단 –e로 끝나는 말을 찾아야 한다. 문맥으로 보자면 뒤에서 영어, 불어를 배웠다는 말이 나온다. 따라서 '외국어 하나 더'가 어울린다. 그렇다면 답은 weitere다.

35. 문맥으로나 뭐로나 '학교에서'란 뜻이다. 그러면 in der Schule, 답은 der다. 문법 원리로 설명하자면, lernen이 in과 관련한 방향이나 상태변화를 나타내지 않기 때문에 여기서 in은 4격이 아니라 3격을 지배한다.

36. 'toll'을 꾸밀 수 있는 말을 묻는 문제다. 자체 뜻이 워낙 커서 ganz 정도나 올 수 있다. 물론 sehr도 올 수 있지만, 보기에 없다(제1부 IX. 양념말 참조).

37. 아이들 돌보기를 잘 할 수 있다고 생각한다. ( ) 제 스스로 대가족에서 나서 자랐고, 동생 둘이 있는데 서로 나무랄 데 없이 잘 이해한다. 그렇다면 두 문장의 관계는 '이유'일 수밖에 없고, komme, habe로 동사가 맨 뒤에 왔으니(후치) denn은 아니고, 답은 weil이다(da도 가능하지만 보기에 없다.).

38. "어디 묵을지.... 알고 싶은 마음이 굴뚝이다. 알았으면 좋겠다." 여기서 gewußt로 과거분사가 왔더라면 hätte가 답이겠지만, wissen으로 원형이 왔다. 따라서 화법조동사가 와야 하는데, 겸손함을 담은 möchte가 답이다[제1부 VII-3)의 후치문과 VIII. 접속법 참조].

39. ( ) der Sprachkurs vormittags oder abends - '어학강좌가 오전인지 아니면 저녁인지' 결국 동사가 빠진 것이며, 동사가 이유 없이 도치될 경우 의문문이거나 가정문이다. 아울러 한 문장 안에서 möchte란 접속법 2식을 썼다면 계속해서 통일시켜야 한다. 따라서 wäre가 답이다(제1부 VIII. 접속법 참조).

40. '언제부터'란 말이 필요한데 ab이 주어졌으니 wann이 답이다.

• 2011년도 Sprachbausteine 문제 풀이

1) Sprachbausteine-Teil 1 ca. 10 Min.

Lesen Sie den folgenden Text und wählen Sie für jede Lücke das richtige Wort aus. (다음 글을 읽고 괄호 안에 알맞은 낱말을 고르시오.)

※ Liebe Karin,
(0) meinem Praktikum in Frankreich bin ich jetzt wieder zu Hause. Wie du ja weißt, wollte ich eigentlich nach Paris, (1) das hat dann leider nicht geklappt. Doch dann habe ich eine Stelle als Praktikant bei (2) Firma in Straßburg gefunden. Dort (3) ich drei Monate geblieben.

Beispiel (o) : □ bei ■ nach □ vor

(0)-드러난 힌트는 -em, 즉 Praktikum이 남성인지 중성인지는 몰라도 적어도 3격이라는 걸 안다. 그렇다면 ( )에는 3격 지배 전치사가 와야만 한다. 그런데 선택지에서 앞의 둘은 모두 3격, vor의 경우 3-4격이다. 그러니 모두 가능성이 있는 셈, 그렇다면 이제 의미로 판가름해야 한다. 프랑스 실습-이제 다시 집이다. 만약 '-하는 도중에'를 뜻하는 'bei'나 '-하기 전에'의 'vor'라면 '이제 다시'(jetzt wieder)란 말과 어울릴 수 없다. 결국 답은 nach다.

1. □ aber □ denn □ sondern

먼저 주어 다음에 동사가 나왔다. 주어 앞에 다른 무엇인 ( )가 있는데도 그랬다는 이야기는 도치의 법칙에서 예외에 해당하는 단어들(aber, und, oder, denn+양념말, 감탄사) 가운데 하나라는 말. 그런데 여기서도 그것만으로 다 걸러지지 않기에 문맥의 의미로 넘어간다. 진짜, 정말로 원했던(wollte eigentlich) 것은 파리로 가는 것, 그런데 그러지 못했다는 말이니, 그 사이의 접속사는 아무래도 반대/어긋남의 의미를 띠어야 한다. 그래서 aber가 답이다.

2. □ eine □ einen □ einer

이것은 보너스 문제다. bei가 3격 지배 전치사('아주 포미나게 자바' 'aus, zu, von, mit, nach, gegenüber, seit, bei')라는 것만 알면 einer가 그냥 나온다. 심지어 Firma가 여성인 줄 몰라도 3격의 가능성은 오직 einer 하나밖에 없으니 사실상 덤(Bonus, Zugabe)이다.

3. □ bin □ habe □ wurde

bleiben의 완료형 조동사가 무엇이냐를 묻는 문제다. 왕-래-발-착(가고-오고-떠나고-도착하고)과 상대변화 및 정지 같은 뜻을 담은 동사들은 sein과 맺어져야 한다. 그래서 정지, 머묾의 bleiben은 sein과 어울려야 하기에, bin이 정답이다. bleiben이 자동사인 이상 수동대로 만들 수는 없으니, 'wurde'는 아예 생각하지도 말아야 한다.

※ Die Arbeit war sehr (4)-ich musste schon um 8.00 Uhr im Büro sein-, hat mir aber (5) sehr gut gefallen. Ich habe (6) dieser Zeit in verschiedenen Abteilungen gearbeitet und so nicht nur etwas über die Herstellung von Fernsehgeräten (7), sondern auch über den Verkauf. Und die beiden Kollegen, mit (8) ich am meisten zu tun hatte, waren wirklich sehr nett.

4. □ anstrengend □ anstrengende □ anstrengendes

여기서는 동사의 현재분사(anstrengen-현재분사를 만드는 어미 -d)를 형용사로 쓸 때 어미변화가 있느냐, 없느냐가 문제다. 어미변화가 있으려면 어미변화의 원인을 제공하는 명사가 뒤따라야 한다. 형용사의 어미는 결국 꾸밈 받는 명사의 성과 수와 격을 나타내기 위한 것이기 때문이다. 그런데 여기서는 뒤따르는 명사가 없다. 고로 어미가 없는 anstrengend이어야 한다.

5. □ trotzdem □ wegen □ weshalb

주어, 동사, 술어 등 꼭 있어야 할 것은 다 있다. 그렇다면 꾸밈말이 필요한 것이고, 그럴 경우 의미를 따져야 한다. 그러나 적어도 명사 앞이 아니기에 전치사가 아니란 것은 분명하다. 따라서 2격 전치사인 'wegen'은 제외된다. 논리의 흐름이 뒤집히느냐(aber, trotzdem), 아니면 앞이 뒤의 이유/원인이 되느냐(also, deswegen, deshalb)를 따져야 하는데, 여기서는 앞의 경우다. 8시면 이미 출근해 있어야 하는 등 힘들었지만, 그래도(그럼에도, 그럼에도 불구하고) 마음에 들었다는 내용이기 때문이다.

6. □ bis □ in □ nach

( ) 뒤에 dieser Zeit가 나왔다. Zeit가 여성명사라는 사실은 그냥 드러났다. ( )가 없다면 혹시 남성 1격이 될 가능성도 있겠지만, 보기를 보더라도 결국은 전치사가 있다는 말이다. 그렇다면 2, 3격 또는 4격이란 말인데, 4격은 어미 -er 때문에 제외된다(4격 어미 -e). 그렇다면 in과 nach 가운데 하나인데, 내용상 in일 수밖에 없다. in은 다음에 수가 나올 경우 '~다음에/지나서'란 뜻이지만 (in einer Woche 일주일 뒤, in zehn Tagen 열흘 뒤), 그렇지 않고 때를 나타내는 명사가 올 경우 (in dieser Woche 이주에, in diesem Jahr 올해에)에는 während의 뜻으로 쓰인다.

7. □ gelernt □ lernen □ lernte

과거분사만 찾으면 되는 보너스 문제다. 앞에서 habe를 찾았다면 맨 뒤 쉼표나 마침표 앞에서 과거분사를 찾아야 하는데, 그것이 ( )에 묶여 있다. 그렇다면 lernen의 과거분사를 찾으면 된다. gelernt

8. □ dem □ denen □ die

동사가 맨 뒤에 있으니(넓은 의미의 후치) 접속사나 관계대명사가 와야만 한다. 보기를 보니 관계대명사다. 그렇다면 mit은 3격을 요구하니 dem 아니면 denen이다. 그런데 die beiden Kollegen이 선행사니 복수일 수밖에 없다. 그래서 복수 3격 관계대명사 denen이 답이다.

※ Nach dem Praktikum habe ich (9) zwei Wochen Urlaub bei meinen Freunden gemacht. Aber darüber erzähle ich (10) bald mehr-für heute muss ich Schluss machen.

Liebe Grüße
Dein Fritz

9. □ nicht □ noch □ schon

( ) 뒤 명사를 보면 zwei Wochen이란 명사가 나오면서 전치사를 요구하는 게 아닐까 하는데, 보기를 보면 아니다. 보기로 보건대 noch와 schon의 대립 구도로, 그 가운데 하나가 답이라는 걸 암시한다. 그렇다면 '실습이 끝나고'와 '2주 동안 친구 집에서 휴가를 보낸 것' 사이의 맥락을 보자면 noch가 맞다. nach다음에 schon이 오는 경우란, 이를테면 '밥 먹고 나서 한 시간밖에 지나지 않았는데 벌써 배가 고프다.' 또는 '바둑 한 판 끝났을 뿐인데 벌써 30년이 지났다.'와 같은 경우뿐이다. noch는 '지나고/끝나고 나서도 얼마 동안을 더/뭔가를 더 -했다.'는 의미다.

10. □ dir □ Ihnen □ uns

erzählen + 3격 + über 누구(3격)에게 무엇(über+ 4격)에 대해 이야기해 주다. 그러니까 Sie냐 아니면 du냐인데, 바로 다음에 'dein Fritz'란 말이 나오니 du, 그래서 dir일 수밖에 없다.

2) Sprachbausteine-Teil 2 ca. 10 Min.

Lesen Sie den folgenden Text und schreiben Sie den richtigen Buchstaben (a-o) hinter die Nummern 11-20. Sie können jedes Wort nur einmal verwenden. Nicht alle Wörter passen in den Text.

Sehr (o) Herr Janosch,

ich habe Ihre Anzeige gelesen und interessiere mich sehr (11) Ihr Angebot.

Ich möchte mit meiner Familie vom 10.-24. August in Österreich Urlaub machen und hätte deshalb (12) noch nähere Informationen

AUFGABEN

a. besonders b. da c. dafür d. damals e. damit f. dankbar
g. deshalb h. für i. gerne j. könnten k. mit l. müssten
m. schließlich n. wann o. wenn p. geehrter

Beispiel: Sehr (o) Herr Janosch, ... Lösung: p

(o) 앞의 편지 쓰기에서 보았듯이, 남성을 나타내는 Herr가 나왔기에 geehrter가 된다. Sehr geehrte Frau Janosch, Sehr geehrte Frau und Herr Janosch.

(11) 주어-ich, 동사 habe-gelesen, interessiere, 목적어-mich: 그러면 Ihr Angebot는 어떻게 되는가? 문법으로 꼭 필요한 요소인 주어-술어-(목적어/보어)가 다 갖추어졌는데 명사가 다시 나온다니. 이런 경우는 결국 전치사-구가 나오는 수밖에는 없다. 그런데 이 경우는 재귀동사(동사의 행위가 도로 주어에게 미치는 동사)인 interessieren을 외워두면 다른 걸 따질 필요가 없고, 그래서 für가 답이란 걸 안다. 만일 명사가 뒤따르지 않았다면, 앞에 나온 것을 대신하는 dafür도 가능하다.

Ich habe Interesse an Fussball. 난 축구에 관심이/흥미가 있다.

= Ich interssiere mich für Fussball. 내 관심 대상은 축구다.

= Der Fussball interssiert mich. 축구가 내 관심을 끈다.

(12) 역시 접속법 2식의 공손함 표현 방식에서 möchten과 같은 뜻으로 hätte gern의 용법을 아는지 묻는 것이다.

Ich möchte eine Tasse Kaffee (trinken/haben).

Ich hätte gern eine Tasse Kaffee(getrunken/gehabt).

이처럼 요즘엔 뒤에 본동사를 생략하는 경향인데, 써야 한다면 기본형과 과거분사로 갈린다.

Meine Frau und mich interessiert ganz (13) das Freizeitprogramm für Kinder, (14) wir zwei Kinder (3 und 8 Jahre) haben. Gibt es Schwimm- und Tenniskurse für Kinder und (15) ja, was kosten sie?

(13) 주어-das Freizeitprogram 목적어-meine Frau und mich(이것이 4격을 나타내기에 und로 묶인 meine F. 역시 같은 격인 4격, 즉 목적어라는 걸 알 수 있다.) 동사-interessieren. 결국 반드시 필요한 요소들은 이미 다 갖춘 셈이다. 그렇다면 맥락의 묘미를 살리는 꾸밈말이 필요하다는 말, 그런데 맥락을 알기 위해 (14)번이 함께 고려되어야 한다.

(14) 주어-wir 동사-haben/후치, 목적어 zwei Kinder. 후치를 고려한다면 접속사나 관계 대명사인데, 주어와 목적어가 다 있는 것으로 미루어 관계대명사보다 접속사다. 내용상 맥락: 어린이를 위한 여가프로그램에 관심이 있다. 우리에게 아이가 둘 있다. 결국은 인과관계로 보아야 맞다. 그래서 이유의 절을 만드는 접속사로 da, weil이 있는데, 보기에는 da가 있다. 그러면 다시 13)으로 돌아가 어울리는 꾸밈말을 찾는다면 besonders가 가장 잘 어울린다. "특히 어린이 프로그램에 관심이 있는데, 왜냐하면 우리에겐 아이가 둘 있기 때문이다."

(15) 이는 맥락과 상식인데, '있다면 그 값은 얼마냐?'의 맥락이다. '있다면/그렇다면'을 가장 간단하게 표현하는 말이 'wenn ja'(if so)이다.

In Ihrer Anzeige steht auch, dass Sie günstige Angebote für Kinder haben. Wie viel (16) wir pro Woche für unsere Kinder bezahlen? Und (17) noch eine letzte Frage: Wir haben einen kleinen Hund, von dem sich meine Kinder nicht trennen können und den wir (18) auch mitnehmen müssten. Wäre das möglich?

(16) 어린이를 위한 할인 상품이 있더라. 우리 애들을 위해서는 한 주일에 얼마 = 지불하다. 맥락의 연결 관계에 앞서 동사 bezahlen이 기본형의 모습으로 후치된 상태다. 그렇다면 조동사가 나온다는 말이고, 보기에서 찾아보면 둘 있는데, 맥락과 연결하면 공손함, 겸손의 접속법 2식 형태인 'müssten'이다.

(17) 주어도 동사도 없는 형태, 결국 관용구, 즉 흔히 쓰이는 말법이다. '마지막 물음 하나 더'란 말이니, 다른 말은 없어도 된다. 결국 역시 의미의 강조를 담는 꾸밈말이 필요하다는 것이고, 그렇다면 '끝으로(schließlich) 마지막 물음 하나만 더'란 말이 어울린다.

(18) den이 관계대명사 남성 4격이라는 것은 후치(müssten) 때문에 미루어 알 수 있다. '그 개도 함께 데려가야만 한다.' 이렇게 불가피함을 표현한다면 당연히 그 원인을 연결시켜주는 것이 예의다. 그 원인은 앞에 나왔다. 애들이 떨어지려고 하지 않기 때문이다. 여기서는 그럼 그 원인을 되받아 강조해주는 말이면 된다. 그래서 deshalb/dewegen이다.

Bitte schreiben Sie uns so bald wie möglich, (19) wir uns schnell entscheiden können. Außerdem wären wir Ihnen sehr (20),wenn Sie uns einige Prospekte oder Bilder Ihrer Pension sowie der Umgebung zusenden würden.

Mit freundlichen Grüßen
Ihr Anton Müller

(19) 후치로 보아 접속사가 필요하다. 그런데 앞의 내용은 되도록 빨리(so bald wie möglich = *as soon as passible*) 답장을 달라. ( ) 빨리 결정을 내릴 수 있다. 결국 결정 내리게 답장 빨리 달라는 맥락이고, 그것은 목적이나 결과의 접속사인 damit으로 표현한다.

(20) 주어-wir, 동사-wären. 그렇다면 ( )는 풀이말이나 보어가 되어야 한다. '당신 여관과 그 주변을 (담은) 홍보책자나 사진들을 보내준다면(würden 겸손한 부탁-접속법 2식), ( )겠다.' 결국 고맙겠다의 dankbar가 정답이다.

※ 이상에서 볼 때 옛 문제와 규정을 새로 바꾸어 통합한 이후의 문제 사이에 커다란 변화는 별로 없다. 따지고 보면 그다지 어렵지 않지만, 기초가 부실하면 그래도 풀기 쉽지 않은 문제들이다. 하긴, 문제란 게 애초 대부분 그렇지 않은가?

• 저자 – 도복선

중앙대에서 독어독문학을 시작하여 박사학위를 받았다. 함부르크에서 독일어와 독일 맛의 현장실습을 하였고, 이제껏 여러 가지 번역을 하여, 나온 책만 해도 스무 권이 넘는다. 그 모든 게 사전 작업의 밑거름이 되었겠지만, 생각해보면 보누스 출판사에서 나왔던 "상식카페"와 "아! 그거" 시리즈로 나온 잡학사전과 혜원에서 나온 "머리가 좋아지는 과학"시리즈의 어린이 백과사전이 여러 모로 도움이 컸겠다. 논술을 가르치고 책으로 낸 것도 논리적인 접근방법에 도움이 되지 않았을지.

• 편집 – 김흥인

홍익대학교 동양화과를 나왔고, 한국화 전공이면서 특이하게(저자가 보기에) 함부르크에서 회화 공부를 더하며 독일 맛과 독일어 맛의 현장실습을 하였다. 한국일보 편집디자인부 근무 경험이 있고 현대불교신문에 만화를 연재하기도 하였다. 그걸 모아 2012년도에는 "만화 백유경"으로 출간하였다.

착한 독한 사전 – **문법편**

2019년 1월 10일 인쇄
2019년 1월 15일 발행

저　　자 도복선
발 행 인 신창동
발 행 처 fides 도서출판
주　　소 서울시 관악구 봉천로 485 삼우빌딩 3층
전　　화 02)876-2246
팩　　스 02)876-2237
홈페이지 www.fidesbook.com
e-mail fidesbook@naver.com
등록번호 제320-2001-44호

ISBN 978-89-6479-411-1 14750 정가 18,000원
978-89-6479-409-8 (전2권)

※ 저자와의 협의 하에 인지를 생략합니다.